小島秀夫 編

刑法総論

—— 理論と実践 ——

法律文化社

刊行によせて

　本書は，目下，刑法学の最前線において活躍されている若手研究者によって執筆された，初学者のための刑法総論のテキストです。同時に，学術的にも一定の水準を堅持することにも腐心した理論書という，もう1つの別の顔ももっております。

　本書の基本構想は，私の弟子の小島秀夫君（明治学院大学法学部教授）の発案に基づき，私の後任者である川口浩一先生（明治大学法学部教授）や私の助言・提言などを踏まえつつ，徹底的な討議を重ねたうえで以下のように練り上げられました。

　すなわち，第1に，本書は，初学者であっても真摯に努力しさえすれば，必ず理解できる内容であるということ，第2に，学習意欲旺盛で純真な方々に対して，余計な紋切り型の先入観を決して与えないということ，第3に，最先端の刑法理論の成果についても，できる限り論及し，しかも基本判例や具体的な用例などを示してわかりやすく解説するということ，第4に，見た目は入門書ではあるが，一定の学術的な水準を堅持するということ，したがって最新の理論や比較法的な知識などについても可能な範囲でわかりやすく解説するということ，加えて特定の見解，とりわけ筆者の主張を決して読者の皆さんに強引に押し付けるのではなく，むしろ反対仮説に対しても最大限の敬意を表しつつ解説することによって，聡明な読者の皆さんに，理性的な自己主張を展開するための方法論的な手立てを提供することなどを重要な目標と致しました。

　さらには，私たちは，何よりもいわゆる「権威に基づく虚偽論法」という論証法を極力排除いたしました。この権威に基づく虚偽論法というものは，哲学的論証理論においては，その内容的正当性を全く問うことなく，したがって十分に論証されていない通俗的で表面的な形式的権威のみに依拠して自らの主張内容を正当なものとみなしてしまうような論証法のことを意味しております。

　例えば，あの天下の副将軍，徳川光圀（水戸の黄門様）が，物語での話ではありますが，自らの印籠を示して「これが目に入らぬか」と言って大見得を切

ることで相手を一方的に服従させてしまうような論証法のことを意味しております。法律学では，「判例／通説」（通説判例）という言葉（印籠）がありますが，判例／通説であるということだけで一定の主張を学問的にも正当／正統なものとみなしてしまうとすれば，これはまさに水戸黄門流の「権威に基づく虚偽論法」そのものを実践してしまうことになるでしょう。

　ともあれ，以上のような，私たちの少々欲張りな目標が達成されるか否かは，聡明で誠実な読者の皆さんのご判断に委ねますが，少なくとも「楽しくなければ学問ではない」という私たちの熱いメッセージだけは，読者の皆さんに必ず受け入れてもらえるのではないかとひそかに考えております。本書が皆さんの学習意欲を少しでも高めることができるとすれば何よりも幸いです。

　最後になりましたが，本書の作成に当たっては，法律文化社の梶原有美子さんと八木達也さんより，きめの細かい種々のご教示を賜りました。この場をお借りして梶原さんと八木さんに心より御礼申し上げる次第です。

執筆者に代わって

増田　豊（明治大学名誉教授）

目　　次

凡　例

【法　令】

法令の略語は慣例に従った。

刑法の条文については，原則として条数のみを引用した。

【判　例】

主な判例集の略称は以下のとおり。

刑録	大審院刑事判決録
刑集	大審院刑事判例集，最高裁判所刑事判例集
高刑集	高等裁判所刑事判例集
判特	高等裁判所刑事判決特報
高刑特	高等裁判所刑事裁判特報
刑月	刑事裁判月報
下刑集	下級裁判所刑事裁判例集
判タ	判例タイムズ
判時	判例時報

【文　献】

文献略記は以下のとおり。

規範論	増田豊『規範論による責任刑法の再構築：認識論的自由意志論と批判的責任論』（勁草書房，2009年）
推論構造	増田豊『刑事手続における事実認定の推論構造と真実発見』（勁草書房，2004年）
法解釈	増田豊『語用論的意味理論と法解釈方法論』（勁草書房，2008年）
法倫理学	増田豊『法倫理学探究：道徳的実在論／個別主義／汎心論／自由意志論のトポス』（勁草書房，2017年）
百選 I	佐伯仁志・橋爪隆編『刑法判例百選 I　総論〔第8版〕』（有斐閣，2020年）
百選 II	佐伯仁志・橋爪隆編『刑法判例百選 II　各論〔第8版〕』（有斐閣，2020年）

第1章　刑法の基礎と基本的概念

I　刑法とその周辺領域

　刑法は，犯罪と刑罰に関する法律です。そこには，どんな行為が犯罪となるのか，犯罪となった場合にはどんな刑罰が科されるのかが定められています。この法律に基づいて裁判所が市民に刑罰を科すことから，刑法は，国家と個人の関係を規律する公法のなかに位置づけられます。

　刑法の周辺領域にも目を向けてみましょう。刑法と関わりのある法律は，ひとまとめに刑事法と呼ばれていますが，刑事法は3つの分野に区別することができます。第1は，**実体刑法**と呼ばれる分野です。権利や義務がどんな場合に発生するのかについて定められた法は，ひとまとめに実体法と呼ばれていますが，実体刑法と呼ばれるのは，実体法に属する一部の法律が，刑罰を受ける義務の対象となる行為を定めているからです。この分野には，明治40年に公布された刑法典のほか，軽犯罪法や覚せい剤取締法などの法律が含まれます。ちなみに，断りなく「刑法」という言葉が使われた場合は，刑法典を指しています。

　第2は，**刑事手続法**と呼ばれる分野です。刑事手続法と呼ばれるのは，手続法に属する一部の法律が，刑法を実現するための形式的な手続を定めているからです。この分野には，犯罪の捜査がどのように行われるのか，刑事裁判がどういう手続のもとで行われるのかを定めた刑事訴訟法が含まれます。

　第3は，**その他の分野**です。この分野には，犯罪者処遇法，少年法や犯罪学・刑事政策などが含まれます。犯罪者処遇法とは，犯罪者の社会復帰を目指すことを目的とした処遇に関する法律をひとまとめに指すものです。少年法とは，20歳未満の犯罪者に特別の措置がとられることを目的として定められた法律です。犯罪学・刑事政策とは，人はなぜ罪を犯すのかを研究する学問です。

Ⅱ　刑法の課題

1　刑法の目的

　一般的に広く認められている見解（これを通説といいます）によれば，刑法は，**重要な法益を守る目的**で定められているとされています。**法益**とは，さまざまな定義がみられますが，立法者によって保護に値すると認められた利益であるとの点では共通しています（こうしたとらえ方を**形式的法益概念**といいます）。もっとも，そのような利益は，世界に共通する普遍的な道徳利益でなければならないように思われます（このように，一定の条件を充たす利益のみを法益とするとらえ方を**実質的法益概念**といいます）。

　法益の内容は3つに大別され，人の生命，身体，自由，名誉，財産などといった**個人的法益**のほかに，公共の安全や信用といった**社会的法益**，国家の存立や公務員の職務の公正といった**国家的法益**に分けられます。

2　法益の機能

　法益の概念をどのようにとらえるかによって，その機能も異なります。形式的法益概念によれば，法益には，各則に定められた刑罰法規の意味や内容を明らかにする機能のみ存在することになります。このような機能を**解釈論的機能**といいます。例えば，204条には傷害罪が定められていますが，被害者に精神的ストレスを与えて慢性頭痛症を発症させた人には，傷害罪が成立するでしょうか。「傷害」という言葉を聞いたとき，皆さんは骨折や出血を伴う怪我を思い浮かべると思います。しかし，傷害罪を通じて保護される法益が「人の身体」であることから，刑法では慢性頭痛症なども「傷害」に含まれると解されています。

　一方，実質的法益概念によれば，法益には解釈論的機能のほか，立法者に対して，一定の条件を充たしていない利益まで保護しようとして犯罪化していないか，批判的に考察する機会を与える機能も有していると解されます。このような機能を**批判的機能**といいます。例えば，185条では「賭博をした者は，50万円以下の罰金又は科料に処する。」として賭博罪が定められ，通説によれば，健全な勤労の美風（汗水流して収入を得る美しい風習）を保護する目的があると

されています。しかし，日本でカジノを解禁する動きが高まっている状況を考えると，「健全な勤労の美風」という法益をわざわざ刑法で保護すべきでしょうか。もしそうでないとすれば，そうした利益を保護の対象とする185条を削除して非犯罪化すべきだ，といった批判的な議論を提起することができます。

3　刑法の機能

　刑法は，刑罰という最も厳しい手段を使って，被害者の法益を保護する機能（**保護機能**）を果たしています。刑罰は，犯罪を抑止するいわば特効薬です。しかし，市販の風邪薬にも副作用があるように，刑罰にも副作用があります。その副作用とは，基本的人権の過度な制約です。極端な重罰化を推し進めれば，17〜18世紀にみられた警察国家を招くことになります。さらに，無実の人に刑罰を科すようなことがあれば，取り返しのつかない事態を招いてしまいます。

　そのため，基本的人権を制約しすぎないよう，国家機関は，刑法に基づいて適切に刑罰権を行使しなければなりません。このように考えると，刑法は，被疑者・被告人の人権を保障する機能（**保障機能**）も果たしています。保護機能と保障機能は，全く正反対の機能であるように思われるかもしれませんが，この2つの調和を保つことが何よりも重要です。

4　刑法の性質

　基本的人権を制約しすぎないためには，刑法を控えめに使わなければなりません。このような刑法の性質を**謙抑性**といいます。例えば，現在では73条から76条まで削除されていますが，かつては皇室に対する罪が定められ，天皇や皇太子などに対して不敬な行為をした人は，処罰の対象とされていました。しかし，第二次世界大戦後，日本国憲法が制定されて国民主権となった今日，そのような行為を処罰するのは，明らかに度を超えているといえるでしょう。皇室に対する罪が昭和22年の刑法改正で削除されたのは，謙抑性の現れです。

　また，法益が，退学処分や解雇といった社会的制裁や刑法以外の法律によって保護されるならば，刑罰という最も厳しい制裁を備えた刑法を使う必要はありません。例えば，男性用Mサイズの服をオンラインショップで注文して代金を支払ったところ，女性用Mサイズの服が届けられた場合，民法に基づいて，

返金を含む損害を店側に賠償させることができます（民法415条）。したがって，そのような場合に刑罰を投入する必要はないでしょう。刑法は，最後の手段（これをラテン語で ultima ratio といいます）として使われる性質を有しており，このような性質を**補充性**といいます。

　さらに，刑法は，すべての法益侵害行為を処罰するものではありません。例えば，友達に「お前の彼女を殺す」と言って脅迫する行為は，脅迫罪（222条）の対象になりません。222条は，脅迫を受けた本人やその親族のみを第一に保護しようとしているからです（ちなみに「彼女を殺す」と脅迫する行為は，民法709条に定められている不法行為に該当し，損害賠償責任という民法上のいわば制裁を受ける対象となります）。このように，法益のなかでもとくに重要な法益への侵害行為に限って処罰する刑法の性質を**断片性**といいます。

Ⅲ　刑法の体系

　六法を開いて，刑法の目次をみてみましょう。第 1 編には「総則」，第 2 編には「罪」と書かれています。刑法は 2 つの部分から成り立ち，どんな犯罪にも共通してあてはまる一般的な要件（条件）が定められている部分を**総則**といい，殺人罪や傷害罪といったそれぞれの罪が定められている部分を**各則**といいます。この本は，すべての犯罪に共通する事柄を扱っていますので，「刑法総論」というタイトルが付けられています。一方で，犯罪ごとに成立要件を詳しく述べている本は，「刑法**各論**」というタイトルが付けられています。

Ⅳ　刑法規範の構造

　刑法典の各則に定められている刑罰法規には，共通した特徴があります。実際に殺人罪（199条）の条文をみてみましょう。199条には「人を殺した者は，死刑又は無期若しくは 5 年以上の懲役に処する。」と書かれています。また，傷害罪（204条）には「人の身体を傷害した者は，15年以下の懲役又は50万円以下の罰金に処する。」と書かれています。このように各則の条文は，一定の要件が揃うと，一定の効果が生じうることを記述しています。

　これらの条文の意味を考えてみましょう。殺人罪の条文を読んだ皆さんは，「人を殺した者は，」という部分から，「人を殺してはならない」というルール（規範）が私たち市民に向けられていると理解するはずです。こうした私たちの行動について定めたルールを**行動規範（行為規範）**といいます。また，裁判官が刑罰の種類や分量を選択して判決を下すことを踏まえれば，199条の「死刑又は無期若しくは5年以上の懲役に処する」というルールが裁判官などの国家機関に向けられていることがわかるでしょう。そのようなルールを**制裁規範**といいます。通説は，刑法の目的である法益の保護を実現する手段として，第1に，市民に対して一定の行動を禁止したり命令したりする行動規範が定められ，第2に，そうした規範に違反する行動がなされたとき，国家機関に対して一定の範囲内で刑罰を科すよう制裁規範が発令される，ととらえています（規範論・7頁以下，346頁以下）。

　なお，行動規範には，「〜してはならない」という内容をもつ禁止規範と，「〜せよ」という内容をもつ命令規範があります（詳細は**第 2 章 III** を参照）。また，行動規範に違反しても犯罪を成立させない働きをもつ許容命題というものがあることも，ここでおさえておきましょう（規範論・54頁）。

V　罪刑法定主義

1　罪刑法定主義とは

　法治国家である日本の刑法が，法益保護機能と共に人権保障機能も果たすためには，**罪刑法定主義**と呼ばれる基本原則を徹底する必要があります。罪刑法定主義とは，どんな行為が犯罪となり，どんな刑罰が科されるのか，あらかじめ法律に定めて明らかにされていなければ，国家機関は刑罰を科すことができない，とする原則です。もし，犯罪の対象となる行為や刑の分量が事前に明らかにされていなければ，私たちは安心して自由に行動することができなくなるでしょう。また，日本が法治国家であり，民主主義国家である以上，国民の代表である国会議員で構成される国会で作られた法律のなかで，犯罪や刑罰を定めておかなければなりません。罪刑法定主義は，このような**自由主義的要請**と**民主主義的要請**に基づいて，法律主義，遡及処罰の禁止，慣習刑法の禁止，

類推の禁止，実体的適正手続（デュー・プロセス）という内容を含んでいます。

18世紀に啓蒙思想が広まるまでは，犯罪と刑罰に関する定めが公布されず，市民の安定した自由な生活が脅かされていました。1801年，パウル・ヨハン・アンゼルム・フォイエルバッハ（Paul Johann Anselm von Feuerbach）が初めて教科書に „Nullum crimen sine lege, nulla poena sine lege "（ラテン語で「法律なければ犯罪なし，法律なければ刑罰なし」）というスローガンを示したことが，罪刑法定主義の始まりです。まずは法律主義，遡及処罰の禁止，慣習刑法の禁止，類推の禁止を明らかにすることで，周知の徹底を図りました。近年では，犯罪と刑罰に関する規定を単に明文化するだけではなく，その内容もふさわしくなければならないとして，実体的適正手続も，憲法31条を通じて罪刑法定主義の内容とされています。

2　法律主義

法律主義とは，犯罪行為の内容や具体的な刑罰について，国民の意思が反映された国会で成立する「法律」に定められていなければならないとするものです。これは，民主主義的要請に基づく内容です。

もっとも，「特にその法律の委任」があれば，内閣が定める「政令」にも罰則を設けることができます（憲法73条6号）。これは，処罰の対象となる行為を大まかに法律に定めたうえで，その具体的な行為の定めを政令に委ねるものです。法律上は具体的に定められていない空白の部分があるため，そのような刑罰法規を白地刑罰法規といいます。白地刑罰法規は，法律主義の例外ともいえるかもしれませんが，法律を制定するまでには時間がかかる点を踏まえると，社会の変化に素早く対応するためには，具体的な行為の定めを政令に委ねることも限定的に認められる余地があります。

猿払事件（最大判昭和49・11・6刑集28巻9号393頁）では，北海道猿払村の郵便局に勤務する郵政事務官が，昭和42年の衆議院議員選挙に際し，特定の政党

1）　ちなみに，ドイツの唯物論（心や意識といった目に見えないものが世界を作っているのではなく，私たちの世界はすべて物質から成り立っているとする考え方）哲学者ルートヴィヒ・アンドレアス・フォイエルバッハ（Ludwig Andreas Feuerbach）は，アンゼルムの息子（四男）です。

を支持する目的で同党公認候補者の選挙用ポスターを公営掲示板に掲示したため，「職員は，……人事院規則で定める政治的行為をしてはならない」とする国家公務員法102条１項に違反したとして起訴されました。最高裁は，処罰の対象となる公務員の政治的行為の具体的内容を人事院規則に委ねているのは合憲だとしましたが，違憲であるとの反対意見も付されています。白地刑罰法規が限定的に認められるとしても，委任の程度は，委任する事項を特定した**特定委任**でなければならず，丸投げ（包括委任）は許されません。反対意見は，その点を念頭に，規則への委任自体が違憲ではないかと指摘しています。

　また，路上でのたばこのポイ捨てが処罰されることからも明らかなように，**条例**にも罰則を設けることができます。確かに，条例は法律と区別されるものですが，住民の意思が反映された地方議会で条例が制定されることを踏まえると，民主主義的要請に反していないように思われます。最高裁も，「普通地方公共団体は，法令に特別の定めがあるものを除くほか，その条例中に，条例に違反した者に対し，２年以下の懲役若しくは禁錮，100万円以下の罰金，拘留，科料若しくは没収の刑」を科す旨の規定を設けることができると定めた地方自治法14条３項を合憲と解しています（最大判昭和37・５・30刑集16巻５号577頁）。しかし，条例への委任も特定委任でなければなりませんが，この条文が果たして特定委任であるといえるのか，疑問が残ります。

3　遡及処罰の禁止

　憲法39条前段では，実行のときに適法な行為について，実行後に制定された新しい刑罰法規でそれが犯罪として処罰されることになっても，新しい刑罰法規をさかのぼって適用し，刑事上の責任を負わせてはならない旨，定められています。これを**遡及処罰（事後法）の禁止**といいます。

　例えば，これまで授業に欠席しても定期試験は受けられると決められていたところ，今日から欠席した場合は定期試験を受けられないとの決まりに変更し，それをさかのぼって適用すると教員が言い出したら，皆さんはきっと憤るでしょう。この例からも明らかなように，遡及処罰の禁止を掲げる狙いは，不利益な不意打ちを防ぎ，私たちの行動の自由を保障する点にあります。つまり，その狙いは，自由主義的要請に基づくものです。刑法６条で，犯罪後の法律に

よって刑の変更があった場合，軽い方の刑を適用すると定められているのも，遡及処罰の禁止から導かれる内容です。したがって，現在は廃止されている姦通罪（既婚の女性が夫以外の男性と性的関係を結んだとき，その女性と相手の男性に成立する犯罪が183条に定められていました）を，立法者がさかのぼって適用し刑罰を科す場合は，遡及処罰の禁止に反します。一方，被告人にとって有利となる事後的な変更については，不利益な不意打ちではないため，さかのぼって適用することが認められます。

　では，行為当時の最高裁判例に従えば無罪となる行為を，判例変更して処罰することは許されるでしょうか。判例は，行為当時の最高裁判例が示す法解釈に従えば無罪となるべき行為であっても，これを処罰することは憲法39条に違反しない，と述べています（最判平成8・11・18刑集50巻10号745頁）。通説も，裁判官は憲法および法律にのみ拘束されるため（憲法76条3項），法律による事前の告知が果たされ，問題とされる行為が犯罪の成立要件を充たす以上，判例の不利益変更は許されると考えているようです。しかし，私たちは，判例を法律と同じくらい信頼しているはずです。そうであれば，判例にも遡及処罰の禁止が妥当するとの有力的な学説を無視することはできないでしょう。

4　慣習刑法の禁止

　慣習によって社会生活を規律し，規範として認められたものを慣習法といいます。例えば，民法234条1項では，建物を築造するには境界線から50cm以上の距離を保たなければならないと定められていますが，同法236条では，それと異なる慣習があるときはその慣習に従うと定められています。このように慣習法は，その内容が明文化されていない不文法であるため，慣習法を根拠として処罰することは禁止されています。これを**慣習刑法の禁止**といいます。したがって，先程述べた姦通（不貞行為）に対して，裁判所が慣習法に基づいて有罪判決を下す場合，慣習刑法の禁止に反することになります。

5　類推の禁止

　例えば「凶器」という言葉を聞いたとき，皆さんはすぐにナイフや拳銃を思い浮かべるでしょう。裁判官は，始めにこうした日常生活で使われている言葉

の意味（これを意味の核心といいます）に従って条文を解釈し，刑罰法規を適用します。このような解釈方法を**文理解釈**といいます。さらに，凶器準備集合罪（刑法208条の2）が生命，身体，財産に加え，公共的な社会生活の平穏も保護すべき法益としていることを考慮すると，主に剣道で使用する竹刀や木刀は，「凶器」という言葉の意味の核心には属さないものの，意味の周縁に属するといえます。このように，意味の周縁に属する対象に刑罰法規を適用する解釈方法は，**拡張解釈**と呼ばれています。

　しかし，私たち市民がおよそ予測できない意味の周縁を超えた対象に刑罰法規を適用すると，行為者にとって不利益な不意打ちとなってしまいます。したがって，意味の核心領域に属する典型的な事例と類似していることを根拠に，意味の周縁を超えた対象に刑罰法規を適用することは，自由主義的要請にも民主主義的要請にも反するため，禁止されています。これを**類推の禁止**[2]といいます。本章Ⅱ4では，被害者本人やその親族を脅迫した場合にのみ脅迫罪が成立することを説明しましたが，「被害者本人やその親族」に「彼女」を含める言葉の使い方は，私たちの予測可能性を超えている，すなわち意味の周縁を超えているため，「お前の彼女を殺す」と脅迫した者に脅迫罪を適用する場合は，類推の禁止に反することになります。

　カモ撃ち銃事件（最判平成8・2・8刑集50巻2号221頁〈百選Ⅰ No.1〉）では，旧鳥獣保護法およびその委任を受けた当時の環境庁告示によれば，鳥獣の「弓矢を使用する方法による捕獲」が禁止されていたところ，被告人がマガモやカルガモを狙って洋弓銃（クロスボウ）で矢を射かけたもののいずれも命中しなかった行為について，当該告示で禁止されている「捕獲」にあたるかが問題となり，最高裁は，捕獲にあたるとした原判断を正当としました。しかし，「捕獲」とは実際に捕まえたことを意味し，捕まえようとする行為は，意味の周縁を超えた類推であるように思われます。

---

2)　日本では一般的に「類推解釈の禁止」と呼ばれています。しかし，「類推」という意味を表すドイツ語の Analogie という言葉が，「解釈」という意味を表すドイツ語の Auslegung という言葉と区別して使われている現状に照らし合わせると，「類推解釈の禁止」という表現は不適切です。こうした理由から，本書ではそのような表現を使用しません（法解釈・124頁注9）。

なお，利益となるような類推については，行為者にとって不利益な不意打ちではないため，禁止されない点に注意が必要です。一方，不利益な不意打ちになる限りでは，正当防衛（36条）など行為者にとって有利になる規定について，一定の目的に基づき意味の核心に属する典型的な事例に適用しないとする**目的論的縮小**は，許されないと解すべきです（法解釈・190頁以下）。例えば，244条1項では，配偶者，直系血族または同居の親族との間で窃盗罪，不動産侵奪罪またはこれらの罪の未遂罪を犯した場合には刑を免除する旨が定められており，255条では，横領罪についても244条を準用する旨が定められています。最決平成20・2・18刑集62巻2号37頁〈百選Ⅱ No.35〉では，未成年者Aの後見人に選任された祖母Xが，Y（Aの伯父）およびZ（Yの妻）と共謀し，Aの預貯金口座から金員を引き出して横領した事案において，最高裁は244条の準用を否定し，Xの刑は免除されない，としました。つまり，「祖母」は「直系血族」の意味の核心に属するにもかかわらず，「未成年後見人の後見の事務は公的性格を有する」点を理由として，このような場合に244条1項を準用することはできないとしたのです。最高裁の結論は，不利益な不意打ちとなる目的論的縮小から導き出されるものであり，罪刑法定主義に反するといわざるをえません。

6　実体的適正手続

　憲法31条によれば，刑罰を科すための手続が法律で定められていなければなりません。これを**デュー・プロセス**（due process），つまり**適正手続**といいます。もっとも，国家機関による恣意的な刑罰を防ぐためには，刑罰を科すための手続のみならず，刑罰という義務が発生する行為を定めた実体刑法の内容も適正であることが求められます。これを**実体的適正手続**といいます。

（1）明確性の原則

　実体的適正手続の具体的な内容は3つあります。第1に，自由主義的要請を踏まえると，定められた刑罰法規の内容が明確に読み取れるものでなければなりません。言い換えれば，**明確性の原則**が求められています。**徳島市公安条例事件**（最大判昭和50・9・10刑集29巻8号489頁）では，集団行進などについての遵守事項の1つとして「交通秩序を維持すること」を掲げている徳島市公安条例3条3号が明確性の原則に反するのではないかが問題となりました。最高裁

は，明確性の基準を「通常の判断能力を有する一般人」が刑罰法規の適用を受けるか判断できる程度であると述べ，当該遵守事項は明確性を欠くものではないとしました。その後，**福岡県青少年保護育成条例事件**（最大判昭和60・10・23刑集39巻 6 号413頁〈百選Ⅰ No.2〉）では，18歳未満の青少年に対する「淫行」を禁止・処罰する福岡県青少年保護育成条例10条 1 項の規定が憲法31条に反するかが問題となりました。最高裁は，当該規定の「淫行」とは，「広く青少年に対する性行為一般をいうものと解すべきではなく，青少年を誘惑し，威迫し，欺罔し又は困惑させる等その心身の未成熟に乗じた不当な手段により行う性交又は性交類似行為のほか，青少年を単に自己の性的欲望を満足させるための対象として扱っているとしか認められないような性交又は性交類似行為をいう」として，当該規定について処罰の範囲が不当に広すぎるとも不明確であるともいえず，憲法31条には反しないとしました。しかし，徳島市公安条例事件で示した最高裁の基準と照らし合わせると，通常の判断能力を有する一般人が「淫行」の意味をこのように解釈することができるでしょうか。さらに，最決平成20・11・10刑集62巻10号2853頁では，北海道迷惑防止条例 2 条の 2 第 1 項 4 号の「卑わいな言動」が憲法31条に違反するかが問題となりました。最高裁は，当該規定の「卑わいな言動」とは，「社会通念上，性的道義観念に反する下品でみだらな言語又は動作をいうと解され，同条 1 項柱書きの『公共の場所又は公共の乗物にいる者に対し，正当な理由がないのに，著しくしゅう恥させ，又は不安を覚えさせるような』と相まって，日常用語としてこれを合理的に解釈することが可能」であるから不明確であるとはいえないとしました。しかし，「性的道義観念」自体が何を指しているのか不明確であるため，どのような言動が「卑わい」なのかは，依然として不明確であると思われます。

（2）絶対的不定期刑の禁止

　第 2 に，明確性の原則を徹底するならば，「他人の財物を窃取した者は，懲役に処する」というような，刑の種類や分量に関する定めを欠く刑罰法規も，自由主義的要請や民主主義的要請に反するため，禁止されるべきです。これを**絶対的不定期刑の禁止**といいます。

　もっとも，少年の刑事事件については，改善教育の観点から，長期と短期の刑を言い渡せる刑罰法規（**相対的不定期刑**）がみられ（少年52条），そうした刑罰

法規を定めることは許されています。

（3）刑罰法規適正の原則

　第3に，刑罰法規の内容が明確に読み取れるとしても，法治国家としての民主主義的要請を踏まえると，その内容が不適切だったり，犯罪と刑罰の釣り合いが取れていなかったりしてはなりません。これを**刑罰法規適正の原則**といいます。例えば，「贅沢をした者は，50万円以下の罰金に処する」といった規定は，処罰範囲が著しく広範囲にわたるため，憲法31条に違反します。また，「他人の財物を窃取した者は，死刑に処する」といった規定は，犯罪と刑罰の釣り合いが取れていないため，同じく憲法31条に違反します。

Ⅵ　刑法の適用範囲

1　場所的適用範囲

　ところで，日本の刑法が適用される場所的な範囲については，1条から4条の2に定められています。まず，1条1項では，「この法律は，日本国内において罪を犯したすべての者に適用する。」と書かれています。したがって，行為者や被害者の国籍を問わず，日本の領土・領海・領空内で行われた犯罪のすべてに，日本の刑法が適用されます。このように，刑法が適用される範囲を国内という領域によって限界づける方式を**属地主義**といいます。さらに1条2項では，「日本国外にある日本船舶又は日本航空機内において罪を犯した者についても，前項と同様とする。」と定められています。このように，国外にある自国の船舶・航空機内に刑法の適用範囲が及ぶとする方式を**旗国主義**といいます。例えば，ワシントン・ダレス国際空港に駐機している全日空機のなかで殺人事件を起こした人には，日本の刑法が適用されることになります。

　では，日本国内で犯罪行為がなされたものの，犯罪結果が日本国外で発生した場合には，日本の刑法が適用されるでしょうか。判例や通説は，行為や結果の一部が日本国内で発生すれば，日本の刑法が適用されるとの考え方（**遍在説**）に基づいています。したがって，詐欺師がアメリカ在住のアメリカ人に日本から電話をかけて嘘の内容を話し，アメリカ国内で金銭をだまし取った場合は，詐欺師に日本の刑法が適用されることになります。もっとも，遍在説によれば

日本の刑法が適用される範囲が広くなりすぎるとして，犯罪結果の重要性に着目し，結果が日本国内で発生した場合にのみ，日本の刑法を適用すべきであるとの考え方（結果説）も主張されています。この考え方によれば，先ほどあげた詐欺の例では，結果が日本国内で発生していないため，詐欺未遂罪（246条1項・250条）の成立にとどまることになります。しかし，刑法には，市民の行動を対象とする行動規範と発生した結果に基づいて発動される制裁規範の2つが内在していることを踏まえると，行為も結果も日本国内で発生しない限り日本の刑法は適用されないとする考え方もありうると思われます。

　日本の刑法は属地主義を原則としていますが，刑法の目的である法益の保護という観点から，属地主義を補充する規定がみられます。2条では，内乱罪（クーデター）や通貨偽造罪など日本の政治や経済を破壊するような重大な犯罪については，国家秩序を守るため，犯罪行為が日本国外で行われた場合でも，行為者の国籍を問わず，日本の刑法が適用される旨，定められています。このような方式を国家保護主義といいます。3条では，現住建造物等放火罪や殺人罪など同条にあげられている犯罪について，日本国外で犯した日本国民に日本の刑法を適用する旨が定められており，4条では，公務員職権濫用罪や収賄罪など同条にあげられている犯罪について，公務員が日本国外で犯した場合でも日本の刑法が適用される旨，定められています。このように，自国民が犯罪を行った場合，犯罪場所が国外であっても自国の刑法を適用する方式を積極的属人主義といいます。さらに，3条の2では，日本人が日本国外で3条の2にあげられている重大な犯罪の被害者となった場合，日本国民を保護する観点から（このような方式を国民保護主義といいます），日本国民以外の当該犯罪者にも日本の刑法が適用される旨，定められています。このような方式を消極的属人主義といいます。最後に，4条の2では，日本国外で犯したときでも処罰するよう条約で義務づけられている犯罪のうち，2条から4条で処罰できないものについても日本の刑法が適用される旨，定められています。このように，国際社会全体の利益を保護する観点から自国の刑法を適用する方式を世界主義といいます。もっとも，行動規範が「市民」の行動を対象としていることを踏まえると，日本国民ではない行為者に日本の刑法を適用する消極的属人主義や世界主義については，疑問の余地があります。

2　時間的適用範囲

　犯罪行為がなされた後に刑罰法規が変更された場合，裁判官は犯罪行為時または裁判時どちらの規定を適用すればよいのか，問題となります。

　本章Ⅴ3で説明したように，刑法6条では「犯罪後の法律によって刑の変更があったときは，その軽いものによる。」と定められていますが，犯罪後の法令によって刑が廃止されたときは，刑事訴訟法337条2号に基づいて，有罪か無罪かの判断をせずに訴訟を打ち切る判決，すなわち**免訴**が言い渡されます。刑罰法規が廃止されれば，そのような行為を処罰する必要性がなくなるからです。その際，行為の時点では犯罪が成立しているという事実があるため，無罪の判決は言い渡されません。

　ただし，法令の有効期間が限定される**限時法**において，有効期間内に犯罪行為がなされた後，裁判時にその法律が失効した場合，通説は「廃止前の行為に対する処罰については，なお従前の例による」との特別規定が設けられた場合に限り，失効前の犯罪行為に適用して処罰することができると解しています。

3　人的適用範囲

　日本の刑法は，場所および時に関して効力が認められる限り，犯罪を行ったすべての人に対して適用されます。ただし，天皇については，日本の刑法は適用されません。皇室典範21条では「摂政は，その在任中，訴追されない」と定められていますが，摂政ですらその在任中訴追されないのであれば，天皇についてはなおさら訴追されるべきではないと解されるからです（このように，程度や量の比較に基づいて解釈する方法を**勿論解釈**といいます）。

　また，国会議員は，議院で行った演説，討論，表決について，院外で責任を問われることはなく（憲法51条），国務大臣は，その在任中，内閣総理大臣の同意がなければ訴追されません（憲法75条本文）。これらは行為者の一身的な事情で刑罰権の発生が妨げられるため，**一身的刑罰阻却事由**と呼ばれています。

Ⅶ　犯罪の類型

1　犯罪行為の現象形態

　各則に定められている犯罪は，その特徴に応じて分類することができます。まず，行為に着目すると，積極的な動作による**作為犯**と積極的な動作によらない**不作為犯**に分けることができます（詳細は第2章Ⅱを参照）。不作為犯とは，例えば母親が殺意をもって自分の子どもに食事を与えず死亡させた場合です。

　作為犯も不作為犯も，それぞれさらに2つの行為態様に区別することができます。わざと行為をする**故意犯**とうっかり不注意で行為をする**過失犯**です（詳細は第4章・第5章を参照）。故意による作為犯と故意による不作為犯は，それぞれさらに2つの行為態様に区別することができ，犯罪を完成させる**既遂犯**と未完成にとどまる**未遂犯**の2つに分けられます（詳細は第11章を参照）。

　まとめると，犯罪行為の現象形態は，既遂の故意作為犯，未遂の故意作為犯，過失作為犯，既遂の故意不作為犯，未遂の故意不作為犯，過失不作為犯の6つがあります。具体的には，父親Xが息子Aを包丁で刺して死亡させた場合は「既遂の故意作為犯」，その際Aが一命を取りとめた場合が「未遂の故意作為犯」，XがうっかりAを車ではねて死亡させた場合は「過失作為犯」，殺意をもってAに食事を与えず死亡させた場合は「既遂の故意不作為犯」，その際Aが一命を取りとめた場合が「未遂の故意不作為犯」，炎天下にAを車内に残したままXが店内でパチンコをしていたところAを熱中症で死亡させた場合が「過失不作為犯」となります。なお，過失と未遂が組み合わさった行為は犯罪行為ではない点に注意してください。

2　犯罪結果と犯罪の終了

　次に，結果に着目すると，結果犯と挙動犯に分けることができます。**結果犯**とは，犯罪が成立するためには，一定の結果が発生することを必要とする犯罪です。例えば，殺人罪は，人の死亡という結果が発生しなければ成立しないため，結果犯の典型例です。一方，**挙動犯**とは，刑罰法規に定められている一定の「挙動」だけで足り，何らかの具体的な結果の発生を不要とする犯罪です。

例えば，住居侵入罪（130条）は，正当な理由なく他人の住居に侵入するという挙動だけで犯罪が成立するため，挙動犯の典型例です。

　結果の内容に目を向けると，侵害犯と危険犯に分けることができます。**侵害犯**とは，法益の侵害結果が発生することを成立要件とする犯罪です。例えば，殺人罪は「人の生命」という法益の侵害が発生することを成立要件とするため，侵害犯の典型例です。これに対して**危険犯**とは，法益の侵害に至らなくても法益に危険が生じれば成立する犯罪です。危険犯はさらに，「危険を生じさせること」という具体的な危険結果が条文に明記される形で要件とされる**具体的危険犯**と，一定の行動それ自体に危険性があるとみなされ，「危険を生じさせること」が条文に明記されていない**抽象的危険犯**に分けられます。例えば，建造物等以外放火罪（110条）は，「公共の危険を生じさせた者は」と明記されている具体的危険犯ですが，現住建造物等放火罪（108条）は，そのような内容が明記されておらず，放火行為それ自体に公共の危険があるとみなされる抽象的危険犯です。もっとも，抽象的危険犯については，具体的な危険結果の発生までは不要としつつも一定の具体的危険性を必要とする具体的危険性犯であるとの見解も主張されています。こうした考え方によれば，他人が所有する建造物に放火したものの，周囲に家がなく延焼の可能性は認められず，建造物の中や周囲にも行為者以外に誰もいない状況であれば，具体的危険性が認められないため，現住建造物等放火罪の既遂犯は成立しないと解されます。

　最後に，犯罪の終了時点に着目すると，即成犯，継続犯，状態犯の3つに分けることができます。**即成犯**とは，法益の侵害または危険の発生によって既遂となり，既遂と同時に犯罪が終了して法益が消滅するもので，殺人罪がその典型例です。これに対して**継続犯**とは，法益の侵害によって既遂となるものの，法益が侵害されている間は犯罪が終了しないもので，監禁罪（220条）がその典型例です。**状態犯**とは，法益の侵害によって既遂となり，犯罪は終了するものの，法益侵害の状態が続くもので，窃盗罪（235条）がその典型例です。

Ⅷ　犯罪論の体系

1　犯罪とは何か

　浮気や不倫のように一般的には悪い行為であったとしても，そのすべてが犯罪となるわけではありません。では，犯罪とは一体どんな行為なのでしょうか。

　犯罪とは，**構成要件に該当する違法かつ有責な行為である**，と定義づけられています。違法性と有責性（責任があるという性質）の区別をめぐっては議論の余地がありますが，犯罪が成立するかどうかは，問題となる行為について，①構成要件に該当するか，②違法性が認められるか，③有責性も認められるか，順番に検討しなければなりません。

　①**構成要件**[3]とは，行動規範に違反する行為の類型を意味します。構成要件をイメージする際は，カタログやメニューに相当するものを想像していただければよいでしょう。料理が食堂のメニューに記載されていなければ提供されないのと同様に，問題となる行為が構成要件に該当しなければ犯罪は成立しません。

　行為が構成要件に該当するためには，構成要件を成り立たせている内容（これを**構成要件要素**といいます）がすべて揃っていなければなりません。その内容とは，行為の主体，客体，行為，（目指している）結果，因果関係，故意などです。

　②**違法性**とは，法益侵害行為に及んではならないとする要求（義務）に反していると認められる性質を意味します。例えば，医者の手術行為は，患者の体にメスを入れるため，「人の身体を傷害してはならない」という傷害罪の行動規範に違反し，構成要件に該当します。しかし，医者に対して手術行為をしないよう要求することはできません。手術をしなければ，患者の健康という法益が保たれないからです。したがって，そのような場合は違法性が阻却され，犯罪は成立しません。違法性阻却事由が存在しない場合，違法性が認められます。

　③**有責性**とは，行動規範の存在が適法な行為をする動機となりうる性質を意

　3）「構成要件」とは，ドイツ語の Tatbestand という言葉を翻訳したもので，本来は法律要件という意味で使われますが，刑法では犯罪を構成するうえでの体系的な出発点としてとらえられているため，**体系構成要件**または**指導形象構成要件**とも呼ばれます（規範論・110頁以下参照）。

味します。例えば，幼稚園児がママ友の携帯を壊したとしましょう。この幼稚園児の行為は，「他人の物を壊してはならない」という器物損壊罪（261条）の行動規範に違反するため構成要件に該当し，ママ友の携帯を壊さないよう要求できるため違法性も認められます。しかし，幼稚園児が器物損壊罪の行動規範を理解して「壊すのをやめよう」と動機づけられることは困難です。そのため，幼稚園児の行為は責任が阻却され，犯罪は成立しません。責任阻却事由が存在しない場合，有責性が認められます。

さらに，本書では，犯罪が成立して刑罰が科されるためには，④**処罰条件（刑罰必要性）**を充たさなければならないと考えています。ここでの処罰条件とは，行為後に発生する客観的にみて危険な事態，すなわち実際に生じた結果を意味します（規範論・84頁）。以上をまとめると，典型的な犯罪である既遂の故意作為犯は，次のようなプロセスで検討されます。

Ⅰ．構成要件該当性
　1．客観的構成要件要素
　　　　→行為の主体，行為の客体，行為，結果，因果関係など
　2．主観的構成要件要素
　　　　→故意など
Ⅱ．違法性
　　違法性阻却事由の不存在
　　　　→正当行為，正当防衛，緊急避難，被害者の同意など
Ⅲ．有責性
　　責任阻却事由の不存在
　　　　→責任無能力，限定責任能力，不法の認識の可能性，期待可能性
Ⅳ．処罰条件

2　構成要件の機能

構成要件の機能としては，第1に，**自由保障機能**があげられます。行為が構成要件に該当しない限り犯罪は成立しませんから，構成要件には行動の自由を保障する機能があります。

第2に，徴　憑　機能があげられます。すなわち，問題となる行為が構成要件に該当する場合には違法性も有責性も認められるだろうと推定することができ

る機能です。もちろん，違法性や有責性を検討する段階で阻却事由が存在する
場合には，違法性または有責性は認められません。

　第3に，**犯罪個別化機能**があげられます。例えば，殺人罪，傷害致死罪（205
条），過失致死罪（210条）は，「他人の死亡」という結果に着目すると共通して
いますが，それぞれ条文が異なり，その条文に内在する行動規範も異なります。
行動規範が異なる以上，行動規範に違反する行為の類型である構成要件も異な
るため，構成要件には犯罪を区別する機能があるといえるでしょう。

　第4に，**故意規制機能**があげられます。故意が認められるためには，行為者
が構成要件要素にあたる客観的な事実（これを客観的構成要件要素といいます）を
認識していなければなりません（詳細は第4章参照）。そのことから，構成要件
には，行為者が認識していなければならない対象を示す機能があります。

3　構成要件要素

　犯罪が成立するためには，まずは構成要件該当性を検討する必要があります。
マクドナルドでは，バーガーとサイドとドリンクが揃わなければセットメ
ニューが成立しませんが，犯罪の構成要件も，構成要件要素がすべて揃わなけ
れば構成要件該当性は認められません。構成要件要素は，行為の主体，客体，
行為，結果，因果関係，故意などがありますが，いくつかの犯罪では，条文に
記載されていない**書かれざる構成要件要素**が要求される場合もあります。例え
ば，公務執行妨害罪（95条）における公務員の職務については「適法性」が備わっ
ている必要があるとされますが，これは書かれざる構成要件要素であると解さ
れています。

　こうした構成要件要素のうち，第2章から第5章では，行為（作為と不作為），
因果関係，故意，過失について重点的に説明します。

第 2 章　作為と不作為

I　行為論

　構成要件該当性が認められるためには，構成要件要素が揃っていなければなりません。構成要件要素のうち，本章では「行為」に的を絞って説明します。

　構成要件に該当する「行為」（これを**実行行為**といいます）として認められるためには，少なくとも**人間の行動**であることが前提となります。例えば，野良犬が通行人に嚙みつくような動物の行為や，津波が人家を押し流すような自然現象は，刑法上の構成要件に該当する「行為」として認められません。

　もっとも，人間の行動であっても常に構成要件要素としての「行為」と認められるわけではありません。学説に目を向けると，人の意思に基づいて外部に現れた身体的な態度でなければならないとの考え方が主張されています。あらゆる現象は因果的な連鎖によって起こり，行為も，何らかの意思に基づいて惹き起こされた因果的な事象であるととらえているのです。それゆえ，こうした考え方は，**因果的行為論**と呼ばれています。因果的行為論によれば，外部に現れない単なる願望や，何らかの意思に基づくものではない睡眠中の動作や反射運動は，構成要件に該当する「行為」ではありません。しかし，このようにとらえると，例えば殺人犯を出産した母親の行為は，殺人結果につながる因果的な事象であるため，殺人を惹き起こした「行為」であるとされてしまいます。

　そこで，構成要件要素としての「行為」とは，目的の実現に向けられた人間の行動であるとの考え方が提唱されました。このような**目的的行為論**と呼ばれる考え方によれば，殺人犯を出産する母親の行為は，他人を殺害する目的で行われたものではないため，殺人罪の構成要件に該当する「行為」ではありません。この例からもわかるように，目的的行為論は，一定の法益侵害結果を志向する（目指す）行為のみが構成要件要素としての「行為」と認められるため，

故意も構成要件要素の1つであることになります。しかし，このように考えると，過失犯の場合には法益侵害結果を志向していないため，過失行為は構成要件に該当する「行為」ではないことになってしまいます。こうした結論を避けるためには，さらに別の理由づけが必要となります。

　この点，今日多くの支持を得ている**社会的行為論**は，過失行為についても故意行為と同様の基準から構成要件に該当する「行為」であると説明しています。すなわち，構成要件要素としての「行為」とは，意思によってコントロール可能な社会的重要性をもつ行為であるととらえます。こうした考え方によれば，不注意な行為は，意思によってコントロールしうる社会的に重要な意味をもつ行為ですので，構成要件に該当する「行為」として認められるでしょう。一方，無意識の挙動や強制下の動静は，意思によってコントロールできませんので，構成要件に該当する「行為」として認められません。

　また，**志向的行為論**と呼ばれる考え方は，構成要件要素としての「行為」を志向性の次元で，つまり，行為者の意図や目的，あるいは意味の次元でとらえようとします。目的的行為論のように行為者が実現しようとしている目的に着目するのではなく，行為者が構成要件の実現を志向的に回避しうる状況に置かれているかどうかに着目し，そのような状況下に置かれた行為のみ，構成要件に該当する「行為」であるとしています。

　さらに，**消極的行為論**という考え方も主張されています。この考え方によれば，回避可能であるにもかかわらず回避しなかった行為が，構成要件に該当する「行為」であるとしています。しかし，消極的行為論に対しては，「回避しなかった行為」に着目することから，すべての犯罪を不作為犯としてとらえてしまう懸念があります。

　いずれにしても，社会的行為論，志向的行為論，消極的行為論は，刑法上の規範に着目し，規範が構成要件の実現を回避するよう要求していることとの関係から，構成要件要素としての「行為」をとらえているといえるでしょう。行為には意思が内在していることを踏まえれば，行為を意思（意味）の表現として特徴づけ，行動規範が存在する社会的な文脈のなかで，構成要件に該当する「行為」かどうかを判断するのが適切だと思われます。

Ⅱ　作為と不作為

　構成要件に該当する「行為（Handlung）」，すなわち**実行行為**は，通常，一定の身体的動作（Tun）を必要とします。そのような犯罪を**作為犯**といいますが，一定の身体的動作を行わない（Nicht-Tun = Unterlassung）ことが犯罪となる**不作為犯**も定められています。

　不作為犯を詳しくみると，かつては不作為で挙動犯を実現するか，それとも結果犯を実現するかによってさらに分けられるとする考え方も主張されていましたが，現在では，規定の仕方によってさらに2つの類型に分けるのが一般的です。第1に，あらかじめ条文に不作為の行為態様が明示されているものがあります。例えば，保護責任者遺棄罪が定められている218条をみてみましょう。保護責任者が老年者や幼年者などに対して「その生存に必要な保護をしなかったときは」と書かれています。このように「不保護」という不作為の行為態様があらかじめ定められている犯罪を**真正不作為犯**といいます。

　第2に，条文では作為犯の処罰を予定しているように読めるものの，不作為の行為態様についても処罰するものがあります。例えば，殺人罪が定められている199条では，「人を殺した者は」と書かれており，一見すると作為犯の処罰のみを予定しているように思われるかもしれません。しかし，母親が殺意をもってわが子に食事を与えずに餓死させた場合には，不作為による殺人罪にあたりうるとされています。このような犯罪を**不真正不作為犯**といいます。

Ⅲ　不真正不作為犯と罪刑法定主義

　不真正不作為犯には，「～しなかったときは」あるいは「～しなかった者は」と明示されていない刑罰法規を適用します。つまり，「人を殺した者は」というように作為の行為態様が明示された刑罰法規を適用します。そのため，不真正不作為犯への適用は許されない類推にあたり，罪刑法定主義に反すると思われるかもしれません。

　行動規範には，「～してはならない」という内容をもつ**禁止規範**と，「～せよ」

という内容をもつ**命令規範**があります。不真正不作為犯への刑罰法規の適用が罪刑法定主義に反すると思われたとすれば，それは，作為の行為態様が明示された刑罰法規を禁止規範のみ定められたものであるととらえたからでしょう。

　しかし，そのようなとらえ方は適切ではありません。作為の行為態様が明示された刑罰法規には，禁止規範のみならず命令規範も内在しています。母親がわが子を餓死させた事例では，母親に対して，「わが子を殺さないよう食事を与えよ」という規範が向けられます。つまり，「わが子を殺してはならない」という禁止規範のみならず，「わが子に食事を与えよ」という命令規範も向けられ，母親はこの 2 つの規範に違反するため，199条が適用されるのです。罪刑法定主義との関係で念頭に置かれる構成要件は，1 つの条文のなかに禁止規範と命令規範が含まれた刑罰法規であり（そのような構成要件は，違法性判断の対象を構成するため，**不法構成要件**と呼ばれています），それゆえ，不真正不作為犯への適用は罪刑法定主義に反しないと解されます。

　もっとも，不作為犯の成否を検討するうえでの体系的な出発点としての構成要件（これを**体系構成要件**または**指導形象構成要件**といいます）は，作為犯と異なるものであり，不作為犯特有の構成要件要素を検討しなければなりません。以下では，不作為犯特有の構成要件要素である保障人的地位について詳しく説明します。不作為犯の実行行為や因果関係についても注意しましょう。

Ⅳ　保障人的地位

1　保障人的地位とは

　母親がわが子を餓死させた事例で，隣人が母親の様子に気づいていたものの，その子どもを救わなかったとしましょう。もしこの隣人にも，不作為による殺人罪という不真正不作為犯が成立するとしたら，不真正不作為犯の成立範囲は無限定に広くなってしまいます。そこで，誰の不作為が犯罪として成立するのか，その判断基準が議論されてきました。

（1）因果性説

　当初は，因果関係の観点から説明されていました（**因果性説**）。この因果性説は，不作為犯においても，作為と結果の因果関係に着目し，不作為に至る前に

行われた先行行為（**先行行為説**）や不作為の最中に行っていた作為（**他行為説**）と結果との間に因果関係が認められるかどうかを判断基準とします。母親がわが子を餓死させた事例では，「出産後しばらくはわが子にミルクを与えていた」という先行行為や，「食事を与えずにパチンコ屋に出かけた」など他の行為に着目し，こうした作為と結果との間に因果関係がみられるため，母親に殺人罪の構成要件該当性が認められると主張していたのです。しかし，本来は「わが子に食事を与えなかった」という不作為が問題になっているにもかかわらず，先行行為や他行為に着目して因果関係の観点から判断する見解は，構成要件該当性の判断対象となる行為をすり替えているといわざるをえません。

（2）法義務説

その後，不真正不作為犯は，違法性の段階で検討されるべきであるとの見解（**法義務説**）が登場します。この見解によれば，不作為犯は，期待された作為をしなかったという作為義務違反が認められる場合に成立するものであり，作為義務違反の有無を違法性の段階で検討するものでした。しかし，こうした検討プロセスに基づくと，あらゆる人の不作為が構成要件に該当し，違法性の段階で初めて限定されることになるため，構成要件の徴 憑 機能（構成要件に該当する限定的な行為のみ違法性や有責性が推定されるとする機能）が失われてしまうとの批判が向けられました。

（3）保障人説

今日では，不作為犯は，法益侵害結果の回避に向けて作為可能であるにもかかわらず，命令された作為をしなかった不作為それ自体が問題とされるべきであるとして，当該不作為が法益侵害結果を発生させる具体的危険性を有するものかどうかに着目しています。その意義は，あらゆる人の不作為が実行行為として認められるのではなく，結果を防止すべき義務がある人，すなわち結果の不発生を保障すべき人（保障人）の不作為に限られるとする点にあります。こうした見解は**保障人説**と呼ばれ，今日の通説となっています。

保障人説を詳しくみてみると，①誰が保障人として認められるかという**保障人的地位**と，②保障人的地位を有する者が期待された作為をしなかったという**保障人的義務**を区別するかをめぐって，見解の相違がみられます。本書の基本的な立場のように，構成要件該当性が行動規範の違反性を意味する一方，違法

性が義務違反性を意味すると理解するならば，両者を区別し，①は書かれざる構成要件要素として構成要件の段階で，②は保障人の義務違反性（作為義務違反性）として違法性の段階で検討されるととらえる方が体系的に合致しているといえるでしょう（規範論・88頁注21）。

　また，保障人的地位と保障人的義務の区別は，とくに錯誤の事例で適切な結論を導くことができます。例えば，わが子が溺れているにもかかわらず，父親が他人の子と勘違いして救わなかったためにわが子が溺死した場合（これは事実の錯誤と呼ばれています。詳しくは第10章を参照），父親は，わが子が溺れているという保障人的地位を基礎づける事情について勘違いしていますので，殺人罪の故意を認めることはできず，構成要件該当性は否定されるでしょう。一方，わが子が溺れているのを知りながら，父親が「わが子を救う法的な義務はない」と勘違いして救わなかったためにわが子が溺死した場合（これは**違法性の錯誤〔禁止の錯誤〕**または**法律の錯誤**と呼ばれています。詳しくは第10章を参照），父親は保障人的地位を基礎づける事情について正確に認識しているものの，作為義務がないと勘違いしているにすぎないため，父親には殺人罪の故意が認められます。

2　保障人的地位の発生根拠

　作為犯の場合，条文で禁止された行為をしなければよいため，行為者の自由を制約する度合いはそれほど強くありません。しかし，不作為犯の場合は，他のあらゆる選択肢を放棄して，条文で命令された作為を行わなければなりませんので，その度合いが非常に強いといえるでしょう。それゆえ，不作為犯の成否を検討する際には，構成要件該当性が過度に広く認められることのないよう，保障人的地位が認められる範囲を限定的にとらえる必要があります。

（1）形式説

　そこで，保障人的地位を限定的に認める基準として，法令，契約，条理（先行行為など）から形式的に判断する考え方（**形式説**または**形式的三分説**）が主張されています。こうした考え方が主張される背景には，刑法の補充性があります。刑法は，他の法律で解決されない場合に最後の手段として使われる性質を有しています（第1章Ⅱ4を参照）。そうであるならば，刑事裁判官は，刑法以外の法秩序において違法とされる決定に拘束されるため，他の法令や契約上の義務

などから刑法上の保障人的地位が認められると解しているのです。

　しかし，刑法以外の法領域における違法・適法の評価は，保障人的地位が発生する根拠ではなく，その限界を示すことができるにすぎず，その点を形式説は誤解しています。例えば，道交法72条1項前段では，運転者などに対して，交通事故の負傷者を救護するよう義務づけています。確かに，この救護義務に違反しない者が刑法上の保障人的地位を有することになれば刑法の補充性に反するため，その限りで形式説の主張は正しいといえるでしょう。しかし，救護義務違反が認められるからといって，直ちに刑法上の保障人的地位も認められるわけではありません。そのことは，ひき逃げ犯人が常に殺人罪の不真正不作為犯として認められるわけではないことを想像すれば明らかです。

（2）実質説

　近年では，法令や契約などから形式的に保障人的地位が認められるのではなく，実質的な基準を示すべきであるとの見解（**実質説**）が有力に主張されています。その1つとして，①法益の維持・存続を図る行為を開始し，②そのような法益維持行為を反復・継続しており，③法益保護について他人が干渉しえないような排他性が確保されている場合に作為義務が認められるとの考え方（**保護の引受け説**）が示されています。しかし，3つの要件すべてを充たさない限り作為義務が認められないとすると，例えば母親が出産前からわが子を餓死させる意思を有していて，密かに産み落とした直後から放置し続けて死亡させた場合，①の要件が充たされていないため，母親に作為義務が認められないことになってしまうでしょう。

　現在有力に主張されている考え方は，結果へと向かう因果の流れを支配していた場合に保障人的地位が認められるとするものです（**排他的支配説**）。もっとも，因果の流れを排他的に支配していた点のみを基準とすると，例えば，1人で暮らす住人の自宅敷地内に見知らぬ乳児が遺棄された場合，住人以外に乳児を保護する人がいないため，住人に排他的支配が認められ，その住人は作為義務を負うことになってしまいます。そこで，排他的支配の有無に加えて，行為者が危険を創り出したか，あるいは危険を増加させた場合に保障人的地位が認められるとの考え方が出されています。この考え方によれば，自宅敷地内に見知らぬ乳児が遺棄されたとしても，住人が乳児の危険を創り出したり増加させたり

図 2 - 1　機能的二分説

出典：*Kindhäuser/Zimmermann*, Strafrecht Allgemeiner Teil, 10.Aufl., 2022, S.324.

したわけではありませんから，その住人は保障人的地位を有しません。

　その他，ドイツで通説とされているように，保護の任務に応じて２つの類型に分類し，そのどちらかに該当する場合に保障人的地位が認められるとの考え方も主張されています（**機能的二分説**）。第１の類型は，法益保護型と呼ばれており，ある一定の法益を保護する義務のある人が，保障人的地位として認められます。具体的には，家族関係（親子など）や非常に近い人間関係（事実婚など）にある人，危険を共にしている人（一緒に登山をしているメンバーなど），保護義務を任意で引き受けた人（ベビーシッターなど），一定の公職者や役職者（警察官や社長など）があげられます。これらの人たちは，関係者の法益に危険が及ばないよう，保護しなければなりません。第２の類型は，危険源管理監督型と呼ばれており，ある一定の危険が他の法益を侵害しないように管理・監督する責任を負う人が，保障人的地位として認められます。具体的には，交通安全義務を負う人（犬の飼い主など），監督義務を負う人（親や教員など），先行行為者（自動車の運転手など）があげられます。これらの人たちは，自ら保有している危険が他の法益に及ばないよう，管理しなければなりません。

3　判　例

　不真正不作為犯の成立が認められた判例には，放火罪，殺人罪，詐欺罪，死体遺棄罪などに関するものがあります。まずは，放火罪と殺人罪に関する判例をおさえた後，ひき逃げ事案の問題点も理解しておきましょう。

（1）不作為による放火罪

　養父殺害事件（大判大正７・12・18刑録24輯1558頁）では，養父と喧嘩した被告人が押切包丁で養父を殺害し，死体の後始末を考えていた際，喧嘩の最中に養

父が投げた薪の燃え残りが住宅内の藁に飛散して燃え上がるのを認識し，殺人の罪跡を隠蔽しようと思いつき，容易に消火できるにもかかわらず消火しなかったため，被告人所有の住宅などが焼失した事案が問題となりました。大審院は，消火すべき法律上の義務を有し，かつ容易に消火できる地位にある者が，既発の火力を利用する意思で鎮火に必要な手段をとらなかったときは，その不作為も放火行為に該当すると述べて，被告人に放火罪の成立を認めています。この判例では，被告人に故意とは別の意思，すなわち「既発の火力を利用する意思」がある場合に放火罪の不真正不作為犯が認められると述べられています。

　しかし，**火鉢事件**（最判昭和33・9・9刑集12巻13号2882頁〈百選 I No.5〉）では，そのような意思を不要とすることが明らかにされました。被告人は，営業所内で木机の下にあるボール箱の傍に火鉢を置いて股火鉢をしながら残業をしていた際，火鉢を安全な場所に移すなどの処置をとらないまま別室で仮眠をとり戻ってきたところ，机に延焼しているのを発見したものの，自分の失策が発覚するのをおそれて宿直員を呼び起こすことなく立ち去り，営業所などを全焼させたという事案において，最高裁は，「建物が焼毀せられるべきことを認容する意思をもってあえて被告人の義務である必要かつ容易な消火措置をとらない不作為により建物についての放火行為をなし，よってこれを焼毀した」として，被告人に不作為による放火罪の成立を認めました。先にあげた機能的二分説の考え方にあてはめると，仮眠をとる前に股火鉢をしていた被告人には，先行行為者として認められるため，危険源を管理する者として，保障人的地位が認められるでしょう。一方で，排他的支配説を支持する学説の一部からは，ほかに宿直員がいたことから，全焼へと向かう因果の流れを支配していたとはいえないとして，保障人的地位を否定すべきであるとの批判が向けられています。

（2）不作為による殺人罪

　親の不作為によって子どもを殺害する事例は，すでに大審院時代にみられます。大判大正4・2・10刑録21輯90頁では，もらい受けた生後6か月に満たない子に対して生存に必要な食物を与えずに餓死させた事案において，不作為による殺人罪の成立が認められています。被告人が子どもをもらい受けている事実に照らし合わせると，実質説のいずれの立場からも，保障人的地位が認められるでしょう。

　このような保護関係に加えて，被害者の生命に対する危険を創り出した先行行為も，保障人的地位を認める根拠にあげられるようになりました。東京地八王子支判昭和57・12・22判タ494号142頁では，被告人らが，自宅に住まわせていた従業員に暴行を加えて重篤な傷害を負わせているにもかかわらず，傷害の事実が発覚するのをおそれて医師の治療を受けさせることなく数日後に従業員を死亡させた事案において，東京地裁は，被告人らが自己の行為により従業員を死亡させる切迫した危険を生じさせ，受傷した従業員の救助を引き受けたうえ，その支配領域内に置いていたことなどから，被告人らに法的作為義務があったとして，不作為による殺人罪の成立を認めています。

　シャクティ（シャクティパット）事件（最決平成17・7・4刑集59巻6号403頁〈百選Ⅰ No.6〉）では，手の平で患部をたたいてエネルギーを通すことで自己治癒力を高めるというシャクティパット治療を施すことで信奉者を集めていた被告人が，脳内出血で倒れて入院した重篤患者Aの親族からシャクティパット治療を依頼され，その親族にAを病院から運び出させ，被告人が滞在するホテルの一室に運び込ませ，未必的な殺意をもって，生命維持のために必要な医療措置を受けさせないまま放置し，Aを死亡させたという事案において，最高裁は，自己の責めに帰すべき事由（不適切な指示により病院から運び出させたこと）によってAの生命に具体的な危険を生じさせたうえ，自己を信奉するAの親族から手当てを全面的に委ねられた立場にあったとして，被告人に不作為による殺人罪の成立を認めました（なお，この事件では，Aの親族について保護責任者遺棄致死罪の範囲内で共同正犯が認められています。この点については第**13**章Ⅰ**2(4)**を参照）。

　シャクティ事件の事実関係を保護の引受け説の考え方にあてはめてみましょう。①Aをホテルに運び込ませてシャクティ治療を施していますので，被告人はAの生命を維持する行為を開始しています。②シャクティ治療が行われていましたので，Aの法益を維持するための行為が継続されています。③Aをホテ

---

　1)　シャクティ（**शक्ति**）とは，サンスクリット語で「力」や「能力」を意味します。とくにヒンドゥー教の一部では，この語が女性名詞でもあるので，シバ，ビシュヌなどの最高神の性力，女性的原理として考えられ，ときに最高神の配偶神と同一視されます（ブリタニカ国際大百科事典参照）。シャクティパットは，ここでは「霊力を与える」というような意味で用いられています。

ルの一室に運び込ませていますので，被告人には，Ａの生命を保護するにあたり他人が干渉しえないような排他性が確保されています。したがって，被告人には保障人的地位が認められます。

　また，排他的支配説の考え方にあてはめてみると，不適切な指示によってＡを病院から運び出させていますので，被告人は，危険を創り出しているといえます。加えて，Ａの親族からＡの手当てを全面的に委ねられていることから，結果へと向かう因果の流れを支配していたといえます。したがって，被告人には保障人的地位が認められます。

　さらに，機能的二分説の考え方にもあてはめてみましょう。Ａを病院から運び出させていますので，被告人は先行行為者に該当し，危険源を管理する者といえます。また，被告人の信奉者であるＡの親族からＡの手当てを依頼されていることから，被告人は保護義務を任意で引き受けており，被告人とＡの親族は非常に近い人間関係を有しているため，被告人はＡの法益を保護する者であるともいえます。したがって，被告人には保障人的地位が認められます。

（3）ひき逃げと不作為犯

　典型的なひき逃げの事案は，例えば，わき見運転をしていたために前方不注意になり，歩行者を誤ってはねてしまい，恐くなってそのまま逃走して歩行者に怪我を負わせた，というものです。このような場合，自動車運転死傷行為等処罰法５条により，運転手には過失運転致傷罪が成立しますが，道交法違反の罪も成立します。すなわち，道交法72条１項前段により救護義務違反の罪が成立し，同条１項後段により事故報告義務違反の罪が成立します。さらに，わき見運転という先行行為によって危険を創り出している点も考量すると，被告人には，刑法上の保障人的地位が認められ，不作為による単純遺棄罪（217条）あるいは保護責任者遺棄罪（218条）が成立する余地もあります。

　東京地判昭和40・9・30下刑集７巻９号1828頁では，被告人が自動車を運転中に過失により被害者をはね飛ばして意識不明の重傷を負わせ，被害者を救護するためいったん自車に乗せたものの，犯行の発覚をおそれ，約29km離れた山林に遺棄するまで何らの救護措置もとらずに走行したため，走行中の車内で死亡させた事案において，東京地裁は，①直ちに最寄りの病院に搬送することにより救護すれば死の結果を防止することが十分に可能であったこと，②被告

人には被害者を直ちに最寄りの病院に搬送して救護し，生存を維持すべき義務があること，③殺人の未必の故意があることを根拠にあげ，被告人に不作為による殺人罪の成立が認められました。この判例では，過失により被害者をはね飛ばしたという先行行為に加え，自車に乗せた点から保護の引受けがあり，被害者の死へと向かう因果の流れを排他的に支配しているため，被告人に不作為による殺人罪の保障人的地位が認められたと解されます。

　なぜこの被告人には，保護責任者遺棄致死罪（219条）ではなく，殺人罪の保障人的地位が認められたのでしょうか。一部の学説からは，保護責任者遺棄致死罪と区別するために，不作為による殺人罪は，行為者に強い殺意（詳細は第4章Ⅲを参照）がある場合に限られると主張されています。しかし，作為による殺人罪の場合には，弱い殺意（これを**未必の故意**といいます。詳細は第4章Ⅲを参照）しか存在しない場合でも殺人罪が認められていることを踏まえると，バランスに欠ける主張でしょう。この判例でも，根拠の③をみれば分かるように，弱い殺意しか存在しない被告人に不作為による殺人罪が成立しています。殺意の有無に加え，生命に対する具体的な危険の有無によって，殺人罪と保護責任者遺棄致死罪を区別する方が望ましいように思われます。

Ⅴ　作為の可能性

　不作為犯の実行行為である「不作為」という言葉を概念的に説明すると，不作為者が「作為可能であったにもかかわらず何もしなかったこと」を意味します。こうした意味を踏まえるならば，「不作為」という実行行為が認められるためには，不作為者が結果回避に向けて必要な行為をすることができる物理的かつ現実的な可能性を有していなければなりません。例えば，泳げない人が溺れている人を救助しなかったという行為は，自ら川に飛び込んで救助することができませんので，不作為とは認められません。ローマ法時代からいわれているように，**不可能なことは義務づけられない**（ultra posse nemo obligatur）[2]のです。したがって，行為者が場所的に離れていたり，行為者の個人的な能力が欠如し

2）　この命題は，不作為犯だけでなく作為犯にもあてはまります。詳細は第5章Ⅱ2を参照。

ていたりするなどの理由から，行為者が命令された救助行為を実行することができなかった場合には，構成要件に該当する不作為は存在しません。

Ⅵ　不作為の因果関係

　不作為犯の場合も，実行行為（不作為）と結果との間に因果関係が存在しなければなりません。因果関係の有無を判断する基準をめぐっては，「期待された作為がなされていれば，結果が発生する危険を減少することができたであろう」といえる場合には不作為と結果との因果関係が認められるとする見解（**危険減少説**）が主張されています。しかし，こうした見解に対しては，法益の侵害が発生することを成立要件としている侵害犯（例えば殺人罪は生命の侵害が成立要件とされています）が，法益の侵害に至らなくても法益に危険が生じれば成立する危険犯に変わってしまう，との批判が向けられています。

　そのため，通説は，「期待された作為がなされていれば，当該結果は生じなかったであろう」といえるかどうかで判断しています（第3章Ⅱ1(1)も参照）。期待された作為がなされても結果が生じてしまう場合には，行為者は結果を回避することができませんので，「不可能なことは義務づけられない」という言葉からも明らかなように，不作為犯の構成要件該当性は否定されます。

　それでは，仮に期待された作為がなされたとして，その場合に，どの程度の確率で結果が発生しなかっただろうということを証明できれば，当該不作為と結果との間に因果関係があったといえるのでしょうか。**十中八九事件**（最決平成元・12・15刑集43巻13号879頁〈百選Ⅰ No. 4〉）では，被告人が午後11時過ぎ頃，13歳の少女に対してホテルの一室で覚せい剤を注射したところ，少女が午前0時半頃には錯乱状態に陥り，重篤な状態となるに至ったにもかかわらず，発覚をおそれるあまり，救急医療を要請するなどの措置をとることなく放置し，午前2時15分頃，少女をホテルに残して立ち去ったところ，少女を午前4時頃までの間に急性心不全のため死亡させた事案において，最高裁は，錯乱状態に陥った時点で直ちに被告人が救急医療を要請していれば，少女が年若く，生命力が旺盛で，特段の疾病がなかったことなどから，十中八九同女の救命が可能であり，少女の救命は合理的な疑いを超える程度に確実であったと認定し，少

女をホテルの客室に放置した行為と少女の死亡との間には因果関係があるとして、被告人に保護責任者遺棄致死罪の成立を認めました。

　この判例では「十中八九」という表現が使用されていますが、何％の確率で回避できたかを問題にしているわけではありません。「確実な救命」について「合理的な疑いを超える程度」の証明がなされれば、不作為と結果との因果関係が認められると解されます。

　なお、十中八九事件において、仮に合理的な疑いを超える程度の証明がなされなかった場合には、少女をホテルの客室に放置した行為と少女の死亡との間には因果関係が認められませんので、保護責任者遺棄致死罪は成立せず、保護責任者遺棄罪の成立にとどまります。その際、被告人にはさらに過失致死罪（210条）もしくは重過失致死罪（211条）が成立する点も、学説では一致しています。

Ⅶ　不作為犯の検討プロセス

　以上の内容を踏まえて、不作為犯の成否を検討するプロセスを示すと、以下のようになります。

Ⅰ．構成要件該当性
　1．客観的構成要件要素
　　　保障人的地位
　　　行為の客体
　　　行為（期待された作為が可能であるにもかかわらず、結果の回避に向けて必要な行為をしないこと）
　　　結果
　　　因果関係（期待された作為がなされていれば結果は生じなかったであろうといえる関係）
　2．主観的構成要件要素
　　　故意
Ⅱ．違法性
Ⅲ．有責性
Ⅳ．処罰条件

第3章　因果関係

I　因果関係とは

1　因果関係の意義

　殺人罪（199条）のような侵害犯や建造物等以外放火罪（110条）のような具体的危険犯（第1章Ⅶ2を参照）の場合，構成要件要素が揃っているといえるためには，発生した結果が実行行為によって実現されたという意味で，実行行為と結果との間に因果関係が存在しなければならないとされています。因果関係が存在しなければ，行為者に既遂犯としての責任を問うことはできず，せいぜい未遂犯としての責任を問えるにとどまります。したがって，過失犯（第5章を参照）や器物損壊罪（261条）など，未遂犯の処罰規定がない犯罪については，そうした因果関係が存在しない限り，犯罪は成立しません。

　また，一定の犯罪（基本犯）を行った際にさらに重い結果が発生した場合，基本犯よりも重い法定刑を定めている犯罪（これを**結果的加重犯**といいます）については，実行行為と重い結果との間に因果関係が認められなければ，基本犯のみが成立することになります。例えば，傷害致死罪（205条）は，殺意なく基本犯である傷害罪（204条）に該当する行為をしたところ，被害者の死亡という重い結果を発生させてしまった場合に成立する犯罪です。その際，傷害罪に該当する行為と死亡結果との間に因果関係が認められない場合，行為者には基本犯である傷害罪のみ成立します。

2　因果関係の概念

（1）個別的因果関係と一般的因果関係

　因果関係（因果性）の概念については，哲学の分野でも論争になっていますが，社会科学に属する刑法学では，行為者の刑事責任を追及する観点から，具体的

な個別事案において「当該行為が当該結果の原因であった」という意味で因果関係をとらえることが重要です。このようなとらえ方を**個別的因果関係**といいます。もっとも，当該行為から当該結果が発生したと認定するためには，自然科学の知見が必要とされます。いいかえると，「一定の条件が揃った場合に一定の結果が自然法則的に生ずる」という**一般的因果関係**（因果法則）の存在が明らかにされていなければなりません。例えば，XがAに薬物を摂取させたところAが死亡したという場合，当該薬物の摂取によって死に至ることが医学的に明らかにされていなければ，刑法上，Xの行為がAの死亡の原因であると認定することはできません。

（2）一般的因果関係の法的性格

では，一般的因果関係の存在が明らかにされない場合，因果関係は認められないのでしょうか。この点，一般的因果関係は構成要件要素であり，事実をあてはめるための規範的な大前提としてとらえられるため，自然科学の専門家たちによる一致した承認が得られていなければならないとの考え方（**実体法説**）がみられます。しかし，刑事訴訟法の観点から考えると，因果関係は，最終的には個々の裁判官によって判断されるものですので，自然科学の専門家たちによる承認が得られていなくても，事実的なつながりを認めても構わないでしょう（**訴訟法説**）。その判断方法については，刑法の立法趣旨などを踏まえて，一定の行為から結果が何らかの仕方で惹起されるとする概括的な認定が許されてよいと思われます（推論構造・300頁以下）。

（3）事実的因果関係と法的因果関係

こうしたことから，通説は，まず実行行為と結果との間に事実的なつながりがなければならないと理解しています。そのようなつながりを**事実的因果関係**といいます。例えば，「XがAを殺害するため，毒薬入りのコーヒーを渡したところ，Aがそれを飲み，死亡した」という場合，「Xが毒薬入りのコーヒーを渡す行為」と「Aがそのコーヒーを飲む行為」と「Aの死亡」との間には事実的なつながりがみられます。その際，「当該毒薬を摂取すると死に至る」という一般的因果関係が医学的に説明可能であることが前提となります。

しかし，そうした事実的因果関係が認められたとしても，それだけではXにAが死亡した刑法上の責任を負わせることはできません。なぜなら，例えば母

親がＸを出産する行為もＡの死亡結果との間に事実的なつながりがあるため，事実的因果関係で足りるとすると，Ｘの母親も刑法上の責任を負うことになりかねないからです。そのため，当該結果が発生したのは当該行為のしわざであるとして，当該行為の違法性を推定しうる程度の規範的なつながりも認められなければなりません。そのようなつながりを**法的因果関係**といいます。

したがって，構成要件要素としての因果関係が存在しているといえるためには，事実的因果関係と法的因果関係の存在が必要となります。

Ⅱ　事実的因果関係

1　必要条件公式

（1）必要条件公式とは

まず，事実的因果関係の有無を判断するにあたって，通説は**必要条件公式**（ラテン語で Conditio-sine-qua-non 公式）を用いています。必要条件公式とは，「**当該行為がなければ，当該結果は生じなかったであろう**」という条件関係を表した式です。例えば，ＸがＡの脇腹を包丁で刺し，Ａは数時間後に死亡した，という事案では，必要条件公式にあてはめると，「Ｘの行為がなければ，Ａは死亡しなかったであろう」といえるため，Ｘの行為とＡの死亡との間に条件関係が認められます。オーストリアのグラーザー（Jurius Glaser）によって主張され，ドイツのフォン・ブーリー（Maximilian von Buri）によって発展された**条件説**によれば，この公式にあてはまれば，直ちに刑法上の因果関係が認められると主張されています。

なお，不作為犯が問題となる事案では，必要条件公式は「期待された作為がなされていれば，当該結果は生じなかったであろう」というように修正されます。一部の論者は，不作為犯の場合，実際に行われなかった作為を問題にする限りで，不作為犯の因果関係を仮定的因果関係（本章Ⅱ1（4）を参照）としてとらえています。

条件説に対しては，法的因果関係を検討しないため，先程の例であげた母親が殺人犯を出産する行為も，殺害行為と等しい価値をもつ原因であるとされてしまうとの批判が向けられています（このことから，条件説は**等価説**とも呼ばれて

います）。そのため，現在では，事実的因果関係の有無を判断する際に必要条件公式を採用しつつも，条件説には反対する立場が一般的です。

　もっとも，必要条件公式を適用する際には，注意すべき点がいくつかあります。以下の事例をみながら，注意点をおさえておきましょう。

（2）因果関係の断絶（凌駕的因果関係）

　XはAを殺害するため，致死量の毒をAに投与したものの，その毒が効く前にYがAを射殺した，という事例を想像してみてください。必要条件公式にあてはめると，Xの行為がなくてもYの行為でAは死亡するため，Xの行為とAの死亡結果との間に条件関係は認められません。Xの行為によって生じた因果作用は，Yの行為によって断絶（凌駕）され，Aの死亡結果に対してまでは及んでいないのです。このような場合を**因果関係の断絶**（または**凌駕的因果関係**）といいます。条件関係が欠けたXの行為については，殺人未遂罪（203条）が成立するにとどまることになります。

（3）具体的結果観

　一方，Yの行為とAの死亡結果について，必要条件公式にあてはめると，Yの行為がなかったとしても，どっちみちAは致死量の毒が投与されたことにより死亡していたであろうといえます。そのため，Yの行為についても，Aの死亡結果との間に条件関係は認められず，殺人未遂罪が成立するにとどまることにならないか，との疑問が生じるかもしれません。

　しかし，そのような疑問は，必要条件公式にあてはめた当該結果を「Aの死亡結果」と抽象化したために生じるものです。必要条件公式にあてはめる当該結果については，「その時点に，その場所で，そのような態様での結果」という形で具体的にとらえなければなりません。このようなとらえ方を**具体的結果観**といいます。Yの行為がなければ，「その時点に，その場所で，Aが射殺される」ことはなかったであろうといえますので，Yの行為とAの死亡結果との間には条件関係が認められます。

（4）仮定的因果関係

　次のような事例を考えてみましょう。Aによって息子を殺害されたXは，Aが死刑囚となって死刑執行官Yによって処刑されようとしているとき，Yを押しのけてボタンを押してAを殺害した，という事例です。この事例では，Xの

行為がなかったとしても，どっちみちYがボタンを押してAは死亡していたでしょう。そのため，Xの行為とAの死亡結果との間に条件関係は認められないのではないか，と思われるかもしれません。しかし，必要条件公式にあてはめる際，「Yがボタンを押す行為」といった仮定的な原因（仮定的因果関係）を付け加えてはならず，実際に生じた事情のみを考慮しなければなりません（そのような説明を指して，**付け加え禁止の法則**といわれることがあります）。というのも，Yがボタンを押す行為は，実際には原因として作用していないからです。

このような説明に対しては，例えば，母親Xが，溺れている娘Aを発見し，容易に助けることができたにもかかわらず見殺しにした，というような不作為犯の場合，必要条件公式にあてはめると「もしXが助けていれば，Aは死亡しなかったであろう」という判断がなされることになりますが，その際，「もしXが助けていれば」というように仮定的な原因を付け加えて判断しているのではないか，との疑問が向けられています。

しかし，こうした疑問は，必要条件公式の意義を正確に理解することで解消されるように思われます。先程も説明したとおり，必要条件公式は，通常「当該行為がなければ，当該結果は生じなかったであろう」という事実に反する条件文（反事実条件文）の形で説明されています。ここで詳しく分析すると，必要条件公式を用いた判断が実際に必要となるのは結果が生じた後ですので，その公式の意義は，「構成要件に該当する結果が具体的な形で発生している場合に，当該行為は消し去ることのできない条件であるといえるか」という**後ろ向きの推論**をする点にあります。そのうえで，「当該行為は消し去ることのできない条件であるといえるか」を判断するにあたっては，仮説推論（アブダクション）と背理法（帰謬法）を用いるのが効果的です（推論構造・302頁以下）。

仮説推論（アブダクション）とは，前提となる条件が結論から推論されることを可能にする方法です。例えば，「死体に刺傷が見られる」という鑑定結果（帰結）が得られた場合，「鋭利な物で刺すと刺傷ができる」わけですから「鋭利な物で刺したに違いない」というように前提条件が推論されます。

また，**背理法（帰謬法）**とは，何らかの事柄を証明する際，あえてその事柄を否定してみて，その事柄を否定すると矛盾が生じるため，その事柄が正しいものであると間接的に証明する方法です。例えば，刺傷が他人から刺されたも

のであることを証明するため，仮に刺傷が他人から刺されたものではないとすると，他人の衣服に血痕は付着しませんので，刺傷が他人から刺されたものであることが証明されます。つまり，背理法では，他の可能性（競合する反対仮説）が仮に真であるとすれば不合理（背理または矛盾）をきたすため，そうした可能性（反対仮説または競合仮説）が1つ消去されることによって，一定の可能性が真であると導き出すことができます。

　こうした仮説推論と背理法を用いて，一定の行為が原因として特定された場合に初めて，「当該行為がなければ，当該結果は生じなかったであろう」といえるのです。したがって，必要条件公式にあてはめる際には，当該行為を消し去ってみることだけが許されているのであって，実際に生じていない行為や出来事を付け加えてはなりません。溺れている娘Aを母親Xが見殺しにした先程の事例でも，「Aが溺死した場合に，Xの行為は消し去ることのできない条件であるか」が問われており，仮説推論によれば，「溺死した」という鑑定結果が得られた場合，「溺れている人を救助しないと溺死する」わけですから，「Xは救助しなかったに違いない」と推論されます。また，背理法によれば，仮にXが見殺しにしなければ，Aは溺死しませんので，Aの溺死はXの見殺しによるものであることが証明されます。このように不作為犯の場合も，実際に生じていない行為や出来事を付け加えてはならないといえるでしょう。

（5）重畳的因果関係

　重畳的因果関係とは，面識のない2人以上の行為者による独立した行為が重なり合って結果を生じさせたものの，それぞれ単独では同様の結果を発生させることができない場合にみられる，各行為と結果との間の因果関係を指します。例えば，XとYは，事前に相談することもなく，偶然にも同時にAに向けて発砲し，Aは両者の弾丸を受けて死亡したが，解剖の結果，どちらかの発砲がなければAは死に至らなかったことが判明した，という場合です。この事例を必要条件公式にあてはめると，「Xの行為がなければ，Aは死亡しなかったであろう」とも，「Yの行為がなければ，Aは死亡しなかったであろう」ともいえます。したがって，Xの行為もYの行為もAの死亡結果との間には条件関係が認められ，両者とも殺人罪が成立します。

（6）択一的因果関係（択一的競合）

こうした重畳的因果関係と比較しながら，択一的因果関係（択一的競合）を検討しましょう。**択一的因果関係（択一的競合）**とは，面識のない２人以上の行為者による独立した行為が競合して結果を生じさせたものの，それぞれ単独でも同様の結果を生じさせることができた場合にみられる，各行為と結果との間の因果関係を指します。例えば，ＸとＹは，事前に相談することなく，それぞれ独自にＡの飲み物に致死量の毒を入れ，その飲み物を飲んだＡは死亡したものの，どちらの毒がどの程度作用したのかは明らかにならなかった，という場合です。この事例では，いずれかの行為を（択一的に）取り除いても結果が発生しますが，すべての行為を取り除くと結果は発生しない点に特徴があります。必要条件公式にそのままあてはめると，Ｘの行為がなくてもＡは死亡していたであろうといえますし，Ｙの行為がなくてもＡは死亡していたであろうともいえますので，いずれの行為についても条件関係が否定され，両者とも未遂犯が成立するにとどまることになってしまいます。

そこで多数説は，こうした不合理な結論を避けるため，必要条件公式を修正し，「ＸおよびＹの行為がなければ，Ａは死亡しなかったであろう」という形で，Ｘの行為とＹの行為を一括して消去することにより，両者の行為について条件関係を認めます。このような考え方は，**一括消去説**とも呼ばれています。

しかし，ＸとＹが事前に相談しているならば，ＸとＹは仲間ですので両者の行為を一括しても問題ありませんが（第13章Ⅰを参照），上記の例では事前に相談していないため，仲間ではない他人の行為を一括してはならないはずです。多数説の考え方に対しては，他人の行為についてまで責任を負わないとする責任主義（第９章Ⅰ１を参照）に反することになるとの批判が向けられています。

2　合法則的条件公式

そのような批判を踏まえて，近年では，ドイツのカール・エンギッシュ（Karl Engisch）が提唱した**合法則的条件公式**を条件関係の判断に用いる見解も主張されています。合法則的条件公式とは，「事象の経過を順にたどって，具体的な行為と結果との間に自然法則的なつながりがあれば，当該行為は当該結果の原因である」ことを表した式です。この公式は，自然法則を重視していることか

ら，個別的因果関係を認定するために一般的因果関係が不可欠であることを強調すると共に，原因から結果へと向かう**前向きの推論**をする点に意義があります（推論構造・306頁）。また，この公式では，条件が完全に揃っていれば，自然法則上，結果が必然的に発生するという意味において，結果発生のための十分条件を示す点に特徴があります。

　合法則的条件公式が支持される背景には，択一的因果関係の事例があげられています。つまり，自然法則に基づく限り，上記Ⅱ1（6）の例では，ＸもＹも結果をもたらす行為をしているため，いずれの行為についても条件関係が認められるとして，必要条件公式よりも合法則的条件公式が優れていると主張されているのです。確かに，ＸもＹも，自然法則上Ａの死亡結果を招く危険な行為をしていることは間違いありません。しかし，Ａの死亡結果に対して具体的に作用したのがどちらの行為なのか，あるいは両方なのかが明らかにされなければ，合法則的条件公式も採用することができないように思われます。その点が明らかにされないまま，合法則的条件公式にあてはめて事実的因果関係を認めるとすれば，刑事訴訟法の基本原則である「**疑わしきは被告人の利益に**」に反することになるでしょう。

　結局，択一的因果関係については，必要条件公式と合法則的条件公式のいずれを採用すべきかが問われているのではなく，因果関係の証明が問われていると考えられます。必要条件公式が「必要条件」を明らかにする「後ろ向きの推論」であり，合法則的条件公式が「十分条件」を明らかにする「前向きの推論」であることを踏まえると，択一的因果関係が問題となる事案は，2つの公式を採用しながら，因果関係の断絶にあたるのか，重畳的因果関係として認められるのか，それとも真偽不明により因果関係が認められない事案かのいずれかであるように思われます（推論構造・305頁）。

Ⅲ　法的因果関係

　条件関係としての事実的因果関係が存在する場合でも，それだけでは，結果について責任が問われる範囲がなお広すぎると一般的に考えられています。例えば，Ｘが殺意をもってＡに向けて拳銃を発射し，その銃弾を受けたＡが救急

車で病院に搬送されている途中で救急車が交通事故に遭い，Aは事故の衝撃による全身打撲により死亡した場合を考えてみてください。必要条件公式にあてはめると「Xの行為がなければ，Aは死亡しなかったであろう」といえますし，合法則的条件公式にあてはめると，Xが拳銃を発射したためにAが搬送され，搬送されたためにその途中で交通事故に遭遇し，交通事故に遭遇したためにAが死亡したことについて，いずれも自然法則的なつながりがありますので，条件関係は認められます。しかし，およそ予想できない事態から生じた結果についてまで，その行為者のしわざであると評価するのは，適切ではないでしょう。そこで，刑法上の責任が問われる範囲をさらに限定する試みが必要となります。

1　相当因果関係説

(1) 判断基底をめぐる学説の展開

　かつては，生活経験を踏まえて当該行為が当該結果を惹き起こすだけの適性（相当性）があるといえる場合に，行為と結果との間の因果関係を認める考え方（相当因果関係説）が通説とされていました。この考え方によれば，生活経験を踏まえると通常とはいえない，あるいは予測しえない因果経過については，刑法上，適性（相当性）がないとして結果との因果関係を否定することができます。また，相当性の概念については，行為時の事実が通常であるといえる広義の相当性と，行為後に初めて生じた事実（介在事情）が通常であるといえる狭義の相当性が区別されます。

　もっとも，予測しえない因果経過かどうかを判断する際，どこまでの事実を基礎に置いたうえで判断するのか（これを判断基底といいます）をめぐって，3つの学説に分かれています。

　第1に，主観説は，行為時に行為者が認識していた事実や認識しえた事実のみを基礎に置きます。第2に，客観説は，行為時に存在していた事実をすべて基礎に置き，行為後に初めて生じた事実についても，客観的に予見が可能であった範囲の事実を判断の基礎に置きます。第3に，折衷説は，行為時に一般人が認識できた事実や行為者がとくに認識していた事実を基礎に置きます。

　この3つは，広義の相当性が問題となる事例で違いがみられます。例えば，XがAに切り傷を負わせたところ，Aが血友病患者だったため，出血が止まら

ず死亡したものの，Aが血友病患者であることについては，A自身も含めて誰も知らなかったという場合を考えてみましょう。主観説によれば，XはAが血友病患者であることを認識しておらず，認識することもできませんので，Aが血友病患者であるとの事実は判断の基礎に置かれません。すなわち，Aは健常者であるとみなされ，そのような健常者に切り傷を負わせて死亡することは通常とはいえませんので，Xの行為とAの死亡結果との間の因果関係は認められず，Xの行為は傷害罪（204条）の構成要件に該当するにとどまります。客観説によれば，行為時にAは血友病を発症していましたので，Aが血友病患者であるとの事実が判断の基礎に置かれます。血友病患者に切り傷を負わせれば死に至ることは経験上予測できますので，Xの行為とAの死亡結果との間の因果関係は認められ，Xの行為は傷害致死罪（205条）の構成要件に該当することになります。折衷説によれば，一般人はAが血友病患者であることを認識できず，Xもそのことをとくに認識していたわけではありませんので，Aが血友病患者であるとの事実は判断の基礎に置かれません。したがって，主観説と同様にXの行為とAの死亡結果との間の因果関係は認められず，Xの行為は傷害罪の構成要件に該当するにとどまります。

　また，先の事例を少し変えて，Aが有名人だったため一般人はAが血友病患者であるとの事実を知りえたものの，路上で生活していたXにとっては知りえなかった，という場合はどうでしょうか。先の事例と同様に，主観説によれば，Xの行為とAの死亡結果との間の因果関係は認められず，Xの行為は傷害罪の構成要件に該当するにとどまる一方，客観説によれば，Xの行為とAの死亡結果との間の因果関係は認められ，Xの行為は傷害致死罪の構成要件に該当することになります。しかし，折衷説によれば，一般人はAが血友病患者であるとの事実を認識できたため，Aが血友病患者であるとの事実が判断の基礎に置かれます。血友病患者に切り傷を負わせれば死に至ることは経験上予測できますので，Xの行為とAの死亡結果との間の因果関係が認められ，客観説と同様に，Xの行為は傷害致死罪の構成要件に該当することになります。

　これらの事例でみられる違いから，それぞれの立場に向けられる批判も理解しやすくなるでしょう。主観説に対しては，一般人が容易に気づく事実でも，行為者が認識できなかった場合には因果関係が否定されるため，因果関係が認

められる範囲が狭すぎるとの批判が向けられています。そのため，主観説を支持する論者はほとんどみられません。また，客観説に対しては，いずれの事例でも因果関係が認められることから，因果関係が認められる範囲は，条件説と比べてあまり限定されていないのではないか，との批判が向けられています。さらに，折衷説に対しては，一般人が認識できない事実を行為者も認識していなければ，事実が客観的に存在しているにもかかわらず，判断の基礎から除かれるのは適切ではない，との批判が向けられています。

　ちなみに，狭義の相当性が問題となる事例では，結論に大きな差は生じません。Xが殺意をもってAに向けて拳銃を発射し，その銃弾を受けたAが救急車で病院に搬送されている途中で救急車が交通事故に遭い，Aは事故の衝撃による全身打撲により死亡した，という先程の事例について考えてみてください。救急車が交通事故に遭遇することを，行為時に一般人や行為者が認識することはできず，客観的にも予見不可能です。そのため，いずれの見解に基づいても，Xの行為とAの死亡結果との間の因果関係は認められず，Xには殺人未遂罪が成立するにとどまります。

（2）相当因果関係説の危機

　判例をみると，被告人が乗用車を運転中，被害者が運転する自転車に過失により衝突し，被害者は被告人の運転する自動車の屋根にはね飛ばされて意識を失ったところ，衝突から約4km離れた地点で助手席に同乗していた友人が被害者の存在に気づき，時速約10kmで走行中の自動車屋根から被害者の身体をさかさまに引きずり降ろし，舗装道路に転落させ，被害者は，被告人の自動車車体との激突および舗装道路路面または路上の物体との衝突によって死亡した，という**米兵ひき逃げ事件**（最決昭和42・10・24刑集21巻8号1116頁〈百選Ⅰ No.9〉）において，最高裁は，同乗者の行為について「経験上，普通，予想しえられるところではなく，……このような場合に被告人の前記過失行為から被害者の前記死の結果の発生することが，われわれの経験則上当然予想しえられるところであるとは到底いえない」として，被告人の行為と被害者の死亡結果との間の因果関係を否定しました。このような最高裁の説明ぶりから，判例は相当因果関係説を採用したのではないか，とする見方が有力になりました。しかし，今日では，死因が被告人の行為によって形成されたのか，同乗者の行為によって

形成されたのか判明しなかった点こそが，死亡結果との間の因果関係を否定した決め手となったとの理解が一般的です。

　というのも，米兵ひき逃げ事件後に出された最高裁判例をみる限り，相当因果関係説では説明できないものが多くあるからです。例えば，**大阪南港事件**（最決平2・11・20刑集44巻8号837頁〈百選ⅠNo.10〉）では，被告人が被害者に暴行を加え（第1暴行），意識を消失した被害者を大阪南港まで運び，被害者を放置して立ち去ったところ，その後，何者かが被害者の頭部を角材で殴打したため（第2暴行），被害者の死期が幾分早まった，という事案において，最高裁は，被告人の暴行と被害者の死亡結果との間の因果関係を肯定し，被告人に傷害致死罪の成立を認めました。

　仮にこの事件を相当因果関係説にあてはめて考えると，行為後に第三者の暴行が介在することは予見不可能ですから，判断基底についてどの学説に基づいたとしても，第1暴行と死亡結果との間の因果関係は否定されるはずです。しかし，最高裁は，そのような場合でも，常に因果関係が否定されるわけではないことを明らかにしていますので，判例が相当因果関係説の考え方に基づいていないことは明らかです。大阪南港事件最高裁決定が出された当時，学説では，相当因果関係説（判断基底については折衷説）が通説とされていましたので，そのような判例の結論を説明できない学説の状況は，**相当因果関係説の危機**と呼ばれました。

2　危険の現実化説（客観的帰属論）

　現在では，法的因果関係の有無について，①行為者が法的に許されない危険を創り出したといえるか，②創り出された危険が結果のなかに実現したといえるか，という基準で判断し，この2つの基準をクリアした場合に当該結果を当該行為に客観的に帰属できる（しわざとする）との考え方（**危険の現実化説**または**客観的帰属論**）が支持を集めています。この2つの基準は，相当因果関係説で述べた広義の相当性と狭義の相当性に対応します。その意味では，危険の現実化説は，相当因果関係説と類似しているといえるでしょう。しかし，相当性という基準だけではなく，それ以上の法的な基準も取り入れている点で，相当因果関係説と異なります。

（1）法的に許されない危険の創出

　危険の現実化説によれば，まずは，行為者が法的に許されない危険を創り出したことが認められなければなりません。そもそも，日常生活では，法益に対するさまざまな危険が創り出されています。例えば，自動車を運転する行為も，歩行者にとっては死傷結果をもたらしうる危険な行為であるといえます。しかし，自動車を運転する行為の危険性とその社会的な有用性を比べると，後者の方が大きいことに異論はないでしょう。したがって，高速道路を適切な速度で運転中，高架橋の上から自殺願望者が目の前に飛び降りてきて，避けられずに自殺願望者をはねて死亡させたような場合，その運転手は，確かに運転行為という危険な行為をしていますが，**許された危険**の範囲内にあるとして，死亡結果は当該運転行為に帰属されません。こうしてみると，創り出された危険が許されているかどうかの基準は，過失行為として認められるかどうかと同じ基準であることがわかります（詳細は第 **5** 章を参照）。

　また，すでにほかの方法で創り出されていた危険を行為者が減少させる行為をした場合（これを危険の減少といいます）も，許されない危険を創り出したとは認められず，結果の帰属が否定されます。例えば，小学校で火災が発生し，炎に包まれた角材が小学生Ａの頭に直撃しそうになったため，教師ＸがとっさにＡを突き飛ばしたところ，頭への直撃は回避され，足に角材が当たってＡが傷害を負った場合を考えてみましょう。この場合，確かにＸの行為は，Ａの傷害結果に対して，事実的因果関係が認められます。しかし，より重大な頭への傷害もしくは死亡結果を回避しているため，足の傷害結果はＸの行為に帰属されません。つまり，新たな危険が創り出されたのではなく，すでに存在する危険が減少されたと評価できるため，Ｘは許されない危険を創り出したとはいえない，ということになります。もっとも，こうした事例に対しては，緊急避難の要件に関わる問題として解決すべきであるとの見解も主張されています。

（2）創り出された許されない危険の実現

　行為者が法的に許されない危険を創り出した場合でも，その危険が結果のなかに実現していなければ，当該結果は当該行為に帰属されません。この点が問題となる事案は，主に以下の５つのケースが考えられるでしょう。

　第１に，典型的ではない異常な因果経過をたどって結果が実現した場合があ

げられます。先程紹介した，Ｘが殺意をもってＡに向けて拳銃を発射し，その銃弾を受けたＡが救急車で病院に搬送されている途中で救急車が交通事故に遭い，Ａは事故の衝撃による全身打撲により死亡した，という事例は，行為者にとって予見しえない事実が介在した場合であり，異常な因果経過をたどって結果が実現した場合です。このような場合は，相当因果関係説が主張する相当性の基準によって結果の帰属が否定されます。また，銃の発砲を禁止する規範を通じて保護しようとしている目的（**規範の保護目的**）からは説明できない別の危険が実現されたともいえますので，結果の帰属が否定され，法的因果関係は認められません。

　第2に，義務違反との関連性が欠けている場合があげられます。例えば，バスの運転手Ｘが十分な距離をとらずに自転車を追い越した際，自転車を巻き込み，自転車を運転していたＡをはねて死亡させたが，Ａは酒に酔った状態で自転車を運転していたため，仮にＸが十分に安全な距離をとって追い越したとしても同様の結果が生じていたであろうことが判明した場合を考えてみましょう。確かに，Ｘは許されない危険を創り出しており，その危険が結果のなかに実現しているように思われるかもしれません。しかし，Ｘが適法な行為をした場合でも同様の結果が生じるならば，義務に違反した行為の危険性が結果のなかに実現したとはいえないでしょう。このような場合には，結果の帰属が否定され，法的因果関係は認められません。

　第3に，第三者の行為が介在した場合があげられます。先程説明した米兵ひき逃げ事件や大阪南港事件は，この場合にあてはまります。この2つの事件は，行為者にとって予見しえない事実が介在した点で共通性がみられます。しかし，米兵ひき逃げ事件では，同乗者の行為が，運転手の行為から始まった因果経過を排除してしまうほどの強い寄与度を有しているのに対し，大阪南港事件では，第三者の行為が被害者の死亡結果に対する決定的な原因とはなっていません。この点に重要な違いがみられるため，因果関係の有無に関する判断が分かれたものと考えられます。

　第4に，行為者自身の行為が介在した場合があげられます。**熊撃ち事件**（最決昭和53・3・22刑集32巻2号381頁〈百選Ｉ No.14〉）では，熊撃ちに出かけた被告人が，被害者を熊と誤認して猟銃を発射して（第1行為），数分で死に至る程度

の傷害を負わせたところ，被害者のもがき苦しむ様子を見て，殺害して楽にさせようと決意し，被害者の右胸を目がけて1発を発射して（第2行為）死亡させた事案において，最高裁は，第1行為について業務上過失傷害罪（211条）が成立し，第2行為について殺人罪が成立するとしました。この事案では，第1行為により死因となる傷害が惹き起こされていることから，第1行為の危険性が結果に実現したと評価して結果との因果関係が肯定されるものの，第2行為について殺人罪が成立することから，死の二重評価を避けるために，第1行為については業務上過失傷害罪にとどめたものと考えられます。もっとも，第2行為が結果に対して決定的な原因であると判断されれば，第1行為への結果の帰属は否定される余地があるでしょう。応用問題として，**高速道路停車事件**（最決平成16・10・19刑集58巻7号645頁）や**東名高速あおり運転事件**（東京高判令元・12・6判タ1479号72頁）も検討してみてください。

第5に，被害者の行為が介在した場合があげられます。**夜間潜水事件**（最決平成4・12・17刑集46巻9号683頁〈百選I No.12〉）では，スキューバダイビングの潜水指導者である被告人が，夜間潜水の講習中，受講生らの動向に注意せず不用意に移動してそばから離れ，見失うに至り，その後，指導補助者の不適切な指示もあって，その指示に従った被害者が水中移動中に空気を使い果たして溺死した，という事案において，被告人の過失行為と死亡結果との間の因果関係が認められ，被告人に業務上過失致死罪が成立しました。

また，**高速道路進入事件**（最決平成15・7・16刑集57巻7号950頁〈百選I No.13〉）では，被告人らが，深夜，被害者に暴行を加えていたところ被害者に逃げられたため，被害者を追いかけていた際，被害者は靴下履きのまま，約10分後，800m離れた高速道路に進入し，車にひかれて死亡した，という事案において，最高裁は，高速道路に進入する被害者の行動が著しく不自然，不相当であったとはいえないとして，被告人らの暴行と死亡結果との間の因果関係が認められ，被告人らに傷害致死罪が成立しました。

さらに，**治療拒否事件**（最決平成16・2・17刑集58巻2号169頁）では，被告人らが，被害者に暴行を加え，被害者は，搬送された病院で緊急手術を受けていったん容態が安定したものの，その後容態が急変して死亡したが，容態の悪化は，被害者が無断退院しようとして，体から治療用の管を抜くなど，医師の指示に

従わず安静にしなかったことが一因である可能性があった，という事案におい
て，最高裁は，被告人らの行為によって受けた傷害がそれ自体死亡結果をもた
らしうるものだとして，被告人らの行為と死亡結果との間の因果関係を認め，
被告人らに傷害致死罪が成立しました。

　この 3 つの判例は，いずれも被害者の不適切な行動が介在しているものの，
当該行為と当該結果との間の因果関係が認められています。治療拒否事件では，
被告人の行為によって創り出された危険が結果に直接的に実現しているため，
当該結果が被告人の行為に帰属されたものと解されます。これに対して，夜間
潜水事件や高速道路進入事件では，そのようにはいえないものの，当該行為が
介在事情を誘発したため，介在事情と密接に結びつく当該行為に当該結果が帰
属されたのだろうと推察されます。

　一方で，XがAに性的暴行を加えたところ，その数日後Aは絶望して自殺し
た，というような事案では，自由かつ自己答責的な被害者の行為が介在してい
るため，結果は先行する行為者の行為に帰属されない，と説明されています。
こうした説明は，原則的に自分の行為についてのみ責任を負うとの考え方に基
づいて，自己答責性の原理と呼ばれることがあります。

（3）危険の現実化説の問題点

　こうした危険の現実化説（客観的帰属論）も問題がないわけではありません。
当該結果を当該行為に客観的に帰属できるかどうかを判断する際，まずは，①
行為者が法的に許されない危険を創り出したか，を検討する必要があります。
その際，許されない危険かどうかは，故意犯の成否が問われている場合でも，
過失犯の成否が問われている場合と同じ基準で判断されます。また，②創り出
された危険が結果のなかに実現したといえるかどうかは，介在事情を予見する
ことができたかどうかによって判断されます。したがって，そこでは故意犯の
成否が問われている場合でも，過失犯の成立要件である予見可能性の基準が用
いられます（第 5 章Ⅲ 3 を参照）。このように考えると，当該結果が惹き起こさ
れたのは当該「故意」行為のしわざであるかどうかを検討しているにもかかわ
らず，「過失」行為のしわざであるかどうかを検討する際と同じ基準で判断し
ているといえるでしょう。

　しかし，故意犯に向けられる行動規範と過失犯に向けられる行動規範を区別

し，結果の実現を目指す力（志向力）の強さによって「悪さ」（これを無価値といいます。第6章Ⅰ2を参照）の評価が異なると考えるならば，故意行為のしわざであるかどうかを判断する基準は，過失犯のしわざであるかどうかを判断する基準と区別すべきであるように思われます。

3　故意帰属論

　そこで，上記①を判断する際，行為者が許されない危険を「わざと」創り出したのか，それとも「うっかり」創り出したのかを検討すべきであるように思われます。また，上記②を判断する際も，行為者が，行為後の因果経過について「何らかの仕方で」当該結果を惹き起こすという意味で概括的に認識していたのか，それともそのような認識がなく，単に予見可能であったにすぎないのかを検討すべきでしょう。このような考え方は，当該結果を当該「故意」行為に帰属できるかどうかを検討することから，**故意帰属論**と呼ぶことができます（規範論・227頁以下）。

　例えば，Xが山中でAを殺害しようとして拳銃を発砲し，銃弾はAに命中しなかったものの，その銃声に驚いた熊が暴走してAを踏み潰し，その結果Aは死亡したという場合を考えてみましょう。この事例では，①Xは，法的に許されない危険を「わざと」創り出しています。次に，②創り出された危険が結果のなかに実現しているかを判断するにあたって，行為者の故意の内容を明らかにする必要があります。それは，拳銃を発砲し，その銃弾がAの身体に命中することによって死亡結果を惹き起こす，という内容です。しかし，「銃弾の命中による死の危険」は実現されず，認識されなかった「銃声に驚いた熊の暴走による死の危険」が実現しています。そのため，創り出された危険が結果のなかに実現しているとは認められず，Aの死亡結果をXの行為に帰属することはできません。したがって，Xの行為とAの死亡結果との間に因果関係は認められず，Xは殺人未遂罪にとどまることになります。

　もちろん，犯行現場の山中では普段から熊が出没することをXが認識できた場合には，「銃声に驚いた熊が暴走してAを踏み潰し，その結果Aは死亡した」という因果経過を予見することはできますので，そうした点を認識しなかったXの（過失）行為にAの死亡結果を帰属することは可能です。しかし，そもそ

もそうしたことが予見不可能であれば，Ｘの行為にＡの死亡結果を帰属することはできず，過失犯としての因果関係も認められません。反対に，熊が近くにおり，かつ銃声に驚いて熊が暴走し，Ａを踏み潰して死亡させることもありうる点についてＸも知っていれば，Ｘの（故意）行為にＡの死亡結果を帰属させることができます。その場合には，因果関係が認められ，Ｘには殺人既遂罪が成立します（規範論・246頁以下）。

　なお，当該結果を当該「過失」行為に帰属できるかどうかについては，危険の現実化説で述べたように，①行為者が許されない危険を創り出したか，②創り出された危険が結果のなかに実現したといえるか，という2段階の基準によって判断されるべきでしょう。

第4章 故 意

I 故意の意義と体系的地位

　刑法典には，その38条1項に，「罪を犯す意思がない行為は，罰しない。ただし，法律に特別の規定がある場合は，この限りでない。」という規定があり，ここでいう「**罪を犯す意思**」のことを**故意**といいます。刑法は，この条文を置くことにより，原則として，客観的には犯罪が実現されたように思える場合であっても，行為者に故意がなければ処罰の対象とならないことを明らかにしています。このことは，**故意犯処罰の原則**とも呼ばれます（例外としての過失犯処罰については，第**5**章参照）。

　それでは，刑法はなぜこのような原則を置いたのでしょうか。それは，刑法が法益保護という目的を十分に達成するためには，法益の侵害・危殆化へと直接的に向けられた意思的行為を処罰の対象とすることが合理的であるからにほかなりません。行為者が故意を有しているといえる場合には，行為者には自身の行為が法的に許されるかどうかを検討する大きなきっかけが与えられるものと考えられます。つまり，故意を有する行為者は，一般に，法益を侵害・危殆化するような行為をしてはならないという刑法上の義務を強く認識できるだけでなく，そのうえで適法行為に出るように自らを動機づけることもできるはずです。まずもって，そうした相手に法益保護を訴えかけることこそが，刑法が目的達成のために取りうる最も合理的な手段だということになるわけです。それにもかかわらず，やはり行為者が犯罪を実現しようと意思決定した場合には，そこには重い規範的評価が与えられ，重い刑が科されることになります。そしてまた，このような行為者に対して故意犯としての重い刑を科していくことが，一般市民における法益侵害の防止にも役立つものと考えられているのです。

　このように，故意というものは，犯罪の成立およびその処罰にとって原則と

して必要不可欠な主観的要素の1つです。もっとも，犯罪論の体系上，故意という主観的要素が構成要件該当性の段階で問題となるのか，それとも，有責性の段階で問題となるのかについては争いもあります。この点，伝統的には，故意は有責性の段階で問題となる責任要素であると理解されてきました。この考え方は，故意により人を殺害することと過失により人を死亡させることは，人の生命という法益を侵害した点で等しいものであるとします。この理解によれば，両者の不法の程度は同一であって，有責性の段階ではじめて違いが生じることになります。つまり，有責性の段階で，結果発生につき故意がある場合，行為者に対してより重い非難が可能であり，過失しかない場合には，軽い非難しか加えることができないとするわけです。

　しかし，このような理解は説得的なものとは思われません。仮に，故意（や過失）は構成要件要素ではないとし，客観的な要素のみで構成要件の範囲を決めようとすれば，同じく人を死亡させる犯罪である殺人罪（199条），傷害致死罪（205条），過失致死罪（210条）といった異なる犯罪類型について，1つの共通した構成要件が想定されることになります。もっとも，これでは第1章でもみたように，構成要件の重要な機能の1つである**犯罪個別化機能**が貫徹されません。個々の刑罰法規に示された犯罪類型ごとに，それぞれの犯罪類型を他の犯罪類型と区別して特徴づける要素を含んだ構成要件を観念することこそが，**罪刑法定主義**の要請にかなうものといえるでしょう。また，先ほども述べましたが，刑法が法益保護という目的を十分に達成するためには，法益の侵害・危殆化へと直接的に向けられた意思に働きかけ，これを放棄させることが最も合理的な手段といえます。つまり，刑法が本来的に犯罪として想定している違法行為とは，もともとは故意行為なのであり，その意味でも，故意行為と例外的な犯罪行為としての過失行為とは，構成要件該当性の段階で明確に区別されるべきであるといえます。さらにいえば，同じく人を死亡させる行為であっても，それが故意によって実現されたのか，それとも過失によって実現されたのかという違いは，すでに不法の程度にも影響を及ぼすことになります（不法ないし違法性については，第**6**章参照）。

　こうしたことを踏まえ，近時では，故意に構成要件要素と責任要素の二重の地位を与え，構成要件的故意によって故意犯と過失犯との個別化を図る一方，

責任故意によって行為者に対する重い非難を基礎づけようとする見解もあります。もっとも，このような見解の多くは，いわゆる正当化事由の錯誤の問題に直面した際に，構成要件該当性の段階では故意犯としながら，有責性の段階で責任故意を否定し，最終的に過失犯の成立を認めることがほとんどです。しかし，それではやはり構成要件の犯罪個別化機能は貫徹されないことになってしまいます。それゆえ，故意はあくまで構成要件要素であると理解することが最も説得的であると思われます（正当化事由の錯誤も含めた錯誤の問題については，第**10**章参照）。

Ⅱ　故意の内容

　ところで，38条1項は，故意について「罪を犯す意思」と規定するのみで，その具体的な内容についての定義をしていません。それゆえ，その内容については，もっぱら解釈に委ねられているといえるでしょう。もっとも，刑法が防止したいのはすべての違法行為ではありません。刑罰法規において処罰の対象として類型化されていない法益侵害行為を理由として行為者を処罰することが罪刑法定主義に違反することからすれば，当然のことながら，条文化されていない行為に向けられた意思があることを理由として行為者を処罰することは認められません。とすれば，故意とは，あくまで構成要件該当行為の実行を内容とする意思のことであると考えるのが自然です。そのため，故意が認められるためには，少なくとも行為者が構成要件に該当する客観的事実を認識し，意欲していることが必要とされています。つまり，大前提として，故意というものは，**認識**（知的要素）と**意欲**（意的要素）から成り立っているということがわかります。

1　故意の時点

　故意というものが構成要件該当事実に関する認識・意欲から成り立っているとしても，行為者が実行行為の遂行前後に有している意思は，刑法上の故意とはなりえません。これらの意思は，事前の故意や事後の故意という形で観念されることもありますが，それらは真の意味での故意ではないのです。すなわち，刑法上問題となる故意というものは，あくまで**行為内在的意思**，さらにいえば**実行行為内在的意思**のことを意味します。そのため，とくにいわゆる**予定前の**

結果惹起（早すぎた構成要件の実現）と呼ばれる事例や，**予定後の結果惹起（遅すぎた構成要件の実現）**と呼ばれる事例の場合に，行為者における事前の決心や行為計画を考慮することで，いわば故意を擬制することは認められるべきではないでしょう。故意は，行為者が実行行為に出る際の意思に鑑みて認められるものであって，それ以外の時点における行為者の内心的な態度が故意の内容と直結するわけではありません。

2 故意の認識対象

　故意の認識対象は，行為の主体（とくに身分），手段・態様（行為態様），行為の客体，（認識対象としての）結果，因果関係や行為状況など，構成要件の客観的要素にあたる事実のすべてです。ただし，因果関係については，その性質上，行為から結果の発生に至る因果の経路を詳細に予見するのは不可能な場合も多いので，その大筋ないし基本的部分についての認識があれば足りるともされています。

　これに対して，いわゆる客観的処罰条件や処罰阻却事由は故意の有無に関わる認識対象ではありません。故意の成立のために認識が必要とされるのは，あくまで構成要件に該当する事実だからです。もっとも，故意の有無それ自体には関わりませんが，最終的に，現実に発生した結果事態を行為者の故意行為に帰属させるためには，故意の内容と結果事態に一定の符合関係が認められることが必要になります。

　なお，認識が対象へとどのような形で向けられているのかに応じては，**択一的故意**と**重畳的故意**という2つの故意形式を分類することができます。択一的故意とは，少なくとも行為者の意識のうえでは相互に排除し合う複数の構成要件的結果のうち，いずれかが実現されることを行為者が認識している場合に認められる故意形式です。例えば，行為者が，前方に並んでいたXとYに向け1発の銃弾を発射し，その際，少なくともXとYの一方には銃弾が命中し，どちらか1人を殺害できるだろうと思っている場合には，択一的故意が認められることになります。これは同一構成要件内（同じ殺人罪）で複数の客体に関わる択一的故意の一例です。択一的故意には，異なる構成要件に関わるものもありえます。例えば，犬を連れた山林監督官に追跡されている密猟者が，逃走し

ながら後方に向かって1発の銃弾を発射し，その際，監督官または犬のいずれか一方にのみ弾丸が当たって致命傷を与えると思っている場合にも，行為者には択一的故意が認められるでしょう。この場合，行為者の択一的故意は，殺人罪と器物損壊罪（261条）という複数の異なる構成要件のうち，どちらか一方に択一的に関わっていることになります。

　これに対して，重畳的故意とは，行為者の意識が複数の結果へと個別的・特定的に及んでいる場合に認められる故意形式です。例えば，行為者が，横に並んでいるXとYの2人を殺害するつもりで前方に向け散弾銃を発砲する場合，行為者には，2つの殺人罪の構成要件に関わる重畳的故意が認められます。また，択一的故意の場合と同様に，行為者の意識が異なる構成要件に関わっている場合にも重畳的故意が認められることはあります。例えば，行為者が，馬に乗っている騎手に向けて手りゅう弾を投げつけるような場合には，殺人罪と器物損壊罪という2つの構成要件に関わる重畳的故意が認められます。このように，択一的故意と重畳的故意は，行為者の意識が1つの客体や属性のみに向けられているのか，それとも複数のものに及んでいるのかによって区別することができます（規範論・310頁以下も参照）。

3　認識の程度

　故意の認識対象がすべての客観的構成要件要素であるとはいっても，実際に故意が認められるためには，行為者にどの程度の事実認識があればよいのでしょうか。この点はとくに，故意の認識対象のなかに，いわゆる**規範的構成要件要素**が含まれている場合が問題となります。規範的構成要件要素とは，裁判官など刑法を解釈する者の規範的な評価ないし価値判断を経なければ，ある事実がその要素に該当するか否か決することができない構成要件要素のことをいいます。これは，不同意性交等罪（177条3項）にいう「16歳未満」などのように，そうした価値判断なしに存否を決することのできる**記述的構成要件要素**と区別されるものです。例えば，わいせつ文書頒布罪（175条）において，ある文書が「わいせつ」な文書といえるかどうかは，刑法が一体どの程度いやらしいものを取り締まろうとしているのかという規範的価値判断がなければ判定することができないため，この「わいせつ性」という要素は規範的構成要件要素だということ

になります。ほかにも，窃盗罪（235条）における財物の「他人性」や公務執行妨害罪（95条1項）における職務行為の「適法性」などが規範的構成要件要素にあたります。

　こうした規範的構成要件要素も故意の認識対象ではありますが，行為者がどの程度までの認識を有している必要があるのかについては，争いがあります。例えば，今あげた「わいせつ性」を例にとれば，行為者が実際にもちうる認識の程度は，次のように段階づけることができるでしょう。まず，行為者がその文書に記載されている文章の存在のみを認識していた場合で，この程度の認識があることを**裸の事実の認識**といいます。次に，その文書の内容が社会的な意味で「いやらしい」とされるものであると認識していた場合で，そのような程度の認識のことを**意味の認識**といいます。最後に，その文書が法的な意味で，つまりは175条の意味で「わいせつ」にあたるという認識がある場合で，これを**あてはめの認識（包摂の認識）**と呼んだりします。このうち，一般に，あてはめの認識，すなわち，事実を法的概念に正確にあてはめて認識することまでは要求されていません。行為者にあてはめの認識までが要求されるとすれば，刑罰法規を事実に適用するために一定の法的知識が必要とされる場合，法律家しか故意犯を犯しえないことになってしまうからです。行為者が法解釈のレベルで誤解をした結果，自己の行為が刑罰法規のある条項には該当しないと思い込んだ場合のことを**あてはめの錯誤（包摂の錯誤）**といいますが，それにより故意は否定されません。**チャタレー事件**（最大判昭和32・3・13刑集11巻3号997頁〈百選ⅠNo.47〉）も，出版社の社長Xが，D. H. ロレンスの『チャタレー夫人の恋人』の翻訳・出版を企図し，Yに翻訳を依頼して日本語訳を得た際に，その内容に性的描写の記述があることを認識しながら出版し販売したという事案において，175条の故意が成立するために「問題となる記載の存在の認識とこれを頒布販売することの認識があれば足り，かかる記載のある文書が同条所定の猥褻性を具備するかどうかの認識まで必要としているものでない」と判断しました。

　もっとも，故意に必要な認識の程度としては，単なる裸の事実の認識では不十分であるともされています。例えば，ある粉末が覚せい剤取締法2条1項1号にいう「フェニルアミノプロパン」という名称であることは知っていても，それが覚せい作用のある有害な物質であることを知らなければ，覚せい剤取締

法違反の故意は認められません。しかし,「フェニルアミノプロパン」ないし「覚せい剤」という名称を知らなかったとしても,その有害な作用や性質とともに「シャブ」といった俗称をもってその粉末を認識していた場合であれば「覚せい剤」の認識は肯定されることになります。最決平成2・2・9判時1341号157頁〈百選ⅠNo.40〉も,アメリカ国籍の被告人が,台湾から航空機で覚せい剤3kgを腹巻のなかに隠して密輸入し,このうち2kgをスーツケースに隠匿して所持していたという事案において,対象物が覚せい剤であるとの確定的な認識がなくとも,それが「覚せい剤を含む身体に有害で違法な薬物類であるとの認識」があったことを理由に,覚せい剤輸入罪(覚せい剤取締法41条)・所持罪(同法41条の2)の故意が認められると判断しました。故意の有無にとって決定的であるこのような意味の認識のことを,裁判官の法的評価と並行した素人の社会的評価という意味で,**素人仲間の並行的評価ないし素人の生活領域におけるパラレル評価**と呼んだりもします。つまり,故意が認められるためには,犯罪事実に関する行為者の素人的な理解が,結果的に裁判官の法的な評価と対応していることが必要だということになります。

4 不法の認識(違法性の意識)

　38条3項には,「法律を知らなかったとしても,そのことによって,罪を犯す意思がなかったとすることはできない。ただし,情状により,その刑を減軽することができる。」とあります。この規定をめぐっては,法律の条文を知らなくても故意がないとはいえないという意味なのか,それとも,行為が違法であることを知らなくても故意犯として処罰されるという意味なのかという点で争いがあります。すなわち,いわゆる**不法の認識(違法性の意識)**というものが,故意の有無にどのように関わるのかという問題です。この点,かつての学説においては,「違法性の意識こそが故意と過失の分水嶺」であるとして,不法の認識を故意の成立にとって不可欠な要素とする**厳格故意説**という考え方が多数でした。しかし,現在では,少なくとも不法の認識それ自体は故意の要素ではないものの,不法を認識する可能性すら存在しない場合には,その不知について「相当の理由」があるため,行為者は不処罰となるという理解が一般的なものとなっています。そのうえで,この**不法の認識の可能性**を,故意とは別個独

立の責任要素として扱う考え方を**責任説**と呼びます。これに対して，不法の認識の可能性を故意の要素とする考え方を**制限故意説**といいます。通説的な見解であるのは責任説の考え方ですが，責任説の内部でも，正当化事由に関する事実の認識がないことをも故意の内容に含める**制限責任説**と，そうした認識は不法の認識の可能性の内容にすぎないとする**厳格責任説**とが対立しています。この対立は，とくに正当化事由に関する錯誤があった場合に，これを事実の錯誤として処理するか，それとも違法性の錯誤として処理するかという問題に関わります。

Ⅲ 故意の種類[1]

　故意は，その認識と意欲の程度に応じて，**意図，確知（確定的認識），未必の故意**の3種類に大別することができます。第1に，意図とは，第1級の故意として位置づけられるもので，行為者が狙った目標に意思が直接的に向けられている場合の心理状態のことをいいます。例えば，100m先に立つ仇敵の殺害を望み，それを標的として拳銃を発砲する場合には，行為者は人の殺害という犯罪的結果の発生を直接の目標としていることから，意図としての故意が認められることになります。

　第2に，確知とは，第2級の故意として位置づけられるもので，自己の行動により構成要件が確実に実現されると認識している場合の心理状態のことをいいます。例えば，火災保険に加入している行為者が保険金を得ようと思い，自身が住んでいる建造物に放火する際に，同じ住居内で寝たきりとなっているお年寄りが死ぬことを確実なものとして認識している場合には，確知としての故

---

1) なお，故意の種類に関する以下の分類は，日本の一般的な分類とは異なる部分があります。刑法に関する多くのテキストを開いてみると，故意には，確定的故意と不確定的故意とがあり，不確定的故意のさらなる内訳として，概括的故意，択一的故意，未必の故意，条件つき故意といった種類のものがあると説明されています。しかし，このような分類にはやや不正確な部分があり，また，とくに錯誤の問題が生じた場合に，その問題の所在を見誤らせてしまう危険性をはらんでいることから，本書ではこのような分類とは異なった整理を行っています。

意が認められます。この場合，行為者には，人の殺害という犯罪的結果の発生を直接の目標として追求しているわけではない点で意図は認められないものの，自己の放火行為の付随的な結果として確実に人が死亡するであろうということを認識しているためです。

　第3に，未必の故意とは，確知にまでは至らないものの結果が発生する可能性は一応認識しており，その結果の発生を直接の目標とせずにできれば避けたいと思っているにすぎないために意図もありませんが，仮に結果が発生するのであればそれでもかまわない，やむをえないなどと肯定的に是認している場合の心理状態のことをいいます。例えば，万が一歩行者の飛び出しがあればおそらく衝突を回避できないだろうと思いつつ，やむをえず夜間人通りのない国道上を自動車で疾走するような場合には，未必の故意が認められることになるでしょう。

　なお，先述した認識の態様に応じた択一的故意と重畳的故意という故意形式の分類とこのような各種の故意とは，必ずしも排他的な関係にあるわけではありません。例えば，テロリストがある政治家を暗殺するために銃を発砲したが，傍らにいたボディーガードが銃弾を受け死亡したという場合，政治家に対する故意は明らかに意図的なものですが，ボディーガードに対する故意は未必的なもの，あるいは，事情によっては確知的なものであると区分することができます。しかし，その場合にはさらに，行為者が1発の銃弾を発射したような場合であれば，それは択一的なものですし，散弾を発射したような場合には，重畳的なものであるといえます。つまり，実際の事件で認められる故意としては，行為者の有している意図，確知，未必の故意のいずれかが，択一的あるいは重畳的に及んでいるそれぞれのケースが考えられるということになります。

Ⅳ　故意と過失の区別

　故意が認められるために，少なくとも構成要件に該当する客観的事実を認識していることが必要であるという点に争いはありませんが，本当にそれだけで十分であるのかは問題です。故意の有無にとって，犯罪事実に関する行為者の認識という知的要素のみが重要であるとすれば，そこに何らの問題はないかもしれません。しかし，これに対しては，故意の有無にとっては，そのような認

識だけでは不十分であり，犯罪事実の実現を積極的に意欲するか，少なくとも犯罪事実が実現するのも「やむをえない」と認容していることが必要であるとして，行為者の意的要素を重視する考え方もあります。故意の認定にあたり行為者の知的要素を重視するか，それとも意的要素を重視するかという対立は，故意と過失とを区別する際に重要なものとなります。というのも，一見すると，両者の区別は簡単なようにも思えますが，とくに故意の類型の1つである未必の故意と，いわゆる認識ある過失との区別は非常に難しいからです。本章の冒頭でも述べたように，刑法は故意犯処罰を原則としており，例外である過失犯処罰の場合は，その法定刑がとても軽くなります。それゆえ，故意と過失の区別基準を明確にしておくことは，実務上も有益なものであるといえます。

1 蓋然性説

この点，行為者の知的要素を重視する立場からは，故意と過失とは，行為者が結果発生の高い蓋然性を認識したか否かによって区別されるものと理解されます。このような考え方を**蓋然性説**といいます。この考え方は，結果発生の蓋然性が高いものと認識した場合が故意であり，それが低いものと認識したにすぎない場合が過失であるとします。例えば，①ナイフでAの心臓を突き刺していながら死んでもいいとは思っていなかった場合には，人の心臓をナイフで刺せばかなりの確率でその人が死ぬことは認識できるため，いくら死んでよいと思っていなかったとしても，故意が認められることになるでしょう。これに対して，例えば，②遠くに立っていたAに向かって拳銃を発砲するので致命傷を負わせることは難しいだろうとは思いつつも，心からAを殺害したいと思っていた場合には，いくらAの死を追求していたとしても，行為者が認識していた結果発生の蓋然性は低いために故意は認められないことになります。

2 認容説

他方，行為者の意的要素を重視する立場からは，故意と過失とは，行為者が結果発生を認容していたか否かによって区別されるものと理解されます。このような考え方を**認容説**といいます。すなわち，結果発生の可能性を認識しつつ，「結果が発生してもかまわない，やむをえない」といった形で認容した場合が

故意で，認容せずに結果発生の可能性を「おそらくそんなことはないだろう」と打ち消した場合が過失であるとするわけです。このような理解に基づくと，①の場合は認容がないので故意が認められませんが，②の場合は積極的な意欲があるので故意が認められることになるでしょう。

3 動機説

ほかにも，近時では，故意の本質は，行為を止める動機とすべき事実を認識しながら行為に出た点にあるとする，**動機説**という考え方もあります。すなわち，法が期待するような規範心理を行為者が備えていたとしたら，結果発生の可能性の認識が行為を思いとどまる動機となるようなものであったか否かで故意と過失とを区別しようとするのです。このような理解によれば，①の場合も②の場合も，行為を思いとどまる動機とすべき事実を行為者は認識していますので，いずれにせよ故意が認められることになります。

4 判例と検討

判例は，認容説に親和的であるとされています。そのリーディングケースとしてあげられる最判昭和23・3・16刑集2巻3号227頁〔百選Ⅰ No.41〕は，贓物故買罪（現行法上は，256条2項の盗品等有償譲受け罪）に関して，「故意が成立する為めには必ずしも買受くべき物が贓物であることを確定的に知って居ることを必要」とせず「或は贓物であるかも知れないと思いながらしかも敢てこれを買受ける意思があれば足りる」としました。この判例は，買受人たる被告人が，売渡人から盗品であることを明らかに告げられた事実がなくとも，買受物品の性質，数量，売渡人の属性，態度等諸般の事情から「あるいは盗品ではないか」との疑いをもちながらこれを買い受けた事実が認められれば，未必の故意が認定できるとしています。その際，しばしば「あえて」という表現が用いられていることなどから，この判例も認容説の立場を支持したものであるとされることが多いわけです。しかし，ここで列挙された外部的事情が，客体が盗品であることの蓋然性の程度を示す事情であると理解すれば，蓋然性説の立場からこの判例を説明することもできなくありません。それゆえ，学説においては，知的要素と意的要素には相関関係が認められるとして，認容説と蓋然性

説は排他的なものではないと理解するものもあります。

　そうすると結局，この問題については，行為者の知的要素と意的要素のどちらか一方を過度に重視するのではなく，両者の関係に注目する動機説の考え方に分があるともいえそうです。例えば，自分がある行為を行うことで犯罪事実が実現するかもしれないという認識があり，それが「当該行為をやめよう」という意思形成の動機となりうるほどに現実的で具体的なものであった場合を想定してみましょう。この場合，行為者はその認識を通じて「もしかすると犯罪事実が実現するかもしれないが，それでもなお当該行為を行うのか」という判断を迫られることになります。それにもかかわらず，行為者が「当該行為を行う」決意をしたとすれば，そのような決意のなかには，犯罪事実を実現するという意思内容が含まれているものと考えられます。このように，動機説は，事実の認識が決意を通じて意思の内容になるという関係から，罪を犯す意思の形成に必要な犯罪事実の認識があったか否かを考えるものなのです。

　もっとも，故意にとっては知的要素と意的要素のいずれもが重要であるとしても，そこで考慮される意的要素というものについては，注意が必要です。というのも，とくに認容説は，しばしば「結果が発生してもかまわない」といった「認容」というものを故意にとって重要な意的要素としてもち出します。しかし，そもそもこのような認容というものは非常に情緒的で判断することが難しい心理状態です。故意にとっては知的要素だけでなく意的要素も重要ですが，その際には，認容説が用いるような「感情」や「情動」に類似する純主観的な心情的要素とは区別される形で意的要素を考える必要があるでしょう。故意の時点にも共通する話ではありますが，実行行為の大きな理由となる故意というのは，その行為に先行する心情的要素としての事前的意思などではなく，まさに当該の実行行為に内在する，特定の構成要件の実現に向けられた**志向的な意思**のことをいいます。故意の意的要素を論じる場合には，このように限定された意味での意思の問題を扱うことが重要であるように思われます。[2]

2）　ヨヘン・ブンク「生産的な学際交流と不毛な学際交流：刑法における故意の問題をめぐって」（増田豊訳）法律論叢85巻1号（2012年）458頁以下も参照。

第5章　過　失

I　過失犯とは

1　例外的な犯罪としての過失犯

　38条1項本文は，「罪を犯す意思がない行為は，罰しない。」とし，行為者が犯罪事実を認識・意欲しつつ行為に出た故意犯の処罰を原則としています。しかし，38条1項但書には，「ただし，法律に特別の規定がある場合は，この限りではない。」とあり，故意のない行為も，**特別の規定**があれば，例外的に過失犯として処罰できることを明らかにしています。

　すなわち，刑法上の過失犯というものは，「特別の規定」がある場合に限り，例外的に処罰可能となる犯罪のことを意味しますが，判例は，この「特別の規定」は必ずしも明文でなくともよいとしています。例えば，最判昭和37・5・4刑集16巻5号510頁は，古物営業法17条につき，「その取締る事柄の本質に鑑み，故意に帳簿に所定の事項を記載しなかったものばかりでなく，過失によりこれを記載しなかったものをも包含する法意である」とし，取締り目的を達成する必要性や立法趣旨に鑑みて，過失犯の処罰を認めています。

　しかし，このように過失犯を処罰することが明文化されていない場合にまで，立法趣旨等を考慮することによってその処罰を認めることは，**罪刑法定主義**に違反する疑いが強く，問題があります。過失犯を処罰するためには，その犯罪の成立につき，必ずしも故意を要しないことが法文上に明示されているような特別の規定が必要であるというべきでしょう。

2　過失の種類と過失犯処罰規定

　それでは，実際に過失犯を処罰することが明文化されている規定にはどのようなものがあるのでしょうか。刑法上の過失犯処罰規定のなかには，①単純過

失，②業務上過失・重過失，③自動車運転過失など種々の過失を処罰する規定
が存在します。なお，過失の種類としては，さらに，**認識ある過失**と，**認識な
き過失**というものもあります。もっとも，これらはとくに未必の故意と過失と
を区別する際に問題となる概念で，条文上，両者はとくに区別されていません。

（1）単純過失

　単純過失を処罰する規定の多くは「過失により」という文言を用いて過失犯
の処罰を明文化しています。例えば，刑法典には，過失激発物破裂罪（117条2
項），過失往来危険罪（129条1項），過失傷害罪（209条），過失致死罪（210条）
などの過失犯処罰規定があります。また，「失火により」という文言を用います
が，失火罪（116条）というのも，単純過失を処罰する規定の1つです。なお，
学説上は，「身体を傷害し，よって人を死亡させた」という文言を用いる傷害
致死罪（205条）のような，いわゆる**結果的加重犯**も，犯罪の成立に加重結果の
故意を要しないことが明示された過失犯の一種であるとされています。

（2）業務上過失・重過失

　他方で，業務上過失を処罰する場合には「業務に従事する者」や「業務上必
要な注意を怠り」，重過失の場合には「重大な過失により」といった文言が用
いられます。刑法典においては，業務上失火罪・重失火罪（117条の2），業務
上過失往来危険罪（129条2項），業務上過失致死傷罪・重過失致死傷罪（211条）
が業務上過失および重過失を処罰する規定にあたります。

　なお，ここでいう業務とは，必ずしも職業のことを意味するわけではありま
せん。判例によれば，業務とは，①社会生活上の地位に基づき，②反復・継続
して行う行為であって，③他人の生命・身体に危害を加えるおそれのあるもの，
と定義されています（最判昭和33・4・18刑集12巻6号1090頁）。さらに，これに
は人の生命・身体の危険を防止することを内容とする業務も含まれ，行為者の
目的がそれによって収入や報酬を得ることにあるかどうかも問われません（最
決昭和60・10・21刑集39巻6号362頁〈百選ⅠNo.60〉）。つまり，日常生活のなかで
何度も繰り返して行いうるもので，それが人を死傷させる危険性を有する活動
であれば，幅広くここでいう業務に含まれる可能性があります。

　なお，重過失とは，不注意の程度が大きい場合に認められる重大な過失のこ
とです。一般に，ほんのわずかな注意で容易に結果の発生が予見できたにもか

かわらず予見しなかった場合には，この重過失が認められる傾向があります。

（3）特別刑法における過失

　刑法典だけではなく，特別法においても過失犯を処罰する規定は存在しています。そのなかでもとくに重要なものとしては，例えば，自動車運転死傷行為処罰法に，過失運転致死傷アルコール等影響発覚免脱罪（同法4条），過失運転致死傷罪（同法5条）が過失犯として，危険運転致死傷罪（同法2条）が結果的加重犯として規定されています。危険運転致死傷罪や過失運転致死傷罪については，以前までは刑法典のなかにその処罰規定がありましたが（旧208条の2および211条2項），とくに自動車による悪質・重大な事故に対処するためという理由から，従来の過失犯よりも法定刑を大幅に引き上げたうえで，2013年に新[1]設されたこの自動車運転死傷行為処罰法に移されたという経緯があります。

　なお，このような重罰化については，数ある過失致死傷行為のなかでも，なぜ自動車運転によるものがとくに重く処罰されなければならないのか，その根拠は不明確です。そのため，自動車運転死傷行為処罰法上の諸規定については，問題視されることも少なくありません。

　ほかにも，過失犯は一般的に結果犯として規定されていますが，特別法のなかには，過失免許不携帯罪（道交法121条2項）のように，過失挙動犯を罰する規定もあります。

II　刑法における過失犯の構造

　過失犯とは，行為者が故意なく犯罪事実を実現したが，注意すれば自身が犯罪事実を実現することを認識し，回避することができた場合，つまり平たくいえば，行為者がうっかり**不注意**に行為する場合に成立する犯罪です。わざと行為をする場合が故意犯であり，うっかり行為をする場合が過失犯である，という言い方をすれば，その違いは一目瞭然のようにも思えるかもしれません。し

1）　過失運転致死傷罪の法定刑は「7年以下の懲役若しくは禁錮又は100万円以下の罰金」，危険運転致死傷罪の法定刑は負傷の場合で「15年以下の懲役」，死亡の場合で「1年以上［20年以下］の懲役」（［　］内筆者）となっており，「5年以下の懲役若しくは禁錮又は100万円以下の罰金」を予定する業務上過失致死傷罪と比較しても相当程度重いものになっています。

かし，犯罪の現象形態として，例外的な犯罪である過失犯の構造をどのように把握すべきなのかという点には争いがあります。より具体的にいえば，過失という犯罪要素は刑法の犯罪論の体系上，どの段階に位置づけられるのか，そして，そもそも刑罰に値するような刑法上の過失の内実はどのようなものなのか，何をもって不注意と評価するのか，といった点については，従来，**新旧過失論争**と呼ばれる議論がなされてきました。

1　旧過失論

　伝統的な考え方は，過失というものを，故意と並ぶ犯罪の心理的で主観的な要素であるとし，犯罪論の体系上，これを有責性の段階に位置づけます。この考え方は，過失犯の構成要件該当性および違法性は，故意犯のそれと異なるところはなく，両者は有責性の段階でのみ異なる構造を有する犯罪であると考えます。このような考え方は，**旧過失論**と呼ばれています。

　旧過失論によれば，過失とは，法益侵害結果を認識・意欲してはいなかったが，注意すれば認識・予見することができたという心理状態のこと，つまりは結果の**予見可能性**であると理解されます。

　なお，近年では，基本的には過失を責任要素とする伝統的な旧過失論に立脚しつつも，過失の内実は単なる結果の予見可能性ではなく，行為が有する，法益侵害結果を発生させる「実質的で許されない危険」ないし「当該構成要件を充足する可罰的違法性のある危険」に関する，具体的な予見可能性であるとする考え方（**修正された旧過失論**）もあります。

　いずれにせよ，旧過失論によれば，予見可能性があれば過失犯が成立することになります。しかし，産業の発展や自動車交通の発達などにより各種の死傷事故が増加したことに伴い，新たな過失犯の構造理解が促進されることになりました。というのも，一般的に，自動車の運転や大規模な建築その他の工事活動をする際には，それにより一定の事故が生じることにつき，ある程度の予見可能性があることは当然といえるからです。その際，旧過失論の理解では，それらの活動の大部分は処罰され，活気ある社会生活が阻害されてしまうために不当ではないかという問題意識が生じました。これらの活動の多くは社会的に有用な面をもち合わせているのだから，旧過失論のような理解は厳しすぎると

して，過失犯処罰に限定を加える動きが出てきたのです。

2　新過失論

　そこで，たとえ法益侵害結果が予見可能であっても，外的な態度として，客観的に，行為者と同様の状況に置かれた一般人であれば結果回避のためにとったであろう，社会生活上適切な行為準則ないし行動基準を守ってさえいれば，過失犯は成立しないとする見解が登場しました。すなわち，**社会生活上必要な注意**ないし客観的に要請される注意を遵守していれば法益侵害結果を回避することはでき（結果の**回避可能性**），かつ，回避すべきであった（**結果回避義務**）にもかかわらず，それを怠った点を重視したのです。このように，いわゆる**客観的注意義務**（結果の回避可能性を前提とした結果回避義務）違反という外的な態度を不注意と評価し，これを刑法上の過失と理解するのが**新過失論**です。新過失論によれば，過失犯は不注意な外的態度を示すものとなるため，過失犯はすでに構成要件該当性の段階で，故意犯とは異なる構造を有する犯罪であるということになります。

　もっとも，新過失論に対しては種々の批判も向けられています。例えば，新過失論は，過失の内実を，客観的に要請される注意を怠ったことと理解しますが，その内容は必ずしも明確なものではありません。一般的に，客観的に要請される注意の内容としては，各種の危険を伴った生活関係を規律する行政的ないし警察的な取締法規に定められている措置の内容が引き合いに出されます。つまり，道交法上の速度制限を超過した行為など，行政的な取締法規に違反する行為によって犯罪事実が実現されれば，直ちに過失犯が成立する可能性があるのです。しかし，取締法規上の規範は，あくまで刑法上の規範とは異なるものです。これでは，行政的な違法と刑法的な違法との区別ができなくなるおそれがあります。

　この点，客観的な注意の内容を行政的な取締法規とは切り離し，「行為者と同様の状況に置かれた一般人であればとったであろう措置」とすることも説得的とはいえません（過失犯において要請される注意の基準をいかに特定し，不注意を認定するかという論点は**過失の標準**とも呼ばれます）。というのも，刑法上の行動規範は，あくまで事前的に発令されるものであり，これが制御される側の具体的

な行為者個人の自由を前提とした，精神的・身体的・人格的能力と結びつけられる形で機能しなければ，刑法は法益保護という目的を十分に達成することができないからです。行為者が取るべき行動を特定する際には，具体的な行為者とは無関係の一般人を基準とするのではなく，あくまでその行為者にとって可能な措置が考えられるべきでしょう。

3　検　討

　さて，そうすると，はたして過失犯の構造はどのように理解されるべきなのでしょうか。現在では，少なくとも，伝統的な旧過失論や新過失論をそっくりそのままの形で採用することは適切ではなく，何らかの修正は必要であろうという点には見解の一致があるように思われます。

　ここでは，刑法規範の構造や刑法の役割を意識しつつ，改めて過失犯の構造を考えてみたいと思います。第1章でもみたように，通説的な理解によれば，刑法は，重要な法益を守るために，各則に刑罰法規を置くことで，そこからさまざまな行動規範を発令しています。刑法上の過失犯処罰規定も，故意犯を処罰する規定と同様に，一定の法益を侵害する危険性を有する行為を禁止（あるいは，法益の維持行為を命令）する行動規範を発令しているものと考えることができます。その意味においては同様の行動規範に違反する故意犯と過失犯の構造に異なるところはないといえるでしょう。それゆえ，故意犯における故意の有無がすでに構成要件該当性の段階で問題になるならば，過失犯における過失の有無も同じく構成要件該当性の段階で問題になりえます（しかし，先述のとおり，その際に客観的な過失を問題にすることには問題があります）。

　もっとも，故意犯と過失犯の構造が同じであるということは，その構成要件該当性および違法性の内実にも何ら異なるところはないということを意味するものではありません。あらゆる犯罪行為における不法の程度は，その行為のもつ危険性の程度やこれに対する行為者の認識の程度，そして，予見の対象となっている結果の意味によって基礎づけられます。とすれば，故意犯と過失犯とでは，とりわけ行為の危険性を現に認識しているか／認識可能であったにすぎないのか，結果を現に予見しているか／予見可能であったにすぎないのか，という点で，不法の程度には当然に違いが生じます。この意味で，故意犯と過失犯

の構成要件該当性および違法性に異なる部分はあり，また，過失犯における過失＝不注意とは，犯罪事実の実現に対する認識・予見の程度が故意に劣るような行為者の態度のことを意味しているものと考えられます。

　こうしてみると，過失においては，行為の危険性に関する認識ないし認識可能性および結果の予見可能性が，構成要件段階ですでに問題となるものであると理解できるでしょう。

Ⅲ　過失犯の成立要件

　上記のような理解の仕方が正しいものであるかはさておき，いずれにせよ，過失犯の成立要件の中核をなすのは，予見可能性というものです。過失を結果回避義務違反と理解する新過失論の立場にあっても，行為者に結果回避義務を課す前提として予見可能性は必要とされます。

　もっとも，過失犯の成立にとっては，予見可能性以外にも，当然のことながら，故意犯の成立にとって必要な要件のうち，故意を除いたすべての一般的な要件がなければなりません。以下では，過失犯の成立要件のなかでも，とくに問題となりうる要件に絞って説明をしていきます。

1　過失犯の実行行為

　犯罪の実行行為を特定する際，故意犯の場合には，行為者の犯罪を遂行しようという意思が手がかりとなります。これに対して，過失犯の場合には，問題となる行為はしばしば日常的なものであって，その特定が困難であるとされることがあります。自動車事故の場合，運転する行為や車内でおしゃべりする行為はすぐに特定できますが，行為者は死傷結果を現に予見しているわけではないため，過失致死傷行為をどの時点で認定すればよいかが問題になります。もっとも，この点は，刑法上の実行行為が因果関係ないし結果帰属の起点となるものであるということに鑑みて，過失犯の場合にも，法益を侵害する危険性を有する行為を実行行為として特定すればよいということになります。例えば，制限速度の時速40km で走行すべきところ時速60km で走行して，飛び出してきた通行人を轢いて死亡させたという場合には，まさに「時速60km で走行する」

という行為が人を死傷させる危険性を有しているがゆえに，実行行為として特定されることになります（これに対して，先の新過失論のような理解に立てば，「時速40kmで走行すべきであったのに減速しなかった」ことが実行行為として記述されるでしょう）。

　過失犯の場合にとくに問題となるのは，複数の危険な行為が存在する場合です。例えば，飲酒をしたうえで自動車を運転する行為者が，制限速度が40kmであった道路上を時速60kmで走行していたところ，ポケットからすべり落ちた携帯電話に気を取られて前方の横断歩道を横断中の通行人に目が届かなかったことにより，これを轢いて死亡させたという場合には，少なくとも①飲酒運転，②スピード違反，③前方不注視といった，複数の危険な行為が存在しています。このような**段階的過失**の事案では，最も結果に近い行為のみが過失犯の実行行為になるとする見解もありますが，一般に，時間的に直近だからといって必ずしも決定的であるわけでなく，また，過失行為が介在しても因果関係は否定されないことからすれば，危険な行為のすべてを併存的に過失犯の実行行為ととらえる見解も十分にありうるといえるでしょう。

　なお，どれだけ危険な行為であるとしても，その行為の時点では，行為の危険性を認識することが不可能，あるいは，結果を予見することが不可能であったり，認識可能性および予見可能性があったとしても，もはや結果を回避することができなかった場合には，過失犯の実行行為は認められません。むろん，そのような場合であっても，より過去の時点における危険な行為にさかのぼり，**引受け過失**としての実行行為を特定することはあります。

2　過失犯の因果関係

　一般に，過失犯の成立要件として故意犯の場合とは異なる固有の因果関係はないとされていますが，一部の判例や学説では，過失犯固有の因果関係が議論されることもあります。というのも，過失犯の場合には，相当因果関係の前提となる条件関係の確定の際に，「仮に行為者が義務にかなった行為をしていたら，結果は回避されていただろうか」という仮定的判断が用いられることがありますが，故意犯の場合にはそのような判断は用いられないからです。例えば，**京踏切事件**（大判昭和4・4・11法律新聞3006号15頁）は，列車が見通しの悪い踏切

で嬰児を轢死させた事案につき，仮に警笛を鳴らし非常制動を行っても結果を回避しえなかった以上，前方注視義務違反と死の結果との因果関係は欠けると判断しました。また，最判平成15・1・24判時1806号157頁〈百選ⅠNo.7〉は，タクシー運転手が，対面信号が黄色点滅を示していた左右の見通しのきかない交差点に減速・徐行しないまま時速30ないし40kmで進入したところ，交差道路から赤色点滅信号を無視して制限速度を大幅に超過した時速70kmで進入してきた自動車と衝突し，自車の乗客を死傷させた事案につき，運転手が「時速10ないし15kmに減速して交差点内に進入していたとしても……急制動の措置を講ずるまでの時間を考えると……衝突地点の手前で停止することができ，衝突を回避することができたものと断定することは，困難である」として，業務上過失致死傷罪の成立を否定しました。この判例については，一部の学説で，過失犯固有の因果関係が否定されたものだとする見立てもあります。

　しかし，これらの判例については，何も過失犯固有の因果関係を問題としているのではなく，そこではあくまで，結果の事実的な回避可能性が欠けるために，過失犯の行為性が否定されたものと理解する方が適切であるように思われます。そうすると，やはり，過失犯に固有の因果関係はないということになるでしょう。

3　予見可能性

　過失犯が成立するためには，過失犯固有の要件として，先述のとおり，予見可能性が必要となります。もっとも，予見というものはそもそも現実の結果発生以前に存在する心理状態であるため，予見の対象となる結果は常に可能性の形で示されます。その際，客観的な結果発生の可能性が一定程度に達しない場合に犯罪が成立しないことは，故意犯でも過失犯でも同様です。

　過失犯の場合にとくに問題となるのは，その予見の対象としての結果を，どの程度予見可能であったといえれば，この要件が充足されうるのかということです。

（1）抽象的予見可能性説

　この点，必要な予見可能性の程度を高度に抽象化し，一般人に何らかの結果回避措置を取る負担を命ずるのが合理的であるといえる程度の「危惧感」，つ

まりは抽象的な予見可能性があればこの要件が充足されうるとする理解があります。予見可能性の程度についてそのような理解をする見解を，**危惧感説**ないし**新新過失論**と呼んだりもします。

このような理解は，企業災害や薬品・食品公害など，とくに科学技術の最先端において起こる事故のように，予想外の有害作用や副作用といった未知の危険につき，過失を問うために提唱されたもので，**森永ドライミルク事件**差戻審判決（徳島地判昭和48・11・28判時721号 7 頁）で採用されました。事案としては，ドライミルクの製造過程で安定剤に用いるために取引業者から「第 2 燐酸ソーダ」として購入した物質が，大量のヒ素を含んだ別の薬剤であったために，製造されたドライミルクにヒ素が混入し，これを飲んだ多数の乳幼児がヒ素中毒で死傷したことについて，森永乳業徳島工場の製造課長らが業務上過失致死傷罪で起訴されたというものです。判例は，「この場合の予見可能性は，行為者に結果回避義務として結果防止に向けられたなんらかの負担を課するのが合理的だということを裏付ける程度のものであればよく，したがって，この場合の予見可能性は具体的な因果経過を見とおすことの可能性である必要はなく，何事かは特定できないが，ある種の危険が絶無であるとして無視するわけにはいかないという程度の危惧感であれば足りる」として，予見可能性を肯定したのです。

しかし，このように漠然とした「危惧感」でもって行為の中止を期待することは不可能であり，そのような危惧感は，せいぜいのところ，さらなる情報収集措置を期待する契機となりうるにすぎません。さらにいえば，危惧感説は未知の危険に対応するための見解ですが，そもそも，そのような未知の危険とは文字どおりいまだ知られていない危険なのですから，それが実際にあったことを客観的に判定することは，誰にとっても不可能であるともいえるでしょう。そうであるならば，果たしてどのような法益が問題になっているのかも特定することはできず，刑法上の行動規範違反自体が認められません。

（2）具体的予見可能性説

そこで，その後の判例は，以上のような理解を明示的に否定したうえで，**具体的予見可能性説**を採用し，通説的な理解もこれを支持しています。もっとも，具体的予見可能性説とはいっても，例えば，特定の被害者の死亡日時などの具

体的な結果や，その結果に至るまでの詳細な因果経過のすべてが予見可能でなければならないのか，つまり，どこまで具体的な予見可能性が必要なのかという点については，争いがあります。

　この点，**北大電気メス事件**（札幌高判昭和51・3・18高刑集29巻1号78頁〈百選Ⅰ No.51〉）は，手術に際して看護師が電気メスのケーブルを誤接続し，そのまま医師が手術を開始したため，心電計の不備と相まって高周波電流に特殊な回路を生じ，患者の足に重大な熱傷を与えたという事案において，「結果発生の予見とは，内容の特定しない一般的・抽象的な危惧感ないし不安感を抱く程度では足りず，特定の構成要件的結果及びその結果の発生に至る因果関係の基本部分の予見を意味するものである」と判示し，過失犯が認められるためには，少なくとも**構成要件的結果および因果経過の基本部分**の予見可能性が必要であるとしました。

　また，**生駒トンネル事件**（最決平成12・12・20刑集54巻9号1095頁〈百選Ⅰ No.53〉）は，トンネル内のケーブル接続工事に際し，接地銅板のうちの1つを付けるのを怠ったため，誘起電流が大地に流れず長期間にわたって分岐接続器に流れて炭化導電路を形成したことにより火災が発生し，有毒ガスで電車の乗客が死傷したが，炭化導電路の形成という現象は過去には報告例がなかったという事案において，「炭化導電路が形成されるという経過を具体的に予見することはできなかったとしても，右誘起電流が大地に流されずに本来流れるべきではない部分に長期間にわたり流れつづけることによって火災の発生に至る可能性があることを予見できた」と判示し，北大電気メス事件と同様に，因果経過の基本部分の予見可能性が必要であるとの理解を示しました。

　このような具体的予見可能性説は，「具体的」とはいっても，予見可能性の程度として必要なのはあくまで因果経過の基本部分であり，構成要件的結果の個数や個別の客体，それらの発生に至る詳細な因果経過についての予見可能性までは不要とするものです。

　これに対して，過失を認めるためには，より具体的な予見可能性が必要であるとする有力な理解も存在します。福岡高宮崎支判昭和33・9・9高刑特5巻9号393頁は，知らないうちに荷台に乗っていた同乗者が交通事故の際に死亡した事案につき，無断同乗者の存在の認識可能性がなかったことを理由に，こ

の者の死亡に関して運転者の過失を否定し，現実の結果に関するかなり具体的な予見可能性を要求しています。

　また，**渋谷温泉施設爆発事件**（最決平成28・5・25刑集70巻5号117頁）は，市街地の温泉施設から漏出したメタンガスが爆発して温泉施設の従業員および施設付近の通行人を死亡ないし負傷させた事案につき，同施設の設計・施工を行った建設会社の設計担当者である被告人に対して，業務上過失致死傷罪の成立を認めた判例ですが，大谷裁判官の補足意見のなかで，「結果発生に至る因果のプロセスにおいて，複数の事態の発生が連鎖的に積み重なっているケースでは，過失行為と結果発生だけを捉えると，その因果の流れが稀有な事例のように見え具体的な予見が可能であったかどうかが疑問視される場合でも，中間で発生した事態をある程度抽象的に捉えたときにそれぞれの連鎖が予見し得るものであれば，全体として予見可能性があるといえる場合がある。これまでの裁判実務においては，このような考え方に立って過失の有無が論じられてきた事例が存在する。しかし，……本件の注意義務を理解するとき，本件は，……予見可能性の判断手法，すなわち，連鎖的な事態が発生していることを捉えて『因果関係の基本的部分』は何かを検討する手法によるのがふさわしい類型とはいえないと思われる。……過失犯については，結果の予見可能性，回避可能性という大枠によって成否を判断するのがこれまでの確立した考え方であり，もとより本件もその枠組みの中で検討されることになるが，その争点化に当たっては，具体的にどのような基準等が有用な判断要素になるかにつき，この種の事案特有の多様な事件類型に応じて，適切な抽出が求められるところであろう」としています。

　これらは，過失犯の成立に必要な予見可能性の程度を事案類型に応じて時にはより具体的に，場合によっては具体的な構成要件的結果の個数や個別の客体，そしてそれらの発生に至る因果経過の詳細についてまでの予見可能性が必要であると理解する余地を残すものであるといえます。

　以上のように，予見可能性の程度については争いがあるものの，責任主義の観点からは，少なくとも一定程度具体的な予見可能性が必要であるというべきでしょう。

Ⅳ　個別的問題

1　管理・監督過失

　管理・監督過失とは，ホテル・病院・デパートなど不特定多数の人が出入りする施設において，火災等が発生し，防火体制や人的配置などの管理が不届きであったり，それら防火体制の担当者に対する監督が不十分であったりしたことにより，多数人が死傷した場合に，その出火等の直接の原因者とは別に，監督管理の責任を負う，経営者・建物管理者等の過失を意味します。もっとも，管理・監督過失が問題となる場合にも，その成否が問題となるのは通常の過失犯処罰規定であり，特別の過失犯処罰規定があるわけではない点には注意が必要です。

　この管理・監督過失については，その責任を問われうる者が直接の原因者ではないという点で，とくに①実行行為性の問題，②予見可能性の程度に関する問題があるとされています。

　①まず，管理・監督過失が問題となる場合には，しばしば，管理者らの，施設等の安全を高めるために義務づけられる措置をとっていなかったという不作為が問責対象行為であるとされます。しかし，そもそもそこでいう安全を高めるために義務づけられる**作為義務**の内容を事前的に明確な形で特定することは困難であるという問題があります。この点，裁判所は，査察時の消防署の改善勧告や措置命令を義務の根拠とすることがありますが，実際には，正式の措置命令が出ることもほとんどありません。しかも，仮に具体的な義務違反が認定されたとしても，その義務違反の状態というのは，たいていの場合はホテルやデパートの営業を続けている期間ずっと存在することになります。実際に何かしらの事件が起きるまでの20年間や40年間という命令違反期間をひっくるめて不作為として，過失犯の実行行為としてしまってもよいのかということは，現在でも争われています。

　②また，管理・監督過失が問題となる場面の多くは，大規模火災が起きた場合などですが，そもそもそのような火災は何十年に1度起きるかどうかわからないようなものなので，管理者らには，出火の時期や原因，ひいては火災によ

る人の死傷について具体的な予見可能性が欠けていることになります。その場合にも確かに，管理者らには抽象的な危険の認識はあるかもしれませんが，そのような「もしかしたら火災が起きるかもしれない」といった漠然とした不安感でもって予見可能性を認めることには議論のあるところであり，慎重な検討が必要となるでしょう。

　そのような問題を抱えた管理・監督過失ですが，判例には，これを実際に認定し，過失犯の処罰を肯定したものもあります。**ホテル・ニュージャパン火災事件**（最決平成5・11・25刑集47巻9号242頁〈百選Ⅰ No.58〉）は，ホテル・ニュージャパンの代表取締役社長について，「昼夜を問わず不特定多数の人に宿泊等の利便を提供するホテルにおいては火災発生の危険を常にはらんでいる上……本件建物の9,10階にはスプリンクラー設備も代替防火区画も設置されていないこと……既存の防火区画が不完全である上……消防計画の作成，これに基づく消防訓練，防火用・消防用設備等の点検，維持管理その他の防火防災対策も不備であることを認識していたのであるから……これらの防火体制の不備を解消しない限り，いったん火災が起これば……建物の構造，避難経路等に不案内の宿泊客らに死傷の危険の及ぶおそれがあることを容易に予見できた」として，業務上過失致死傷罪の成立を肯定しました。

　これとは対照的に，**大洋デパート事件**（最判平成3・11・14刑集45巻8号221頁）は，デパートの取締役人事部長，火元責任者である売場課長，営繕課の課員のそれぞれについて，株式会社においては通常，代表取締役が防火管理業務の執行にあたっており，被告人らの地位については注意義務は認められないなどとして，業務上過失致死傷罪の成立を否定しました。

2　信頼の原則

　信頼の原則とは，行為者がある行為をなすにあたって，被害者あるいは第三者が適切な行動をすることを信頼するのが相当な場合には，たとえその被害者あるいは第三者の不適切な行動によって結果が発生したとしても，行為者はそれに対して責任を負わないという原則のことを意味します。この原則は，主に交通事故の領域で展開されましたが，それ以外にも，組織内において複数の者が互いの適切な行動を信頼して共同作業や分業を行うような場合にも問題とな

ります。

　信頼の原則は，他人の適切な行動を信頼するのが相当な場合に適用されうる原則なので，当然のことながら，他人の適切な行動を信頼するのが相当でない場合，例えば，交通事故において，そもそも相手方が幼児や酩酊者など交通法規を遵守して行動するとは限らないような場合には，その不適切な行動により結果が生じたとしても，この原則は適用されずに，過失犯が成立する可能性があります。すなわち，信頼の原則が適用されるためには，①交通環境の整備など他者への信頼が成り立っているという社会的状況が形成されていること，②行為者に現実に信頼が存在していること，③その信頼が相当なものであること，などが必要であるとされています。

　これらの条件が充足された場合には，信頼の原則が適用されることにより，過失犯の成立が否定される可能性があるわけですが，それによっていかなる成立要件の充足が否定されるのか，ということについては若干の争いがあります。つまり，信頼の原則が適用されうる場面というのは，他人が不適切な行動をとることが予見できなかったために過失犯の成立要件である予見可能性（ないしは予見義務）が認められないことになるのか，それとも，仮に予見できたとしても，他人が不適切な行動をとった場合に結果発生を回避するための措置を講じる義務は課せられないことになるのか，という争いです。この点，一般的に，新過失論の立場からは，結果回避義務の存在を否定することが多いようです。

　なお，信頼の原則については，行為者自身が交通法規等の規則に違反している場合にもこれを適用して過失犯の成立を否定することができるのかという問題もあります。学説においては，クリーンハンズの原則（不法に関与した者は救済されないとする原則）に照らして，そのような場合には信頼の原則を適用すべきではないとする見解も有力に主張されていますが，判例では，行為者に規則違反がある事案において信頼の原則を適用している例もあります（最判昭和42・10・13刑集21巻8号1097頁）。

第6章　違法性論の基礎と正当防衛

I　違法性論の基礎

　（実行）行為が構成要件に該当すると判断された場合，次に違法性の有無について検討することになります（違法性は犯罪成立の2段階目）。もっとも，違法類型あるいは違法・責任類型のどちらの立場に立つにせよ，構成要件の違法推定機能によって当該行為は原則的に違法であると推定されますので，違法性の段階では，例外的に違法性が否定される理由を探っていくことになります。とはいえ，違法性とは何か，すなわち違法性の本質を確認しないことには，違法な行為と違法でない行為とを線引きすることができませんので，違法性の本質を探ることが違法性論の第1歩といえるでしょう。

1　違法性の本質

　「違法性とは何か」については，さまざまな視点から観察することができます。第1に，違法性の本質は，形式的違法性と実質的違法性の2つに分類することができます。なお，形式的違法性と実質的違法性は対立・排斥的な関係にあるものではなく，形式的違法性は実質的違法性のいわば前提にあるものです。以下の説明では，他者の殺害（199条の殺人罪）を共通の例としてあげます。

（1）形式的違法性と実質的違法性

　形式的違法性とは，法に違反すること自体が，まさに違法であるとするものです。人を殺したら刑法上違法と評価されるのは，199条に違反したからなのです。もっとも，「法に違反したから違法である」というのは同義反復にすぎず，人を殺せば違法と評価されるのは何故なのかが，これでは明らかになりません。

　そこで，人を殺した場合に刑法上違法と評価される実質的な理由を探る必要があります。違法性の判断について実質的な理由を探る実質的違法性は，その

理由について，規範に違反したことに求める**規範違反説**と法益を侵害したことに求める**法益侵害説**の２つの立場から主張されています。両者の立場の違いは，かつては後述の行為無価値論（規範違反説）と結果無価値論（法益侵害説）の立場の違いに反映されていましたが，現在では必ずしも完全に反映されて理解されているわけではありません。行為無価値論に立ちながら，法益侵害説を採用する見解（規範論・109頁以下）もあります。

（ⅰ）**規範違反説**　　規範違反説にいう「規範」とは，社会倫理規範のことを指します。法以前に存在する社会倫理に反したから違法であると評価するのが規範違反説です（社会通念や公序良俗に反することが違法だと説明する考え方もあります）。この説の背景には，刑法の社会秩序維持機能を重視する考え方があります。

　なお，規範イコール社会倫理規範とするのは規範違反説の考え方であって，本書は規範をこのような意味で理解するものではありません。つまり，規範違反説にいう規範は，「人には親切にしなさい」といった社会倫理・社会道徳に反する行為をも含んでいるのです。しかし，規範違反説のように，規範を社会倫理規範と理解すると，およそ刑を科されるに値しない社会倫理までもが刑法によって禁止・命令されることになってしまいます（刑法による道徳の強制）。これでは処罰範囲が不当に広げられてしまうことになります。そう考えると，社会倫理規範に反することを違法ととらえる規範違反説は適切ではないようにも思われます。ところが，社会倫理規範のすべてが刑法と全く無関係かというと，そうではありません。「人を殺してはならない」，「人の物を盗んではならない」というのは，刑法において当然に禁止されている事柄ですが，同時に社会倫理・道徳においても「してはならない悪いこと」だといえるでしょう。つまり，人を殺す・人の物を盗むというのは，刑法に反する以前に，社会倫理に反することでもあるのです。このことは，法と道徳の区別の問題として論じられる事柄でもあります。殺人や窃盗の禁止は，あらゆる国や共同体において受け入れられる，いわば普遍的な道徳だといえるでしょう（これを**二階の道徳**といいます）。これに対して，同性愛の禁止のように，特定の宗教，文化や共同体においてのみ受け入れられている道徳も存在します（これを**一階の道徳**といいます）。刑法との関係でいえば，一階の道徳は刑法によって強制されるべき事柄ではありませんが，二階の道徳は，法的強制を伴う刑法と両立しうるといえる

でしょう。つまり，法と道徳は完全に区別されるわけではなく，二階の道徳（普遍道徳）は，刑法が保護すべき法益の核心をなしているのです（法倫理学・141頁）。本書では刑法上の規範をこのような趣旨で理解します。そして，この意味で理解するとき，殺人を犯した場合に違法と評価されるのは，「人を殺してはならない」にもかかわらず（禁止規範が向けられているにもかかわらず），人を殺したから（禁止規範に違反したから）なのです。

(ⅱ)法益侵害説　　法益侵害説は，刑法によって保護されるべき法益が侵害ないしは危殆化された（法益を危険にさらすこと）から違法と評価すると主張します。ですから，法益侵害説によれば，人を殺した場合に違法と評価されるのは，他者の生命という法益が侵害ないし危殆化されたからなのです。この説の背景には，刑法の役割を法益の保護に求める考え方があります。

(2) 客観的違法性論と主観的違法性論

　　第2に，違法性の本質は，誰を禁止・命令の対象と考えるかによって客観的違法性論と主観的違法性論とに区別されます。ここでのキーワードは，法規範ないし行動規範の2つの側面，すなわち**評価規範**（価値判断）と**決定規範**（当為判断）です。評価規範とは，殺人行為は悪いことだと否定的に評価すること，あるいは人命を救助するのは良い行為だと肯定的に評価するというような行為に関する価値判断のことです。決定規範とは，こうした評価を前提に，悪いと評価される行為については当該行為を禁止し，良いと評価される行為については当該行為を命令することによって，人々に禁止・命令を遵守するよう意思を決定させる（そうするよう義務づける）ものです。学説は，評価規範と決定規範を区別するか否かによって立場が分かれています。

(ⅰ)客観的違法性論・修正客観的違法性論　　**客観的違法性論**は評価規範と決定規範とを区別し，法は，決定規範の前に評価規範として作用すると考えます。客観的違法性論は，「客観は違法に，主観は責任に」という古くからの考え方を踏襲し，客観的に評価規範に反していれば当該行為の違法性を認め，主観的に決定規範に反していれば当該行為の有責性を認めます。客観的違法性論によれば，違法性と有責性とが区別され，体系的に違法性判断が有責性の判断に先行することになりますので，刑法体系に合致するでしょう。しかし，「客観的に」評価規範に反していれば行為の違法性が認められるということは，「人を殺す」

という法的に許されない事態が創り出されていればよく，判断対象が人の行為に限定されないため，非人格的な自然災害や動物の行動までもが違法性を具備することになります。しかし，自然災害や動物には禁止や命令を向けることはできませんし，向けても意味がありません。そのため，自然災害や動物などによって発生した結果については，そもそも違法と評価されるべきではないとの批判が向けられることになります。こうした批判を受けて，従来の客観的違法性論を修正し，人間だけを規範の対象とする修正客観的違法性論が主張されるようになったのです。

（ⅱ）**主観的違法性論**　客観的違法性論に対して**主観的違法性論**は評価規範と決定規範を区別しません。両者を区別しないということは，禁止・命令を理解し，遵守可能な者だけが禁止・命令の対象となり，それ以外の者は禁止・命令の対象から除外されることを意味します。しかし，このような考え方に基づくと，禁止・命令を理解することができるのは責任能力者だけですから，違法性を判断する前に責任の有無が問題とされてしまい，刑法体系に合致しないと批判されています。

　もっとも，評価規範と決定規範を区別せずとも，このような批判を回避することは可能です。客観的違法性論がいうように，評価規範は決定規範に論理的に先行します。例えば，199条の殺人罪の禁止規範は，殺人行為に関する否定的評価を前提としています。しかし，評価規範の対象と決定規範の対象は「人を殺す」という点で共通していますから，客観的違法性論のように両者を区別して，評価規範を違法性に，決定規範を有責性に対応させることは，規範をバラバラにするようなものであり，論理的に適切であるとはいいがたいかもしれません。そこで，評価規範が決定規範に先行するとの関係を前提としつつ，両規範の対象の共通性を接着点として，違法性と有責性とを区別します。つまり，「人を殺すのは悪いことだ。だから，人を殺してはならない。」という規範が向けられた場合に，みずからに義務づけられた禁止ないし命令をただ単に遂行する能力すなわち**行為能力**が求められるのが違法性であり，その義務を遵守する能力すなわち責任能力が求められるのが有責性であるとして区別するのです。行為能力は，当事者の行為が，規範によって義務づけられる行為に内容的に適合しているか否かだけを問題とします。これに対して責任能力は，義務を認識

し，義務づけられる行為に合致する行為を行うよう動機づける能力のことを意味します。このようにして，違法性と有責性の区別が可能となり，さらに，評価規範が行為能力を有する人間のみに向けられることから，客観的違法性論が抱える問題点をも回避することができると考えられます（規範論・1頁以下）。

2　行為無価値論と結果無価値論

違法性の本質に関する見解の違いは，行為無価値論と結果無価値論のいずれの立場を採用するかに表れます。なお「無価値」とは，「悪い」，「マイナスだ」と評価することです。

結果無価値論は，行為者が法益侵害「結果」を発生させた，あるいは危殆化させたことについてマイナス評価を下します。違法性を判断するためには，法益が侵害・危殆化されたという客観的な事態さえ存在すればよいので，故意や過失といった行為者の主観的な要素は違法性判断の対象から除外され，責任要素として考慮されることになります。そのため，例えば故意による殺人と過失による殺人は，違法性の段階では区別されず，責任の段階ではじめて区別されることになります。

行為無価値論は，行為者が法益侵害「行為」を行ったことについてマイナス評価を下します。純粋に規範違反のみに基づいて違法性判断を行う行為無価値一元論は，法益侵害を志向する行為を行ったことについてのみマイナス評価を下し，現実に発生した結果（結果無価値）を処罰条件（ないし刑罰必要性）と理解します。行為の違法性判断から現実に発生した結果を除外するこの考え方の背景には，行動規範の内容が個人に可能なことだけを義務づけるものであり，偶然の事情によって左右される現実に発生した結果を義務の内容とすることができないという理念があります。

これに対して，現在わが国で広く支持されている結果無価値・行為無価値二元論は，規範違反と法益侵害の2つの観点から違法性を判断します。この立場

1）　なお，ここでは，現実に発生した結果（制裁規範の対象）と志向対象としての結果（行動規範の対象）を区別する必要があります。行動規範と制裁規範について詳細は，第1章を参照。

は，故意や過失といった行為者の主観的要素を違法性判断に取り込むため，結果無価値に行為無価値から一定の制限を設けることになります。したがって，純粋な結果無価値論とは異なり，故意による殺人と過失による殺人が違法性の段階で区別されることになります。

かつては，規範違反説と行為無価値論，法益侵害説と結果無価値論といったように，実質的違法性のとらえ方によって見解が分かれていました。しかし，行為無価値論も法益の侵害ないし危殆化を全く無視するわけではありません。行為無価値論が重視する「行為」は，「法益を侵害する行為」です。つまり，行為無価値論においても，少なくとも法益を侵害していることが事前的な違法評価の対象になっているのです。したがって，極端にいえば，散歩をする・呼吸をするといった，法益を侵害も危殆化もしない行為は違法性判断とは無関係のものとして扱われるのです（そもそも構成要件にも該当しませんが）。

Ⅱ　緊急行為

35条から37条は，一定の状況のもとで，刑法上違法とされるべき（禁止・命令されるべき）行為を行為者に許容し，その行為を適法とするものです。これらを**許容命題**（正当化事由，違法性阻却事由）といいます。このうち，35条は正当行為に関する規定であり，医療行為やボクシングといった危険な行為は，この規定によって違法性がないものと判断されます。36条（正当防衛）および37条（緊急避難）は**緊急行為**と呼ばれ，法益侵害ないし法益侵害の危険がさし迫っている場合に，私人が対抗することを認める規定となっています。本来，私人による対抗は違法なものと評価されますが，国家による救助が期待できない場合に，例外的に私人による対抗の違法性を阻却するのが緊急行為であると一般的に理解されています。なお，注意する必要があるのは，35条から37条に定められた行為は，違法性が阻却されるだけで，構成要件には該当しているということです。また，36条と37条はどちらも緊急行為ではありますが，条文および成立要件が異なる点にも注意が必要です。

ところで，現行刑法に明文規定はないものの，学説では緊急行為の一種として，超法規的違法性阻却事由である**自救行為**が認められています。自救行為と

は，過去に行われた権利侵害について，国家による保護を期待していては，もはや権利の回復が不可能である場合に，私人が自己の力で権利を救済しようとすることです（最大判昭和24・5・18刑集3巻6号772頁）。例えば，2日前に盗まれた自転車が近所のコンビニに駐輪してあることに気付いて，これを取り戻そうとするのは自救行為にあたります。わが国では原則として自救行為は禁止されています。というのも，自救行為を広く認めてしまうと，権利が侵害された場合，わざわざ国家機関に訴えずに自分の力で解決すればよいことになり，国家機関の存在意義が失われ，ひいては社会が不安定な状態に陥ってしまうからです。しかし，自救行為を全く認めないのも，被害者に侵害を甘んじて受け入れることを強制することになり適切とはいえません。そこで，一定の要件を充たしていれば，自救行為として行為の違法性が阻却されるのです。このように，条文に明記されていなくとも，必要な場合には法規を超えた違法性の阻却が認められています。なお，自救行為は緊急行為の一種ではありますが，過去の侵害に対して行われる点で，現在性を要求する正当防衛や緊急避難とは異なります。

1　なぜ違法性が阻却されるのか──違法性阻却事由の一般原理

　緊急行為に該当する行為は，行為の違法性がないものとして扱われます。では，どういった理由から行為の違法性がないとされるのでしょうか。

　行為無価値論からは，行為が社会的に相当である，すなわち行為価値が認められることから違法性が阻却されるとする**社会的相当性説**などが違法性阻却の一般原理として主張されています。これに対して，結果無価値論からは，侵害される利益と保全される利益とを衡量し（天秤にかけて，どちらの方がより重要かを検討する），保全される利益の方が侵害される利益よりも優越する場合に，保全行為から発生した結果に価値を認めてその違法性を阻却する**優越的利益説**などが主張されています。[2]これらに対して，行為無価値一元論は，行為者がいかなる結果を行為のなかで志向しているかによって，行為価値（自己の利益や法益を守ろうとする行為）か行為無価値（相手方を侵害する行為）かを評価し，そのうえで，行為価値と行為無価値を衡量して前者が後者に優越すれば違法性が阻却されるとします。つまり，同一の行為に2つの側面があると考えるのです。したがって，行為無価値一元論における衡量は，一般的な利益衡量とは異なり，

いわば，行為の目的を衡量するのです[3]。

　以上のように，違法性阻却事由の一般原理は，従来，緊急行為の種類を区別せず一元的に理解されてきました。しかし，違法性阻却原理を一元的にとらえることは適切なのでしょうか。例えば，緊急避難が成立するためには法益の均衡性が求められます（法益の均衡性については第7章Ⅱを参照）。法益の均衡性は，すなわち法益同士のバランスの問題ですから，緊急避難を正統化する際には優越的利益説の考え方があてはまるでしょう。しかし，法益の均衡性が求められない正当防衛において優越的利益説による説明が馴染むかどうかは疑問です。このように，同じ違法性阻却事由であっても統一的な一般原理で説明することは困難であるとの理解から，最近では，違法性阻却原理は多元的に理解されるようになっています。そのため，正当防衛と緊急避難についてさまざまな違法性阻却原理が各々検討されているのです。

2　正当防衛

　誰かに突然襲われた場合，社会一般には自己の身を守るために逃げるべきだと教わるでしょう。しかし，刑法はこのような場合，攻撃を受けた者（以下，被攻撃者と称します）の身を守るため，被攻撃者自らあるいは第三者が反撃に出ることを認めています。刑法はこれを**正当防衛**として36条に規定しています。

（1）正統化根拠[4]

　正当防衛の正統化根拠（なぜ正当防衛行為は違法性がないとされるのか）について，さまざまな見解が主張されています。主なものとして，第1に**自己保存本能説**が主張されています。この見解によれば，人間というのは生まれつき自己保存本能をもっており，正当防衛状況では当該本能に従って防衛に出るものである，

2）　結果無価値論からは，さらに，法益衡量説も主張されています。両説の違いは，法益衡量説が法益を衡量の対象とするのに対して，優越的利益説は，法益の要保護性（刑法によって保護される必要のある法益かどうか）を含めて広く利益としてとらえる点にあります。

3）　つまり，行為無価値一元論は，違法性阻却の一般原理として行為価値衡量説を採用しているのです（規範論・77頁）。

4）　「正当」と「正統」の違いについては，平野仁彦・亀本洋・服部高宏『法哲学』（有斐閣アルマ，2002年）100頁を参照。

そして，本能に従って防衛しているがゆえに違法性が阻却されると考えるのです。しかし，当該本能は緊急避難状況においても存在するため，自己保存本能は正当防衛固有の正統化根拠とはいえないでしょう。第 2 に，**法確証の利益説**が主張されています。法確証の利益とは，言い換えれば，法秩序・社会秩序の利益のことで個人を超える大きな利益です。法確証の利益を支持する学説の多くは，法確証の利益を利益衡量に取り込み，被攻撃者の利益および法確証の利益と攻撃者の利益とを比較衡量し，法確証の利益が加算されることによって被攻撃者の利益が優越すると主張します。しかし，正当防衛は個人対個人の関係を前提とするものですから，法確証の利益という超個人的な利益が出る幕はないと考えるのが妥当と思われます。法確証の利益説に対するこうした批判を受けて，最近では被攻撃者個人の権利から正統化根拠を説明しようと試みる見解が徐々に主張されるようになってきています。

（2）正当防衛の成立要件

　正当防衛が成立するためには，下記の成立要件をクリアしなければなりません。36 条の規定に沿って成立要件を分析していきましょう。

（ i ）**侵害とは**　　第 1 に，正当防衛が成立するためには，攻撃者による「侵害」が存在しなければなりません。侵害とは法益に対する攻撃のことであり，作為か不作為かは問いません。したがって，親が赤ん坊にミルクを与えないという不作為に対して，その親を押しのけて（＝暴行を加えて）子どもを助けることも正当防衛となります。また，故意による侵害だけでなく，過失による侵害に対しても正当防衛は成立します。

　36 条は，攻撃者による侵害が存在する場合に正当防衛が成立すると定めていますので，侵害がなければ 36 条による正当化は行われません。しかし，その場合でも，37 条の緊急避難による正当化の可能性が考えられます。それは，37 条が侵害ではなく「危難」と定めていることによるものです。

（ ii ）**急迫性**　　第 2 に，侵害は急迫性を備えたものでなければなりません。**急迫性**とは，法益侵害が現に存在しているか，または間近に迫っていることを意味します。したがって，過去の侵害や将来の侵害に対する正当防衛は認められません。なお，侵害が「間近に迫っている」というのが，いつの時点のことを指しているのかは実行の着手の問題と関係します。実行の着手については第 **11**

章で扱いますが，侵害の開始時期の決定が正当防衛の成否を左右します。これに対して，侵害の終了時期については，一般に，侵害が終了すれば直ちに急迫性が失われるとは理解されていません。体勢を崩していったん攻撃の手を止めた攻撃者が，なおも襲いかかってこようとするといったように侵害の継続性が認められる場合には，急迫性が肯定されています（最判平成9・6・16刑集51巻5号435頁）。

　侵害は，現に存在しているか，あるいは間近に迫ったものでなければなりませんが，例えば，宿泊中の客が犯行計画を話し合っている場面に偶然居合わせたホテルのスタッフが，計画の実行を阻止するため客に睡眠薬を飲ませた場合に正当防衛は成立するでしょうか。将来発生するおそれのある侵害を，先手を打って防衛することを予防的正当防衛といいます。予防的正当防衛が正当防衛として正当化されるか否かについては争いがありますが，ホテルのスタッフが睡眠薬を飲ませた時点では，いまだ実行の着手が存在せず侵害が間近に迫ったとはいえないため，侵害の急迫性が充足されず正当防衛は否定されるでしょう。

　急迫性の有無がとりわけ問題となるのは，①**侵害の予期**があった場合，②**積極的加害意思**をもって防衛に出た場合です。

　①侵害が予想される場合，被攻撃者は侵害を回避しなければならないのでしょうか。この点，Yとの喧嘩の末に旅館を追い出されたXが，仲直りをしようと数時間後に再び旅館に赴いたところ，Yから手拳で殴打されたため，鴨居に隠してあった小刀を手に取り，Yに突き刺したという**くり小刀事件**（最判昭和46・11・16刑集25巻8号996頁）で，最高裁は，「侵害があらかじめ予期されていたものであるとしても，そのことからただちに急迫性を失うものと解すべきではない」と判断しています。仮に，被攻撃者が侵害を予期していたことにより急迫性が否定されるならば，被攻撃者は侵害を回避する義務を負うことになりますが，そのような義務を急迫性要件から読み取ることはできません。さらに，たとえ被攻撃者が侵害を予期していたとしても，客観的に判断されるべき急迫性がその者の主観によって現実に打ち消されるわけではありませんので，本判決の立場は妥当だといえるでしょう。

　②積極的加害意思とは，自己または他人を守るという意思を超えて，正当防衛状況を利用して積極的に相手方に攻撃を加えようとする意思のことです。対

立勢力に攻撃された際に，攻撃を予想してあらかじめ準備していた武器等を用いて反撃したという**過激派内ゲバ事件**（最決昭和52・7・21刑集31巻4号747頁）[5]では侵害の予期によって急迫性は失われないとしつつ，積極的加害意思をもって侵害に臨んだ場合には急迫性が否定されると判断しています。

急迫性と積極的加害意思の関係について，わが国で議論を呼んだのが平成29年決定（最決平成29・4・26刑集71巻4号275頁〈百選Ⅰ No.23〉）です。本件は，以前より知人Yから身に覚えのない因縁をつけられ立腹していたXが自宅マンションにいたところ，Yから電話で呼び出されたため，包丁を腰部に携帯してYのもとに赴いたうえ，ハンマーで殴りかかってきたYを包丁で刺殺したという事案です。この事案につき最高裁は，侵害を予期したうえで対抗する場合，「対抗行為に先行する事情を含めた行為全般の状況に照らして」急迫性を判断すべきとしています。本決定は，侵害の予期を前提に行為全般の状況を考慮して急迫性を判断すべきとしており，積極的加害意思もこの考慮要素の1つに含まれています。本決定は積極的加害意思について従来の判例の立場を変更するものではないとの理解もありますが，他方で，正当防衛成否の判断に際して適切な運用がなされない等の問題点が指摘されています。いずれにしても，客観的に判断されるべき急迫性判断において積極的加害意思という行為者の主観を考慮対象に含めることには疑問が残ります。

急迫性についてはさらに，**侵害回避義務ないし退避義務**が被攻撃者に課せられるか否かが学説において議論されています。一般的には，被攻撃者が侵害を予期していたとしても，それによって侵害回避義務ないし退避義務が被攻撃者に課されることはないと理解されています。これに対して，「侵害が事前に予期されているにもかかわらずあえてその場に出向いた」，「容易に回避できるのであれば回避すべきであったのにそうしなかったのだから保護する必要はない」というのが，侵害回避義務を要求する立場からの主張です。しかし，侵害回避義務ないし退避義務を肯定すると，当該義務に背いたことを理由に正当防衛が否定されるため，被攻撃者は負担を強いられてしまいます。さらに，当該

5）　内ゲバのゲバは「ゲバルト」の略。内ゲバは，主に学生運動の諸派間あるいは一組織内での対立から起こる実力抗争（デジタル大辞泉）。

義務を肯定することによってもたらされる正当防衛の制限を，急迫性要件から読み取ることはできません。当該義務を要求すると，正当防衛が適用される範囲が不当に縮小されるため，被攻撃者にそのような義務を課してはならないでしょう。

（iii）**不正性**　第3に，侵害は不正なものでなければなりません。**不正性**とは，侵害が「違法なものである」ことを意味しますが，ここにいう違法が刑事法上の違法のみを指すのか，それとも刑事法上の違法に限らず民事法や行政法上の違法をも含むのかが問題となります。一般的には後者の意味で理解されています。後者の意味で理解する場合，他の法領域における違法性も考慮されるため，侵害が構成要件に該当している必要はありません。また，不正が違法のことを指すということは，攻撃者が責任無能力者であっても，その者に対する正当防衛が成立することを意味します。なお，不正性は，正当防衛と緊急避難を区別する重要な要件の1つであり，正当防衛が「正対不正」の構造であるのに対して，緊急避難は「正対正」の構造となっています。さらに，正当防衛行為それ自体は違法な行為ではありませんので，正当防衛に正当防衛で対抗することはできません。

　ところで，子どもに対する正当防衛は成立するでしょうか。あるいは，夫婦関係にある者からの1度きりの軽い侵害に対して正当防衛は成立するでしょうか。というのも，子どもや精神病者あるいは特定の関係にある者に対しては一定の配慮が必要とされ，これらの者に対する正当防衛を一定程度制限すべきだと一般的に考えられているからです。多くの学説はこの場合，必要性や相当性（後述の（vi））によって正当化の成否を判断します。例えば，児童が包丁をもって襲いかかってきたからといって，その児童を殺害することは通常の感覚からしてもやりすぎだといえるでしょう。したがって，一定の配慮を必要とする者に対しては，これらの者による侵害はそもそも不正なものではないとして不正性を否定する余地もあるかもしれません。

　不正性については，他人の飼い犬に襲われた場合のように動物等の攻撃に対して正当防衛で対抗することができるかという**対物防衛**も問題となります。これは違法性の本質と結びつく問題ですが，結果無価値論の立場によれば，動物の行為も違法な行為ですから，動物に対する正当防衛が肯定されます。これに

対して，行為無価値論の立場によれば，人の行為だけが違法判断の対象となるため，正当防衛は否定されますが，場合によっては緊急避難が成立します。ただし，飼い主が飼い犬をけしかけて他人を襲わせた場合や獰猛（どうもう）な犬に付けたリードが劣化していたにもかかわらずそのまま放置していたような場合には，飼い主に（傷害の）故意ないし過失が認められるため，被攻撃者の防衛行為が正当防衛として認められる余地があります。

(iv)自己又は他人の権利　36条の「自己又は他人の」という文言から，正当防衛は，被攻撃者が自らを，あるいは第三者が被攻撃者を侵害から守るために行われるものであることが分かります。「他人の」ために行う正当防衛，すなわち第三者が被攻撃者を救助するために行う正当防衛は，**緊急救助**（他人のための正当防衛）とも呼ばれています[6]。

「権利」とは，生命・身体・財産といった刑法上の法益に限らず，法一般の利益のことを意味します。判例には，賃借権や名誉に対する急迫不正の侵害に対して，これらの権利や利益を守る行為について正当防衛であると判断したものがあります（最判平成21・7・16刑集63巻6号711頁）。

国家的法益や公共的法益を「権利」に含めるかについて，判例はこれを肯定しています（最判昭和24・8・18刑集3巻9号1465頁）。しかし，同判決が言及しているように，国家的法益や公共的法益を守るのは本来国家の役割であって私人の役割ではありませんので，私人がこれらの法益を守るような事態はきわめて稀であるといえます。したがって，「自己又は他人の権利」を守るとは，基本的には「自分や他者の法益」を守ることを意味します。

(v)防衛するため　「防衛するため」については，これを**防衛の意思**と解するかどうかで争われています。すなわち，客観的にみて防衛行為といえるだけでは足りず，「防衛するため」を防衛の意思と解して正当防衛の成立要件の1つとして要求する立場と，客観的にみて防衛行為といえればよく防衛の意思は必要ではないとする立場が対立しています。正当防衛の成立にとって防衛の意思

6）　緊急救助（他人のための正当防衛）については，被攻撃者が救助を拒否している場合に，私人の第三者や警察官が緊急救助を行うことができるかどうかが論点となっています。この場合，被攻撃者の意思を重視するか否かによって緊急救助の成否が分かれます。

が必要か否かの検討は，**偶然防衛**の事例を考慮すると明らかになります。例えば，Xが殺意をもってピストルを発砲しYを殺害したところ，実は，Yもまさにその瞬間にXを殺そうとしていたというケースです。客観的には正当防衛の様相を呈する偶然防衛ですが，Xに防衛の意思はなく，Xは攻撃の意思のみを有しています。客観的要素に基づいて違法性を判断する結果無価値論によれば，防衛の意思は不要であり，偶然防衛について正当防衛が認められます。これに対して，結果無価値・行為無価値二元論によれば，防衛の意思が要求され，偶然防衛の場合には正当防衛が認められず既遂犯が成立します。行為無価値一元論によると，正当防衛にあたる事情が客観的に存在する偶然防衛においてなされる行為は，法益侵害を志向する行為無価値があっても，それは同時に法益保全を目指すものでもあるために行為無価値と行為価値とが相殺され，結局，刑法上重要な無価値が存在しないため正当防衛が成立します（なお，防衛の意思必要説からは結果無価値の不存在により，また，不要説からは別のありうる危険を生じさせたとして，未遂犯の成立を主張する見解もあります）。

判例は一貫して防衛の意思が必要であるとの立場を採用しており，くり小刀事件（前掲最判昭和46・11・16）では，「刑法36条の防衛行為は，防衛の意思をもってなされることが必要である」と判示しています。また，判例は，憎悪や怒りの念を抱いて反撃に出た場合（最判昭和60・9・12刑集39巻6号275頁）や攻撃の意思が併存している場合（最判昭和50・11・28刑集29巻10号983頁）にも防衛の意思を認めています。言い換えれば，被攻撃者が攻撃の意思のみを抱いて反撃に出た場合にのみ，防衛の意思が否定されることになります（なお近時の判例は，積極的加害意思と攻撃の意思を区別していると理解されており，積極的加害意思は急迫性において，攻撃の意思は防衛の意思において問題となります）。

（ⅵ）やむを得ずにした（防衛行為の必要性・相当性）　「やむを得ずにした」は，防衛行為の**必要性**および**相当性**を意味します。この2つの要件については，論者によって各要件にいかなる内容を盛り込むかなどに違いがみられ，統一的な見解は得られていません（必要性は不要であり相当性だけを考慮すればよいとする論者や，相当性のなかに必要性を含める論者もいます）。本書では必要性と相当性の2つを別個の要件として要求し，以下のように定義づけるものとします。

①必要性　防衛行為の**必要性**は，その行為が単に必要であったか否かを問

題とします。法益を守るのに役に立つものであったということができれば，必要性の要件は充足されます。例えば，攻撃者 X が暗証番号でロックされた部屋に自らと被攻撃者 A を閉じ込め，X だけがロックを解除する番号を知っているという状況で A が X を殺害することは，自己を守るために必要な（役に立つ）行為とはいえません。防衛にとって意味をなさない行為を除いて，基本的にほとんどすべての防衛行為は，必要性の要件を充足するといえるでしょう。

②**相当性**　相当性は，正当防衛の成立要件であると同時に正当防衛を制限する要件として用いられることがあります（相当性が否定された場合，36 条 2 項の過剰防衛が成立する余地があります）。**相当性**では，取りうる手段が複数ある場合に，防衛行為がそのなかで最も穏当なものであるかどうかを問題とします。すなわち，相当性要件では，防衛行為の**必要最小限度性**が検討されることになります（最判昭和 44・12・4 刑集 23 巻 12 号 1573 頁［相当性の判断基準については第 7 章 I 1 を参照］）。とはいえ，最も穏当であるかどうかを重視しすぎるあまりに，攻撃者による侵害を即座に終了させることのできない（攻撃者による，さらなる反撃を許してしまうような）手段を選んでも防衛にとって意味がありませんので，攻撃者による侵害を確実に終了させることができるかどうかも判断の 1 つのポイントになるでしょう。

　なお，多くの学説は，必要最小限度性に加えて**法益均衡性**をも要求します。法益均衡性は，侵害法益（防衛行為によって侵害された攻撃者側の法益）と保全法益（防衛行為によって守られる被攻撃者側の法益）とが極端な不均衡にある（著しくバランスを失している）場合に相当性を否定します。しかし，法益均衡性まで要求すると，偶然にも重い結果が発生した場合には，すべて相当性が否定されてしまいます。相当性の否定は，正当防衛の成立を否定することを意味しますが，正当防衛の成立が否定され，過剰防衛すら成立しなければ，被攻撃者は処罰されることになります。しかし，そもそも正当防衛が行われる状況をもたらしたのは攻撃者であることを考慮すると，法益均衡性は被攻撃者に対する過度な要求であると考えられるでしょう。したがって，相当性においては必要最小限度性のみを問題とすればよいと考えられます。

　相当性の有無を判断するにあたって，かつては**武器対等の原則**が基準として用いられていました。武器対等の原則とは，攻撃者が素手であるならば被攻撃

者も素手で対抗すべきであり，これを逸脱した場合には正当防衛を制限するというものです。現在では，この原則はあくまでも形式的なものにすぎず，防衛行為の相当性は具体的な事情をもとに判断されています。判例も，**菜切り包丁事件**（最判平成元・11・13刑集43巻10号823頁〈百選Ⅰ No.25〉）において，年齢・体格ともに勝る攻撃者による侵害から自己を守るために，菜切り包丁を腰のあたりに構えて脅した被告人（被攻撃者）の行為について，防衛行為の相当性を超えるものではないと判示しています。

（3）自招侵害（挑発防衛）

　被攻撃者自身が相手方の不正な攻撃を招いた場合を**自招侵害（挑発防衛）**といいます。例えば，Ｙが短気かつ怒ればすぐに手を出す性格であることを知りながら，ＸがＹを侮辱したところ，予想どおり激高したＹがＸに襲いかかったため殴り返したという場合，Ｘの正当防衛は制限されると考えられています。ただ，いかなる根拠（要件）に基づいて制限が認められるかは論者によって異なります。学説には，急迫性や相当性を否定するもの，あるいは**ラリアット事件**（最決平成20・5・20刑集62巻6号1786頁〈百選Ⅰ No.26〉[7]）のように，「何らかの反撃行為に出ることが正当とされる状況における行為とはいえない」として，いかなる要件が欠けるかを特定せずに判断するものもあります。しかし，要件を特定するのであればともかく，明文に規定されていない要素によって正当防衛を制限するのは国民の客観的予測可能性を奪うものであり，不意の処罰を認めることになります。したがって，要件から読み取ることのできない要素によって正当防衛を制限することは罪刑法定主義に反するといえるでしょう。いずれにしても，自招侵害（挑発防衛）は正当防衛を制限すると一般的に考えられていますが，それはあくまでも上記Ｙの攻撃が軽度なものに限られ，Ｙの攻撃の程度が激しいものであった場合にまで攻撃を甘受する必要はありません。確かに，そもそも攻撃を惹起したのはＸ自身ではありますが，それを理由として正当防衛を完全に否定してしまうと，場合によっては，Ｘは自らの生命をみすみす危険にさらすことになります。しかし，このような場合であっても，そこま

　7）　ラリアットとは，プロレス技のひとつ。まっすぐに伸ばした腕を相手の上半身にぶつける打撃技。ラリアート，クローズラインともいう（デジタル大辞泉）。

での負担を強いるべきではないでしょう。したがって，自招防衛について，Y
の攻撃の程度によっては正当防衛の成立を肯定する場合が考えられうるのです。

（4）盗犯等防止法と正当防衛

　36条 1 項との関係では，さらに，正当防衛の特則である盗犯等ノ防止及処分
ニ関スル法律（以下，盗犯等防止法）の取り扱いが問題となります。盗犯等防止
法 1 条 1 項によれば，盗犯を防止するまたは盗品を取り返そうとする場合や凶
器をもって住居に侵入しようとする者がいる場合であって，自己または他人の
生命，身体，貞操（明記のない財産等は対象外）に対する現在の危険を排除する
ために犯人を殺傷したとき，この行為は36条 1 項の防衛行為にあたるとされて
います。正当防衛による行為というためには，本章Ⅱ 2 (2)(ⅵ)で述べたよう
に必要性・相当性を備えていなければなりません。とりわけ，盗犯等防止法 1
条 1 項のいう「防衛行為」について相当性が要求されるか否か，どの程度要求
されるのかが議論されています。判例（最決平成 6 ・ 6 ・30刑集48巻 4 号21頁）に
よれば，相当性は要求されるものの，盗犯等防止法 1 条 1 項が適用される範囲
が特定の場合に限定されており，さらに，「やむを得ずに」という要件も付さ
れていないことから，刑法36条 1 項で要求される相当性よりも緩やかな意味で
要求されると判断しています。

第7章　過剰防衛，緊急避難

Ⅰ　過剰防衛

　正当防衛の成立要件のうち，「やむを得ずにした」（とくに相当性）をクリアしなかった場合，すなわち，36条2項の「防衛の程度を超えた」場合，他の要件をすべて充足していれば過剰防衛が成立する余地があります。刑罰が科される段階に至っていることから**過剰防衛**は犯罪であり，その行為は違法なものとされますが，過剰防衛には刑の任意的減免が認められています。

1　相当性の判断基準

　第6章で述べたように，正当防衛の成立要件の1つである「相当性」について，学説は大別して，①必要最小限度性のみを要求する説と②必要最小限度性に加えて法益の著しい不均衡性を要求する説とに分かれています。学説の多くは後者の見解を採用しています。この見解の背景には，価値の低い法益を守るために，より価値の高い法益を侵害することは，法秩序・社会秩序の観点から許されないという考え方があります。これに対して，最高裁（最判昭和44・12・4刑集23巻12号1573頁）の立場を踏まえて，行為同士の比較衡量，より具体的には，防衛行為の危険性と侵害行為の危険性との比較衡量によって相当性を判断する見解も主張されています（なお，前章で述べた武器対等の原則は，行為同士の比較衡量に端を発するものと解されています）。**バンパー打ちつけ事件**（最判昭和44・12・4刑集23巻12号1573頁）は，XとYが押し問答をしているうち，突然YがXの手指をねじあげたため，これを振りほどこうとXがYを突き飛ばしたところ，付近に停車していた車にYの後頭部を打ちつけさせ傷害を負わせたという事案です。この事案につき，最高裁は，「反撃行為により生じた結果がたまたま侵害されようとした法益より大であっても，その反撃行為が正当防衛行為でなくな

ることはない」と判示しています。法益ではなく行為に着目した本判決を受けて，上記の見解が主張されるようになったのです。

　では，行為と結果のどちらを基準に相当性を判断すればよいのでしょうか。行為を基準とする場合，行為の時点に立って，行為者ないし一般人の立場から行為の危険性が事前に判断されます。したがって，現実に発生した結果は相当性の判断基準から除外されるため，偶然に生じた結果は相当性の成否に影響を与えません。これに対して，結果を基準とする場合，裁判の時点で明らかになっているすべての資料を基礎に行為の危険性を事後的に判断するため，現実に発生した結果が判断基準に含まれます[1]。そのため，偶然にも重い結果が発生した場合，常に相当性が否定されてしまいます。

　西船橋事件（千葉地判昭和62・9・17判時1256号3頁）を例に，以上の2つの立場を比較してみましょう。本件は，電車のホーム上で酔っ払ったAに絡まれ暴行や侮辱を受けたX女が，周りにいた人が誰も助けに入ろうとしないなか，Aを突き飛ばしたところ，Aが酔っていたためかなり後退して線路上に転落し，ちょうど進入してきた電車の車体とホームの間に体を挟まれて死亡したという事案です。行為を基準とする場合，Xの突き飛ばし行為に着目することになります。Aの暴行・侮辱とXの突き飛ばし行為を比較すると，（事件当時の状況をも考慮すれば）Xの行為は危険性が高いとはいえず，相当性を欠くものとはいえないでしょう。この場合，Aの死亡という重大な結果を判断基準に含みませんので，正当防衛が成立し，Xは無罪となります。これに対して，結果を基準とする場合，事後的な観点から，Xの行為によって生じたAの死亡結果に着目することになります。そして，暴行や侮辱によって侵害されたXの法益（身体や名誉）と侵害されたAの法益（生命）とを比較し，前者よりも後者の方が重大な法益であることから，相当性が否定され，正当防衛が制限されるという結論になります。したがって，この場合，傷害致死罪が成立することになります（ただし，過剰防衛が成立する余地があります）。本件につき千葉地裁は，酔っ払い

1）　なお，刑法では，「事前」判断と「事後」判断という言葉がしばしば使われますが，事前判断が行為者の行為時を基準にするのに対して，事後判断は行為後の全事情を基準に判断する点に違いがあります。

に絡まれた際に，この者を突き飛ばす行為は「相手方を離すという所為としてみるとき」，「通常とられる手立てとして首肯し得る態様のもの」であると判示しており，行為を基準として相当性を判断していることがうかがえます。

　以上のような区別をみると，偶然発生した被害者の死亡結果によって行為無価値が増大するわけではありませんから，西船橋事件におけるXの防衛行為は相当性を欠くものとはいえないでしょう。したがって，上記2つの立場でいえば，行為を基準とする立場がより適切であると考えられます。もっとも，この立場は，行為の危険性を判断の対象とするため，同じ行為であっても，状況によっては危険性判断に違いが生じます。例えば，突き飛ばし行為は，西船橋事件では危険性のない（低い）行為だとしても，同じ行為が崖や高い吊り橋の上で行われた場合には，Aの死亡という重大な結果を招く危険性が高いため相当性が否定されます。唯一とりえたのが死を招く危険性の高い行為であった場合，行為を基準とする立場からは，そのような危険性の高い行為をとるべきではなかったとして相当性を否定されることになりますが，それは，被攻撃者に侵害を甘受せよと要求することを意味するものであって，妥当ではないと指摘されています。

　上記の指摘から，そもそも法益ないし行為間の衡量を不要とする見解が主張されています（冒頭の①説）。正当防衛は，条文（36条）上，均衡性を要求しておらず，したがって，均衡性を要求することは罪刑法定主義に反するとの主張に基づくものです。

　いずれにしても，相当性を判断する場合には，結果ではなく行為に着目し，被攻撃者の年齢や体格といった事柄も含めて，事件ごとに個別具体的に判断することが求められるでしょう。

2　刑の減免根拠

　36条2項は，過剰防衛が成立する場合に刑の任意的減免を認めています。違法であるにもかかわらず，過剰防衛について刑が減軽あるいは免除されるのはなぜでしょうか。この問いに対して学説からは，違法減少説，責任減少説，違法・責任減少説がそれぞれ主張されています。なお，以下の点は，誤想過剰防衛（第10章Ⅳ2（2）を参照）にも関連します。違法減少説は，防衛によって被攻

撃者の法益が守られていることから，通常の犯罪に比べれば行為の違法性が減
少しているとして刑の減免を認める考え方です。責任減少説は，とっさの出来
事に対して被攻撃者は恐怖・狼狽・興奮など（行為者の主観面）を覚えたために
やりすぎてしまったとして責任減少を認め，よって刑が減免されると考えます。
違法・責任減少説は，上記 2 つの説を合わせた考え方です。現在有力に主張さ
れているのは違法・責任減少説ですが，その運用方法については重畳的運用（違
法減少と責任減少のセット）あるいは択一的運用とで分かれています。

3　過剰防衛の類型

(1) 質的過剰

　攻撃者が素手で襲いかかってきたのに対して，拳銃で反撃しようとする場合
には**質的過剰**と判断されます。例えば，菜切り包丁事件の第二審（大阪高判昭
和61・6・13刑集43巻10号835頁参照）は，素手の相手方に対して菜切り包丁を構
えて立ち向かい，相手方を脅迫することは，相当性の範囲を逸脱するものであ
るとして過剰防衛の成立を認めています。もっとも，すでに第 6 章で述べたよ
うに武器対等の原則は形式的なものにすぎず，相当性は事案ごとに個別具体的
に判断されるべきですから，質的な過剰があったからといって直ちに過剰防衛
が成立するわけではないでしょう。

(2) 量的過剰

　攻撃者が攻撃不能の状態に陥るなどして，もはやそれ以上の攻撃が行われえ
ない（攻撃が終了した）にもかかわらず，被攻撃者が反撃の手を止めなかった場
合には**量的過剰**と判断されます。言い換えれば，時間的にやりすぎたといえる
場合が量的過剰です。

　量的過剰で問題となるのは，過剰防衛以前の行為と過剰防衛行為を一連一体
のものとしてとらえるか，それとも区別してとらえるかという点です。例えば，
因縁をつけて殴りかかってきたYが争いの途中で灰皿を投げてきたため，Xが
これに対して暴行を加えて反撃したところ，Yは動かなくなったものの（第 1
暴行），Xは憤激のあまり，なおもYに暴行を加えて傷害を負わせ（第 2 暴行），
結果的に第 1 暴行が原因となってYが死亡したという**灰皿投げつけ事件**（最決
平成20・6・25刑集62巻 6 号1859頁〈百選Ⅰ No.27〉）では，第 1 暴行と第 2 暴行を

一体のものととらえるか区別してとらえるかによって結論が異なります。第1暴行と第2暴行を一体のものとしてとらえた場合，全体として1個の過剰防衛による傷害致死罪が成立することになります。これに対して，両暴行を区別してとらえたのが本件最高裁です。最高裁は，第1暴行と第2暴行は時間的・場所的に近接しているものの，Yによる侵害の継続性やXの防衛の意思の有無を考慮して，両暴行の間には「断絶」があると判断しています。つまり，第1暴行については正当防衛の成立を認めた一方で，第2暴行については正当防衛の成立を否定したのです。両暴行を区別した場合，第2暴行について過剰防衛が成立する余地がありますが，本件最高裁は，「専ら攻撃の意思に基づいて第2暴行に及んでいる」ため，「正当防衛はもとより過剰防衛を論ずる余地もない」として単なる傷害罪が成立すると判断しています（死亡結果は第1暴行から生じたものであり，第1暴行について正当防衛が成立する以上，いずれの行為にも死亡結果は帰属されません）。

　また，拘置所内の居室で，Yが折り畳み机を押し倒してきたためXが同机を押し返したところ（第1暴行），Yは反撃や抵抗が困難な状態になったが，Xがさらにの顔面を手拳で数回殴打した（第2暴行）という**折り畳み机押し返し事件**（最決平成21・2・24刑集63巻2号1頁）では，最高裁は，同一の防衛の意思に基づいて行われたものであることを理由に，第1暴行と第2暴行を一連一体のものとしてとらえ，全体として1個の過剰防衛としての傷害罪が成立するとしています（侵害の継続性を認めた点に，前掲平成20・6・25との違いがあります）。これに対して，両暴行を区別するならば，第1暴行には正当防衛が成立します。傷害結果は第1暴行によって発生したものですから，第1暴行について正当防衛が成立すれば，傷害結果がXに帰属されることはありません。そして，第2暴行（手拳による殴打）についてのみ過剰防衛が成立するならば，Xには過剰防衛としての暴行罪が成立するでしょう。

　過剰防衛が成立するか否かを左右することから，第1暴行と第2暴行を一体のものとしてとらえるべきか否かは重要な分岐点となります。この点，裁判所は，侵害の継続性や防衛の意思の連続性などに基づいて行為の一体性を判断していますが，この基準が妥当であるかは疑問です。というのも，折り畳み机押し返し事件では，防衛の意思の連続性に基づいて第1暴行と第2暴行を一連一

体のものととらえたことで，両暴行を区別した場合に成立する罪（暴行罪）よりも重い罪（傷害罪）が成立しているからです。さらに，本件最高裁は，第 1 暴行を単独で評価すれば暴行罪が成立するにすぎない点について，「有利な情状として考慮すれば足りる」としていますが，それでは一連一体のものと評した意味が薄れるでしょうし，罪名と科刑の分離をもたらすおそれがあり，妥当ではありません。それゆえ，防衛の意思の連続性を基準とする判断が本件の処理において適切であったかは疑わしいといえるでしょう。本件のような場合に，反撃を行う被攻撃者が防衛の意思を有していることは通常想定されることであり，防衛の意思を欠く場合には，そもそも正当防衛の成立が否定されることを考慮しても，防衛の意思が被攻撃者にとって有利な方向（正当防衛を成立させる）に作用するのであればまだしも，被攻撃者にとって不利に作用するのは妥当ではないと考えられます。判例が正当防衛の成立要件として防衛の意思を要求していることを考慮しても，防衛の意思が連続して存在していることを理由として被攻撃者に対して不利に働く考え方をとるべきではないでしょう。

II　緊急避難

　通り魔に襲われたXが，逃げるために，とっさに側にいたYを突き飛ばした場合，Yを突き飛ばした行為に暴行罪は成立するでしょうか。このような場合，刑法では**緊急避難**が成立すると考えられています。正当防衛が攻撃者の不正な侵害を前提とする「正対不正」の関係であったのに対して，緊急避難は「正対正」（事例では，X対Y）の関係にあります。YはXを不正に侵害したわけではありませんが，危険源である通り魔からXが逃げようとした結果，Yは突き飛ばされたのであって，この点で，緊急避難は三者関係（通り魔，X，Yの三者）を前提としています。Yは不正の侵害者ではないため，緊急避難の要件は正当防衛よりも厳格なものとなっています。

　ところで，緊急避難は，三者関係を前提とする**攻撃的緊急避難**が基本型となりますが，**防御的緊急避難**と呼ばれる類型も認められています。XとYが雪山での登山を楽しんでいたところ，うっかりYが脚を滑らせてザイルに吊り下げられる格好になったとしましょう。2人はザイルで繋がれており，Yの重みで

Ｘも落下するおそれがあります。そこで，Ｘはやむなくザイルをカットし，これによりＹは転落死しました。この場合，ＸがザイルをカットしたことでＹが死亡したため，Ｘには殺人罪が成立しそうです。しかし，Ｘは，危険源であるＹとともに転落死することを避けるためにやむなくザイルをカットしたのであって，ザイルをカットする行為は構成要件に該当するとしても違法性が阻却されるため，結局，Ｘに殺人罪は成立しません。このように，防御的緊急避難は，Ｘと危険源であるＹとの二者関係であるという点で正当防衛と構造上類似していますが，Ｙによる不正の侵害が存在しない点で正当防衛とは異なります。上述のザイルカットの例は，危険源が人である場合でしたが，防御的緊急避難において主に論点となるのは対物防衛です。対物防衛について正当防衛が成立しないと認める場合には防御的緊急避難が成立すると考えられています。もっとも，対物防衛について防御的緊急避難の成立を認めるとしても，その根拠条文については，37条1項ではなく，民法上の正当防衛の規定である民法720条2項に根拠を求めるなど争いがあります。[2)]

1　緊急避難の法的性格

　多くの教科書では（この教科書でも）緊急避難は違法性の章に位置づけられていますが，学説上，緊急避難がなぜ処罰されないのかについては見解の対立がみられます。すなわち，緊急避難を違法性阻却事由と解すべきか否かが争われているのです。その理由は，上述の通り魔事例に即していえば，Ｘに何らの侵害もしていない，危険源ですらないＹに向けられた緊急避難を適法と判断することが疑問視されたからです。通り魔事例では，突き飛ばされたＹの生命に対する危険はないかもしれませんが，カルネアデスの板事例やトロリー（トロッコ）事例のようにＸの生命を守るためにＹの生命を侵害する場合，すなわち，無関係の第三者であるＹの重大な法益が侵害される場合であっても，緊急避難を適法なものと認めてよいのかが問題視されたのです。

　2）　なお，親が，溺れている2人の子供のうち1人しか助けられない場合などについて，義務の衝突といわれる事例がありますが，緊急避難の規定が適用されるとする説や義務衝突という別個の違法性阻却事由として扱う説などが主張されています。

　では，緊急避難の法的性格をいかにとらえればよいのでしょうか。学説では緊急避難の法的性格について，違法性阻却事由とする説，責任阻却事由とする説，違法性・責任阻却事由とする説の3つの見解が主張されています。これらの見解の違いは，緊急避難に対する正当防衛が認められるか否か等にあらわれます。

（1）一元説

（ⅰ）違法性阻却事由とする見解

緊急避難を違法性阻却事由と解する見解は，その理由を，37条1項本文が，他人のための緊急避難を認めていることや法益均衡性を要求している点に求めます。この見解によれば，緊急避難の違法性が阻却される以上，適法な緊急避難に対する正当防衛は認められません。もっとも，通り魔事例におけるYは緊急避難状況を作り出したわけではなく，全くもって無関係の第三者ですから，突然突き飛ばされた挙げ句にそれをただ甘受せよというのも酷なことです。実際，違法性阻却事由説に対する批判はこの点にあります。すなわち，第三者保護の観点です。この批判を受けて，違法性阻却事由説を採用しつつ，Xの緊急避難に対するYの緊急避難が認められるとの考え方も主張されています。

（ⅱ）責任阻却事由とする見解

緊急避難を責任阻却事由と解する見解は，緊急避難状況において，緊急避難行為以外の他の適法な行為を期待することができなかったという期待可能性が欠如するために責任が阻却されるとします（期待可能性について詳細は第9章Ⅴを参照）。この見解によれば，緊急避難は責任が阻却されるにすぎず，行為自体は違法と評価されます。したがって，違法な緊急避難行為に対する正当防衛が認められ，これにより第三者保護に資すると考えるのです。

　もっとも，一元的な責任阻却事由説は，現在ではほとんど支持されていません。というのも，この説は，37条の文言とそぐわないからです。37条は，緊急避難が成立するために法益の均衡性（後述2（6）を参照）を要求しています。責任阻却事由説をとると，期待可能性の有無により緊急避難の成否が判断されますので，法益の均衡性は不要となるでしょう。しかし，このような考え方は，法益の均衡性を要求する37条2項との矛盾をもたらすものであって妥当ではありません。また，緊急避難を責任阻却事由と解すると，適法な緊急避難行為に

対する正当防衛を常に認めることになりますが，第三者保護を重視するあまり，かえって緊急避難行為者にとって酷な結論がもたらされることになり妥当でないといった批判も向けられています。

（2）二元説

上記の一元説を統合して，緊急避難を違法性阻却事由かつ責任阻却事由であるとする見解も主張されています。緊急避難を違法性・責任阻却事由とする見解は，その内部で考え方が2通りに分かれています。1つは，緊急避難を原則的に違法性阻却事由と解し，侵害法益と保全法益が同価値である場合には，例外的に責任阻却事由と解する説です。もう1つは，緊急避難を原則的に責任阻却事由と解し，保全法益が侵害法益よりも著しく優越する場合に例外的に違法性阻却事由と解する説です。これらの説に対しては，上記の一元的な責任阻却事由説に対する批判があてはまるでしょう。

（3）諸説の検討

以上のように，緊急避難の法的性格については見解の対立がみられますが，現在では，緊急避難を一元的な違法性阻却事由であるとする見解が通説とされています。もっとも，一元的な違法性阻却事由説は，37条2項との整合性をとることができないと指摘されています。すなわち，緊急避難が一元的違法性阻却事由であれば，警察官や消防隊員のように特別義務を有する者の行為も一律に適法とされるはずです。しかし，37条2項は，特別義務者を37条1項の適用範囲から排除しています。したがって，特別義務者について定める37条2項との整合性を考慮するならば，緊急避難の法的性格を一元的違法性阻却事由と解するのではなく，責任阻却事由も含むものであると解するのが妥当であるだろうと考えるのです。とはいえ，この指摘は，緊急避難が違法性阻却事由であることを否定するものではありませんので，一元説をとるにせよ二元説をとるにせよ，緊急避難を違法性阻却事由と解するのは妥当だと考えられます。

このことは，法秩序の統一性の観点からも支持することができるでしょう。**法秩序の統一性**とは，ある行為は，違法か適法のいずれかに評価されるのであって，ある行為が違法かつ適法であるという事態はありえないことを意味します。例えば，民法上適法とされる行為は刑法上も適法と評価されるべきだということです。もし，民法において適法な行為が刑法において違法と評価されるなら

ば，違法性の評価においてブレが生じてしまいます。ブレが生じると，国民は自己の行為が違法なのか適法なのか判断に困ってしまいます。そこで，違法性の評価については法秩序全体で統一しようというのが法秩序の統一性です。法秩序の統一性の観点からすれば，攻撃的緊急避難のみならず防御的緊急避難の不処罰根拠との整合性にも目を向けたほうがよいでしょう。前述のとおり，防御的緊急避難は，民法720条によって適法な行為であるとされています。そうであれば，刑法においても防御的緊急避難を適法な行為であると評価するのが違法性の統一の観点からは妥当です。上述の責任阻却事由説は，防御的緊急避難を刑法上違法な行為とし，違法性評価にブレを生じさせる点で疑問が残ります。したがって，一元説や二元説のように，緊急避難は違法性阻却事由であると解するのが妥当であると思われます。

2　緊急避難の成立要件

　緊急避難が成立するためには，いかなる成立要件をクリアすればよいのでしょうか。以下，37条に沿って検討しましょう。

（1）自己又は他人

　この要件は，正当防衛と同様に，自分あるいは第三者のための緊急避難が可能であることを示しています。

（2）生命，身体，自由又は財産

　37条1項は法益を具体的に列挙していますが，緊急避難の対象は必ずしも37条1項に示された法益に限定されるわけではありません。したがって，名誉や貞操なども緊急避難の対象になると理解されています。

（3）現在の危難

（ⅰ）現在性　「現在性」は正当防衛における「急迫性」と同じ意味であると一般的には理解されています。しかし，そのように考えると，昨今問題となっているDV（ドメスティック・バイオレンス）の事例の処理に困窮します。とりわけ，DVによって追いつめられたDV被害者が，今しかチャンスがないと考えて就寝中のDV加害者を殺害する，いわゆる非対峙型の場合，急迫性が否定されるため正当防衛は成立しません（これに対して，まさにDV加害者が襲いかかってくる対峙型の場合には，急迫性が肯定されます）。そこで，緊急避難の成否を検討す

ることになりますが，急迫性と現在性を全く同じものととらえると，非対峙型の場合には緊急避難すら成立せず，非対峙型でなされたDV被害者の行為はすべて犯罪となってしまいます。しかし，この結論はDV被害者にとってあまりにも酷なものです。そこで，正当防衛の急迫性については，従来どおり「法益侵害が現に存在しているか，または間近に迫っていること」と解する一方で，緊急避難の現在性については，それよりも広い，いわゆる「**継続的危険**」を認めることで解決を図るのが適切だと考えられます。すなわち，侵害が今まさにさし迫っていなくとも，これまでの経緯から侵害の危険性が継続している状態にあるととらえるのです。例えば非対峙型の場合には，DV加害者が目を覚ませば再び（ただちに）侵害が開始されるおそれがありますから，侵害の継続的危険性が認められます。この考え方はドイツの学説および判例に由来するものであり，実際ドイツでは，非対峙型の事例について継続的危険が認められ，緊急避難の成立が認められるものもあります（ただし，日本とは違い，ドイツでは免責的緊急避難という責任阻却事由としての緊急避難が成立します）。

（ⅱ）危　難　「危難」は，正当防衛の「侵害」よりも広く解され，人の行為に限られず自然災害や動物によるものも含まれます。したがって，行為無価値論ないし二元論の立場から，人の行為に由来しない対物防衛について正当防衛が成立しないと考えるならば，緊急避難として処理されることになります。また，「不正な」という文言が37条1項には設けられていないことから，違法な行為はもちろんのこと，適法な行為も危難に含まれると解されます。

（4）避けるため――避難意思

　正当防衛と同様に，緊急避難についても避難意思の要否が争われています。緊急避難における避難意思の要否の判断は，正当防衛における防衛の意思に関する議論とほぼパラレルにとらえることができるでしょう（防衛の意思については第6章Ⅱ2(2)(ⅴ)を参照）。

（5）やむを得ずにした

　「やむを得ずにした」は，正当防衛と同じ文言ですが，緊急避難の場合には**補充性**が要求される点で正当防衛よりも厳格な要件となっています。補充性とは「他に取りうる手段が存在しないこと」を意味します。例えば，その場所から逃げることが可能ならば，逃げなければならないというものです（**退避義務**）。

したがって，逃げることができたにもかかわらず逃げなかった場合には，補充性が否定されるため，緊急避難は成立しません（これに対して，補充性が要求されない正当防衛では，逃げることができたとしても，逃げずに反撃に出ることが認められています。つまり，正当防衛の成立要件に退避義務はありません）。

　判例では，吊橋が老朽化し崩落する危険があるにもかかわらず修繕工事が行われないことに不満をもったXが，吊橋をダイナマイトで爆破すれば補償金を受け取ることができ，その補償金によって橋の修繕を行うことができると考え，橋を爆破したという**吊橋ダイナマイト爆破事件**（最判昭和35・2・4刑集14巻1号61頁〈百選ⅠNo.30〉）において，ダイナマイトを使用せずとも危険を防止するほかの適当な手段があったとして，緊急避難の成立を否定しています（もっとも，本件ではそもそも現在の危難が存在しないと判断されています）。

（6）害の均衡性

　37条1項の「これによって生じた害が避けようとした害の程度を超えなかった場合に限り」は，すなわち，**害の均衡性（法益の均衡性）**のことを指します。補充性と同様に害の均衡性も緊急避難の厳格性を特徴づけるものですが，害の均衡性が要求されるのは，正当防衛とは違って，緊急避難では相手方の行為が違法なものではないからです。

　「害の均衡」は，防衛行為によって攻撃される法益（侵害法益）と防衛行為によって守られる法益（保全法益）との間の法益のバランスを要求します。したがって，例えば攻撃的緊急避難において，第三者を殺害することで自らの財物を守った場合には，侵害法益（第三者の生命）＞保全法益（自己の財物）となりますから，法益間のバランスを失し，緊急避難の成立は否定されることになります。法益間のバランスが保たれている場合，すなわち，侵害法益と保全法益が同程度のものである，あるいは侵害法益が保全法益を優越していない場合（侵害法益≦保全法益）には，本要件をクリアすることになります。

3　過剰避難

　37条1項但書は，「その程度を超えた行為」については刑の減免を予定しています。条文を素直に読めば，「その程度を超えた」というのは害の均衡性のことを指していると受け取ることができるでしょう。もっとも，学説では，害

の均衡性を逸脱した場合に加えて補充性要件を充足しなかった場合もこの文言に含まれるかが争われています。学説の多くは，補充性が否定される場合にも過剰避難の成立を認めていますが，判例では補充性と過剰避難の成否の関係は明らかにされていません。

例えば，暴力団員Yの監視下に置かれ暴行を受け続けていたXが，この状況から逃れるためには暴力団事務所に放火するしかないと考え，実行に移した事件（大阪高判平成10・6・24高刑集51巻2号116頁〈百選Ⅰ No.33〉）につき，判例は，37条1項但書の解釈として，補充性要件を充たしたうえで害の衡量を問題とすべきとしています。すなわち，大阪高裁は，過剰避難が成立する前提として補充性と害の均衡性の両方を求め，本件の場合，Xは事務所から走って逃げることが可能であったとして，補充性を否定し過剰避難の成立を認めなかったのです。

他方で，補充性を否定しながらも過剰避難の成立を認めた判例もあります。列車の乗務員Xらが，列車通過によりトンネル内に有毒ガスが発生し，それによって引き起こされる窒息や呼吸困難等の危難を避けるために争議行為として3割減車を行ったところ，減車行為の継続が政令に反することを理由に検挙されそうになったため，Xらは現在の危難から生命・身体を守るべく，全面的な職場放棄を行ったという事案（最判昭和28・12・25刑集7巻13号2671頁）において，最高裁は，全面的な職場放棄は「危難を避くる為め已むことを得ざるに出でたる行為としての程度を超えたるもの」であって，必要な減車行為を続行すれば足りたとして，職場放棄行為について緊急避難が成立するとした原判決を破棄し，差し戻しています。つまり，最高裁は，3割減車行為については緊急避難の成立が認められるものの，職場放棄行為は現在の危難を避けるためにやむを得ないものではなく，すなわち補充性の要件を充たしていないため，過剰避難が成立すると考えたのです。

4　自招危難

緊急避難においては，避難者自身が故意または過失によって緊急避難状況を自ら招いた場合（自招危難）に緊急避難が成立するか否かという問題があります。例えば，①Xが，怒りっぽいYを挑発したところ，案の定憤慨したYが襲いか

かってきたため，XはYから逃げるべく通行人Aを突き飛ばしたという故意による自招危難の場合，②Xがタバコを吸いながら寝てしまったところ，タバコから落下した火種から火災が発生し，Xが気づいた頃には手が付けられないほどの規模になっていたため，Xは，火災から逃げるため隣家Aの敷地内に逃げ込んだという過失による自招危難の場合，それぞれ緊急避難が成立するかが問題となります。

　判例には，過失による自招危難について，緊急避難行為が社会通念に照らしてやむを得ないと是認することができない場合には，緊急避難は成立しないとしたもの（大判大正13・12・12刑集3巻867頁〈百選ⅠNo.32〉）があります。すなわち，裁判所は，自招危難について緊急避難の成立を広く認めない姿勢をとっているのです。もっとも，大正13年判決は，37条が正義公平の観念に立脚して規定されたものであるとして，本件自招危難行為について正義公平の観念（社会通念）に基づく判断を行っていますが，どの要件に基づいて緊急避難の成立が否定されたのかが不明であり，罪刑法定主義に反すると批判されています。

　自招危難について学説では，古くは，自招危難における緊急避難の成立を全く認めない全面否定説や自招したとしても緊急避難の成立を完全に認める全面肯定説が主張されていました。しかし，緊急避難状況を自ら招いたとはいえ，緊急避難を常に認めずXを処罰することも，事態を自ら招いた点を全く考慮しないことも，いずれも適切ではないと考えられます。現在では，自招危難について一定の場合に緊急避難の成立を否定する見解が主流となっています。例えば，原因行為（避難行為以前の，危難を招く違法な行為）と結果との間に因果関係を求める原因において違法な行為説や緊急避難の成立要件（「現在の危難」や「害の均衡」）に自招危難の制限根拠を求める見解が主張されています。いずれの見解にも批判が向けられており，諸手を挙げて支持することはできません。もっとも，条文の文言（成立要件）と結びつける見解は，いかなる場合に緊急避難が成立するか否かに関する国民の予測可能性を保障することができる点で，方向性それ自体は適切なものだと考えられるでしょう。行為者に有利な規定に関する制限根拠について，罪刑法定主義の観点から，自招侵害と同じ態度で臨むのが妥当なのではないかと考えられるのです。

5　強要緊急避難

　Xは，Yから「銀行に強盗に入って現金を奪ってこないと，お前の家族の命はないぞ」と脅され，やむなく銀行強盗をしたというような事例は，**強要緊急避難**と呼ばれています。このような場合に，Xに緊急避難が成立するかどうかが学説において争われています。強要緊急避難について主たる論点となっているのは，強要緊急避難と緊急避難の法的性格との整合性の問題です。現在の多数説である一元的な違法性阻却事由説によると，家族の生命を守るために銀行強盗をせざるをえない状況であるならば，Xには緊急避難が成立します。もっとも，すでに緊急避難の法的性格で論じたように，Xに緊急避難が成立する以上，銀行側が正当防衛に出ることはできません。これに対して，緊急避難の法的性格について責任阻却事由説を採用し，第三者保護の観点をもち出すならば，Xは強要されたとはいえYが求めた犯罪を実現していることから，Xの行為は違法なものであり，銀行側は正当防衛で対抗することができると考えられます。ただし，その場合，Xは心理的に抵抗できない状態にあって，当該状況においては犯罪行為に出るしかなかったということを理由に，Xには期待可能性がなかった（責任阻却）とする説明が可能であると指摘されています。

　このような指摘に基づくと，強要緊急避難も含めて考慮するならば，緊急避難の法的性格を二元的にとらえることも可能であるかもしれません。もっとも，下記にみる判決によれば，期待可能性の観点に基づいて，緊急避難は責任阻却事由で（も）あると断言するには，なお議論の余地がありそうです。警察官Aから覚せい剤の捜査に協力するよう依頼されたXは，捜査対象者Yに接触したうえ，捜査に必要な情報を聞き出すことに成功したので帰ろうとしたところ，Xの行動を不信に思ったYが，Xの頭に拳銃を突きつけて覚せい剤の注射を打つよう強要したため，Xは覚せい剤を注射したという事案（東京高判平成24・12・18判時2212号123頁〈百選Ⅰ No.31〉）において，東京高裁は，Xは心理的に強制下にあったとしつつも，期待可能性の欠如ではなく，緊急避難の成立要件が充足されることを理由に，Xに緊急避難が成立するとして無罪を言い渡しています。なお，本判決は，強要緊急避難の事例について緊急避難が成立することを初めて示したものとして注目されています。

　強要緊急避難は，第**12**章以降の共犯との関係でも問題となります。強要緊急

避難を違法性阻却事由ととらえるか，責任阻却事由ととらえるかによって，Y に成立する犯罪が変わってきます。すなわち，緊急避難を違法性阻却事由と解するならば，緊急避難行為は適法ですから，適法な行為について共犯は成立しません。これに対して，責任阻却事由と解するならば，緊急避難行為は違法ですから，共犯が成立します。いずれにしても，緊急避難規定が行為者に有利に作用する規定であることを念頭に置きつつ，諸問題を処理するのが適切だと思われます。

第8章　被害者の同意

I　被害者の同意の体系的地位

　私たちは，日常生活においてさまざまな事柄について自ら決定を行います。朝目覚めてご飯を食べるかパンを食べるかは，そのときの気分や体調に合わせて決定するでしょう。これらの決定を私たちが"自由に"行っているといえるかどうか，すなわち，人間に自由意志はあるかという問題についてはさらなる議論の余地がありますが（これについては第9章を参照），私たちが今まさに学んでいる刑法学においては，人間はさまざまな事柄について（刑法上の責任を問いうる範囲で自由に）自己決定する生物であるとの考え方が採用されています。「被害者の同意」においてもこのような考え方が前提にあるからこそ，法益処分に関する本人の自己決定を尊重し，被害者の同意を有効にしようとの結論に至るのです。とはいえ，自己決定に裏打ちされた被害者の同意のすべてが有効となるかというと，そうではありません。では，被害者の同意が有効でない場合とはどのような場合でしょうか。被害者の同意が有効か無効かの線引きをどのように行えばよいかを本章で検討しましょう。

1　構成要件該当性阻却事由としての被害者の同意

　第1に，被害者の同意は，構成要件該当性阻却事由として作用する場合があります[1]。例えば，235条の窃盗罪は他人の財物を窃取した場合に成立する犯罪ですが，Xが後輩Yに使わなくなった本をあげた場合，Yに窃盗罪は成立しま

1）　なお，被害者の同意による構成要件該当性の阻却と違法性阻却を区別する趣旨で，前者を阻却する場合を被害者の「合意」，後者を阻却する場合を被害者の「同意」と称することがありますが，本書では統一して被害者の「同意」という用語を使用します。

せん。Xが自己の財産の処分について同意している以上，そもそもYの行為は235条にいう「窃取」にあたらないと解することができます。したがって，Yの行為の構成要件該当性が否定されるのです。同様に，XがセールスマンYの話に興味をもってYを自宅にあげた場合には，Yには130条前段の住居侵入罪は成立しません。Xの同意を得たことによって，そもそも当該行為が130条前段にいう「侵入」と評価されることを免れることができるのです。

　以上のように，被害者の同意によって構成要件該当性が阻却されますが，「被害者の同意」という明文の規定は刑法に存在しません。しかし，犯罪成立の阻却は行為者に有利に作用することですから，必ずしも明文で規定されている必要はありません（明文で規定しなければならないのは，どのような場合に，いかなる刑罰が科されるかであって，行為者に有利な規定が常に規定されなければならないわけではありません）。被害者の同意は，法律に書かれざるもの，すなわち超法規的なものなのです。

　もっとも，被害者の同意があれば常に構成要件該当性が阻却されるわけではありません。例えば，不同意わいせつ罪（176条）や不同意性交等罪（旧強姦罪，177条）では，たとえ本人の同意があったとしても，13歳未満の者に対して当該行為に及んだ場合には犯罪が成立します。一般的に説明されるところによれば，（現実には個人差があるとしても）13歳未満の者は判断能力が不十分な場合がありうることから一律に同意能力がないとして，犯罪からこれらの者を保護するのです。

　さらに，被害者の同意が構成要件要素となっている場合があります。例えば，Xが親友Yに対して自分を殺害するよう頼んだ場合には，202条の同意殺人罪が成立します。殺人罪ではなく同意殺人罪が成立するのは，202条が殺人に対する本人の同意を構成要件要素としているためです。

2　違法性阻却事由としての被害者の同意

　被害者の同意は，第2に，違法性阻却事由として作用する場合があります。例えば，Xが「ナイフで刺してくれ」とYに頼んだところ，Yがしぶしぶ了承しXをナイフで切りつけて怪我を負わせたとしましょう。通常，人をナイフで切りつけて怪我を負わせれば傷害罪が成立します。しかし，この場合には傷害

罪は成立しません。というのも，Xは，みずからの身体に対する侵害を受け入れている，言い換えれば，身体を侵害されることに「同意」しているからです。私たちは，自己の法益を自由に処分することができます。例えば，不要になった自己所有物を捨てたり売ったりする行為は，自己の財産という法益を処分する行為です。上記事例のXは，同意によって自己の法益を処分しています。同意したXが，Yとの関係では被害者の立ち位置にいることから，刑法は，Xによってなされた同意を**被害者の同意（被害者の承諾）**と呼び，Xの同意があることによって，傷害罪の違法性が阻却されるとするのです（Xは自己の身体が侵害されることに同意してはいますが，YがXの身体に対して有形力を行使する行為そのものは構成要件に該当する行為です。したがって，Yの行為は違法性が阻却されるものの，なお構成要件には該当しています）。

II　被害者の同意による違法性阻却の根拠

　ところで，そもそもなぜ被害者の同意があれば行為の違法性が阻却されるのでしょうか。学説のなかには，本人の自由を尊重し，同意が強制や錯誤に基づくものでない限り，原則的に被害者の同意による全面的な不可罰が根拠づけられると主張するものもあります。もっとも，202条で同意殺人罪の規定が設けられていることから，たとえ本人が望んでいたとしても同意が無効となる場合がすでに想定されていることが分かります。したがって，被害者の同意があれば常に不可罰であるとする見解は適切ではないでしょう。現在では，被害者の同意による違法性阻却の根拠について，主に以下の学説が主張されています。

1　社会的相当性説

　社会的相当性説の土台は行為無価値論にあります。すでに第6章で論じたとおり，行為無価値論によれば，社会倫理規範が違法性判断の主軸に置かれるため，被害者の同意に基づいてなされた行為であっても，当該行為は社会倫理に反するものであってはならないのです。つまり，社会的相当性説は，被害者の同意に加えて，公序良俗に反しない，あるいは社会的に相当な行為である場合にのみ違法性が阻却されると考えるのです。言い換えれば，被害者の同意だけ

では行為の違法性は阻却されず，被害者の同意が存在しかつ同意に基づく行為が社会倫理的に正当なものであれば，社会倫理規範に従った行為として違法性が阻却されるのです。この説によれば，ヤクザの指詰め行為は，本人の同意に基づいて行われたとしても，指詰め自体が社会的に許されない行為であり，組織自体も反社会的なものですので許されないことになります。

しかしながら，この説に対しては，公序良俗とは何を意味するのかが不明であるという批判が向けられています。公序良俗は（民法90条のような）一般条項にすぎず，基準として曖昧なのではないかということです。社会的相当性についても同様の批判が向けられるでしょう。また，第6章で論じた行為無価値論への批判がここでもあてはまると考えられます。

2　法益欠如説・要保護性欠如説

法益欠如説や法益の要保護性欠如説の土台にあるのが結果無価値論です。結果無価値論によれば，法益侵害を生じさせたから違法と評価されるのであって，守るべき法益がなくなれば（法益の欠如），あるいはもはや法益を守る必要がなくなれば（法益の要保護性の欠如）法益侵害と評価される事態がなくなるため，もはや結果無価値は存在しません。法益欠如説の場合，同意によって法益自体が存在しなくなるため，被害者の同意によって構成要件該当性が阻却されます（したがって，被害者の同意は一元的・構成要件該当性阻却事由と解されます）。これに対して，要保護性欠如説の場合，法益はいまだ存在しているため，法益侵害は存在します（構成要件には該当します）が，同意により違法ではないと評価されることになります（したがって，被害者の同意は違法性阻却事由と解されます）。これらの見解は，個人の自己決定を尊重するという考え方を基礎に置いています。すなわち，本人が法益を処分するという自己決定を行っている以上，基本的にはその決定に従うのです。

以上の結果無価値論を重視する立場からすれば，ヤクザの指詰めに対する同意は有効と評価されることになります。なお，これらの見解は，被害者の同意によって法益の欠如ないし法益の要保護性の欠如をもたらすものですが，あらゆる法益に対する同意が常に有効であると解するわけではありません。一部例外を認め，202条が設けられていることを理由に，重大な傷害や生命に危険を

及ぼすような重大な傷害に対する同意は無効であると解します。

　なお，上記の見解はおもに結果無価値論と関連づけられますが，行為無価値一元論からも同様の結論を導くことができます。同意によって被害者が自己の法益を放棄したため，法益の要保護性が失われるとする点は，行為無価値一元論も同じです（刑法の目的は法益保護にあるとするため）。行為無価値一元論によれば，行動規範は，法益侵害を志向する行為に対して禁止・命令を向けるものですが，被害者が同意している以上，行為者の行為は「法益侵害を志向する」ものではなくなるため，行為者に対して「当該行為をするな」という行動規範は向けられません。行動規範が当該行為に向けられない以上，行動規範（禁止・命令）に違反したという意味での行為無価値は存在せず，したがって，当該行為は違法ではないと考えるのです。例えば，XがYに対して「ビンタしてくれ」と頼んだ場合，Xはみずからの法益侵害（頬を殴られること）について同意しているため，身体について刑法が保護する必要はないと考えるのです。Yは同意を得たうえでXの頬を殴りますから，もはや「他者の身体を侵害してはならない（この場合，Xの頬を殴ってはならない）」という（禁止）規範はYには向けられないのです。したがって，Yが実際にXの頬をビンタしても規範違反とは評価されません。Xの同意により，Yの行為はXの法益侵害を志向するものではなくなるのです。

Ⅲ　有効な同意とは

　同意殺人罪（202条）のように，被害者の同意があっても犯罪が成立する場合があることは刑法において示されていますが，いかなる場合に同意が有効となるのかについて条文から読み取ることはできません。被害者の同意がどのような場合に有効といえるか，すなわち同意の有効性要件については学説に委ねられています。

1　同意の主体
　同意は，法益を処分することのできる本人によって行われるのが原則です。したがって，法益主体が同意の主体となります。ただし，後述の同意能力との

関係で主体が制限される場合があります。

2　同意の対象

　法益を処分できる本人（個人）が同意の対象としうるのは，身体，財産といった個人的法益です。国家的法益や社会的法益に関しては，被害者の同意はそもそも問題にならないと一般的に考えられています。

3　同意能力

　同意をする本人は，自分が同意をすることによってどのような結果がもたらされるか，自分がどのような不利益を被るかを理解することができなければなりません。そのため，被害者の同意が有効であるというためには**同意能力**が求められます。判例には，通常の意思能力が欠如した被害者に自殺するよう仕向けた事例において，被害者は自殺の何たるかを理解していないとして同意能力を欠くとしたもの（最決昭和27・2・21刑集 6 巻 2 号275頁）や本人の同意を得たうえで 6 歳に満たない幼児を殺害した事例において同意能力が否定され，同意が無効とされたものがあります（大判昭和 9・8・27刑集13巻1086頁）。

4　同意の任意性・真意性

　被害者の同意が有効であるというためには，その同意が被害者本人の意思によってなされたものでなければなりません（同意の**任意性**）。一般的には，被害者本人に複数の選択肢が提示された状態で，被害者自身が選びとった同意は有効であり，これに対して，強制によって他の選択肢が排除された状態で行われた同意は無効であると解されています。強制による同意が無効となった事案として，XがYに対して常日頃から自殺するよう執拗に迫り，よってYに車ごと海中に飛び込む以外の行為を選択することができない精神状態に陥らせたことにつき，殺人未遂罪の成立を認めた判例があります（最決平成16・1・20刑集58巻 1 号 1 頁〈百選Ⅰ No.73〉）。本件において，Yは自殺することに同意してはいますが，その同意は強制によってなされたものであるため無効となります。同意が任意になされたというためには，同意が被害者本人に起因するものであることが必要なのです。また，冗談でなされた同意は本人の真意に基づくもので

はありませんので，有効な同意とはいえません（同意の**真意性**）。

　同意の任意性については，**錯誤に基づく同意**の有効性に関して争いがあります。この論点については後述しますが（本章**V**を参照），例えば，Xが「小指を切断すればお金を出す」といってYを騙し，Yが小指の切断に同意した場合，錯誤に陥った状態でYが同意しているという点が問題となります。

5　同意の時期

　さらに，被害者の同意が有効であるというためには，どの時点で同意が存在しなければならないかが議論されています。

　行為無価値論によれば，同意も含めて社会的相当性を判断するならば，被害者の同意は行為時（実行行為時・実行の着手時）に存在しなければなりません。これに対して，結果無価値論の立場からは，同意の存在時期を広く認め，被害者の同意が行為時になかったとしても結果発生時（あるいは結果が発生する前まで）に同意が存在すればよいとの見解が主張されています（結果無価値論によれば，行為時の同意も行為後の同意も有効となります）。結果無価値論の考え方によると，行為の時点では同意が存在しませんので，行為者の行為は違法なままです。ただ，結果発生までに同意がなされることによって，結果は発生しなかったが，結果発生の危険を生じさせた（法益を危殆化した）と評価されるため，行為時に同意がない場合には未遂犯が成立すると考えるのです（未遂犯については第**11**章を参照）。

　同意の時期としては，同意は行為時（事前）に示されなければならないと解するのが適切だと思われます。同意なく行われた行為は，すでに規範違反をなし遂げた行為，すなわち違法な行為であって，行為後（事後）に同意がなされたとしても，行為の違法性を後からなかったことにすることはできないと考えられます。この点，行為無価値一元論の立場からすれば，同意なしに行われている時点で，行為自体が法益を侵害することを志向しているといえるでしょう。さらにいえば，被害者が同意するのは「**可能的結果**」（志向対象としての結果）です。要するに，被害者は，「これから起こりうるであろう結果」について同意するのであって，行為後（事後）に発生した結果に対して同意しているわけではありません。したがって，被害者の同意は行為時（事前）に存在している

必要があると考えられます。なお，法益主体は法益処分に同意することができるだけでなく，同意を撤回することもできます。したがって，行為時に同意が存在していたとしても，結果発生前に同意が撤回された場合には，行為者の行為は違法と評価されることになります。

6　同意の方法と相手方による同意の認識

人は相手方に自分の意思を伝えるとき，自らの意思を口に出すなどして明示する以外に，ジェスチャーによる意思表明やあえて口に出さず内心に留めるなど黙示の方法で意思を表明することがあります。そこで，被害者の同意においては，被害者の同意は明示されなければならないのか，それとも黙示で足りるのかが議論されています。さらに，これと関連して，行為者が被害者の同意を認識している必要があるか否かが学説上争われています。

行為無価値論によれば，同意は明示されなければならず，黙示の同意は有効ではありません。同意が明示されなければならないということは，相手方も同意を認識する必要があることを意味します（もっとも，明示の意思表明を要求しつつ，行為者の認識を不要とする見解も主張されています）。これに対して，結果無価値論によると，被害者本人が同意してさえいれば法益そのものないし要保護性が欠如するため，同意は黙示であっても有効となります。そのため，行為者が必ずしも同意を認識している必要はありません。なお，偶然防衛のところで述べたような行為無価値一元論からの説明が，この場合にも妥当するかどうかが問題となるでしょう。

7　同意の目的

上記の要件に加えて，被害者の同意を行う目的が同意の有効性に影響を与えるかどうかが議論されています。判例には，Ｘが，Ｙらの同意を得て保険金詐欺目的で追突事故を起こし，Ｙらに傷害を負わせたという**偽装事故保険金詐欺事件**（最判昭和55・11・13刑集34巻6号396頁〈百選Ⅰ No.22〉）において，追突事故が同意のうえでなされたものであっても，同意は「保険金を騙取するという違法な目的に利用するために得られた違法なもの」であるから無効であり，行為の違法性は阻却されないと判断しています。裁判所は，同意の存在のほかに，

同意を得た「動機，目的，身体傷害の手段，方法，損傷の部位，程度など諸般の事情」を考慮して被害者の同意の有効性の是非を検討しています。すなわち，裁判所は，事例全体で社会的に相当であるか否かを判断しているのです。偽装事故保険金詐欺事件では目的の違法性によって同意の有効性を否定していることから，本件において裁判所が社会的相当性説を採用していることがうかがえます。最高裁の上記の判断に対しては，目的の違法性だけで同意を無効とするのは，法的判断に社会倫理を取り込むものであって正当でないといった批判が向けられています。

　判例は社会的相当性説から判断を下していますが，結果無価値論あるいは行為無価値一元論からは，いかなる結論に至るでしょうか。本件をみるに，目的はたしかに違法であるかもしれませんが，Yらは自身が傷害を負うことに同意しています。したがって，もはや法益侵害事態が存在しないあるいは傷害罪に関する（禁止の）行動規範が発動しないため，同意は有効であるとの結論に至るでしょう。もっとも，同意の目的とは別に，本件における行為が自動車事故という生命や身体に対して重大な侵害をもたらすものであることを考慮する必要があるでしょう。すなわち，法益に重大な侵害をもたらす行為に対してなされた被害者の同意が，なお有効といえるかどうかがさらなる論点となります。

Ⅳ　同意傷害

　被害者が自己を傷害されることに同意している**同意傷害**の事例において，同意がいかなる範囲で違法性を阻却しうるかが学説において議論されています。同意傷害についてとくに問題となるのは，重大な傷害あるいは生命に危険をもたらすような重大な傷害についてまで被害者の同意を有効とするか否かです。例えば，両腕や両脚の切断のような重大な傷害や臓器摘出のような生命に危険をもたらす重大な傷害に対する被害者の同意が有効であるかが問われます。

　この点，社会的相当性説によれば，行為そのものが社会的に相当でなければなりませんが，移植を待つ家族を助けるために健康な人の身体から臓器摘出を行うような場合には，被害者の同意は有効となります。社会的相当性説は，事象全体を考慮して同意の有効性を検討しますので，身体や生命に対する重大な

傷害であっても必ずしも常に同意が無効となるわけではありません。

これに対して，法益欠如説や要保護性欠如説は，本人の自己決定を基本的に尊重する立場をとっていますが，重大な傷害や生命に危険を及ぼす重大な傷害については例外的に被害者の同意は無効であると考えます。重大な傷害に対する同意を無効とする見解（**重大傷害説**）は，パターナリズムに基づいて，身体に対する回復不可能な傷害から本人を保護しようとします。また，生命に危険を及ぼす重大な傷害に対する同意を無効とする見解（**生命危険説**）は，生命は人間が存続するための基盤であり，生命なくして人間は自己決定を行えないことを指摘します。さらに，202条に同意殺人罪が規定されていることから，生命を侵害する行為への同意は無効であると解釈されるため，生命に危険を及ぼすような傷害についても同様に，同意は無効であると考えるのです。したがって，重大傷害説や生命危険説からは，両腕・両脚の切断や臓器摘出に対する同意は無効であると解されることになります。

V　錯誤に基づく同意

1　条件関係的錯誤説（重大な錯誤説）

被害者の同意の有効性は，行為者が被害者を欺いて同意を得た場合にも問題となります。例えば，Xが自分は死ぬ意思がないにもかかわらず，自分も後追いをするといってY女を騙し，同女が毒物を摂取し死亡したという，いわゆる**偽装心中事件**では，Yの同意が有効であるか否かによって，成立する犯罪が異なります（同意が有効であれば202条の自殺関与罪が成立し，同意が無効であれば199条の殺人罪が成立します）。偽装心中事件につき，最高裁（最判昭和33・11・21刑集12巻15号3519頁〈百選Ⅱ No.1〉）によれば，YはXが後追いすることを予期して死ぬことを決意したのであって，「その決意は真意に添わない重大な瑕疵ある意思である」ことから，Yの同意は無効であるとして殺人罪の成立が認められています。このように，判例は**条件関係的錯誤説（重大な錯誤説）**を採用していると考えられています。すなわち，「あれなければこれなし」の条件関係を用いて，本件の場合には「Xによる欺罔がなければ（騙されていると分かっていれば），そのような決意（同意）はしなかった」といえるため，Yの同意は無効

であると判断したのです。

2　法益関係的錯誤説

　こうした判例の立場に対して，学説では，**法益関係的錯誤説**が有力に主張されています[2]。この説は，自己が処分する法益について錯誤に陥っている場合に[3]同意を無効とする考え方です。法益関係的錯誤説によれば，偽装心中事件では，Yは毒を飲めば死ぬことを認識しているのであって，自己の生命法益を失うこと自体については錯誤に陥っていません。したがって，Yに法益関係的錯誤は存在せず，Yの同意は有効であると解するのです。法益関係的錯誤説によれば，同意が無効となるのは，例えば，肺を患った患者の同意を得て医師が手術したが，手術の際に肺だけではなく他の部位も手術してしまったような場合です。

　また，前述Ⅲ4の，XがYに対して「小指を切断すればお金を出す」といったためにYが小指を切断したケースについても，法益関係的錯誤説によれば，小指を切断すること自体についてYは認識しているため，Yの同意は有効となります。これに対して，条件関係的錯誤説によると「お金が出ないと知っていたなら，小指の切断には同意しなかった」といえるため，Yの同意は無効となり傷害罪が成立します。しかし，条件関係的錯誤説から導かれる以上の結論は，法益関係的錯誤説から批判されています。すなわち，Yからすれば「小指を切断したのだからお金を出せ」とXに要求することができるわけですが，Yがお金を得られなかったことを理由にXに傷害罪が成立すると考えると，傷害罪によって保護される法益がYの生理的機能ではなくYの金銭請求権になってしまいます。これでは，本来意図したのではない法益が守られることになってしまうのです。

　なお，小指切断事例を少し変えて，本当は切断する必要がないのに「そのままでは壊死してしまうから切断したほうがよい」とXに言われたため，Yが小

---

2)　とはいえ，法益関係的錯誤説は条件関係的錯誤説と対立するものではなく，むしろ，法益関係的錯誤説においても条件関係を前提としつつ，条件関係的錯誤説に絞りをかけるものであるとの理解もなされています。

3)　西田典之（橋爪隆補訂）『刑法総論第3版』（弘文堂，2019年）206頁によれば，「処分する法益の存否，種類，質・量」について錯誤に陥っていなければ同意は有効となります。

指の切断に同意したという場合には，法益関係的錯誤説からは，Yは身体法益について錯誤に陥っているため同意は無効となり，Xに傷害罪が成立するという結論が導かれることになります。

3　緊急状況に関する錯誤

　以上のことから，錯誤に基づく同意の問題を処理するには法益関係的錯誤説がより適切であると考えられます。もっとも，法益関係的錯誤説にもさらに検討すべき点があります。例えば，檻から逃げ出したライオンが人間を襲っていると嘘をついて，ライオンの殺害につき飼い主の同意を得たという場合を想定しましょう。この場合，ライオンの飼い主はライオンを殺害することを認識しており，法益に関する錯誤には陥っていません。したがって，法益関係的錯誤説からは，飼い主の同意は有効であると解されることになります。しかし，この結論に対しては，上記の事例でなされた同意は，緊急状況という特殊な状況下でなされたものであり，飼い主はライオンを殺すこともやむをえないと判断するしかない状況に置かれている点が指摘されています。そして，そのような状況に置かれてしまっているがゆえに，飼い主の同意は自己決定に基づくものとはいえず，したがって，緊急状況に関する錯誤については例外的に同意を無効とする考え方も主張されています。このように，緊急状況に関する錯誤の処理をめぐって，法益関係的錯誤説の内部でもさらに学説が分かれています。

VI　同意と関連する問題

1　推定的同意

　被害者の同意と類似した制度に，**推定的同意**があります。被害者の同意では，被害者が現に明示ないし黙示で同意を示していました。これに対して，推定的同意では，本人は同意を与えていませんが，ある一定の状況において，そのような状況にあることを本人が認識していれば同意するであろうという推定のもとで行為が行われます。推定的同意は，現実の同意がなくとも行為の違法性を阻却するものと考えられています。

　推定的同意の類型は，①本人の利益となる場合と②行為者の利益となる場合

に分けられます。例えば，脳梗塞で意識不明に陥ったＹを助けるために，医師Ｘがの同意を得ずに手術をしたという場合は，①の類型に該当します。この場合，同意を得ずに手術を行っているため，Ｘの行為は傷害罪の構成要件に該当します。しかし，Ｙがそのような状況を認識していれば同意をしたであろうと考えられますので，違法性が阻却されることになります。②の類型は，Ｙと古くからの友人であるＸが，雨宿りのために，Ｙが不在の間にＹ宅に無断で立ち入る場合が典型例とされています。

推定的同意によって違法性が阻却されることに争いはありませんが，推定的同意によって違法性が阻却される根拠についてはさまざまな見解が主張されています。行為無価値論からは，一般人が同じ状況に置かれたならば同意するであろうと考えられる場合であって，目的や手段が社会的に相当であれば違法性が阻却されるとする説が主張されています。これに対して，結果無価値論からは，推定的同意が問題となる場合，現実には同意は存在しないものの本人がそのような状況において同意をするであろうと考えられるならば，推定された同意を被害者の同意と同様に扱い，行為の違法性が阻却されると考えます。

2　安楽死・尊厳死

自己決定と被害者の同意との関係は，現在では，とりわけ治療行為，安楽死・尊厳死や性的自己決定の問題などにおいて盛んに議論されています。例えば，治療行為に関していえば，医療行為が正当化される（不処罰となる）根拠を同意に求める論者もいます。医療行為は患者の生命を救うものではありますが，そのためには患者の身体を侵害しなければなりません。手術前には必ず医師による説明が行われますが，それは，どのような処置を行うかについて事前に患者の同意を得なければならないからです（いわゆるインフォームド・コンセント）。患者の同意を得たうえで行われる手術は，患者の身体を侵害するものであっても許されると考えられています。

近年，被害者の同意との関連で，安楽死や尊厳死に関する議論が活発に行われています。**安楽死**とは，病により肉体的苦痛を訴える患者のため，積極的措置（致死性の薬物の注射等によって生命を絶つ積極的安楽死），間接的措置（主目的は苦痛緩和であるが付随的に生命短縮を伴う間接的安楽死），消極的措置（治療の中止等

による消極的安楽死）をとることで患者を苦しみから解放することを意味します。**尊厳死（治療中止）**とは，治療の見込みがない患者への延命治療を行わずに，（人としての尊厳を保ったまま）自然な死を迎えさせることを意味します。ここでは，医師の治療義務の限界が問題となり，不作為犯の作為義務の問題とも関連しています（不作為犯については第2章を参照）。オランダやスイスなどの諸外国では安楽死や尊厳死が法制化されていますが，日本ではいまだ法制化されていません。そのため，患者本人の同意を得ていたとしても，医師は同意殺人罪（202条）に問われることになります。しかし，学説からは，被害者の同意ひいては自己決定権との関係で安楽死や尊厳死を正当化すべきではないかとの意見が主張されています。

　判例では，**東海大安楽死事件**（横浜地判平成7・3・28判時1530号28頁〈百選ⅠNo.20〉）で安楽死の違法性阻却要件が示されています。本件は，多発性骨髄腫で入院中の患者Yの治療を受けもっていた医師Xが，Yの家族から早く楽にさせてやって欲しいという要求を繰り返し受けたために，殺意をもって塩化カリウム製剤を静脈注射したという事案です。本件について横浜地裁は，医師Xに殺人罪の成立を認めましたが（ただし，本件の具体的事情に基づく執行猶予つき），その際，安楽死が許容される4つの要件，すなわち，①耐えがたい肉体的苦痛の存在（精神的苦痛は除く），②患者の死が避けられず，かつ死期が迫っていること，③患者の肉体的苦痛を除去・緩和するための方法を尽くしており，ほかに代替手段が存在しないこと，④（積極的安楽死の場合）生命の短縮について患者が明示の意思を示していることがあげられています。なお，横浜地裁は，間接的安楽死の場合には推定的同意で足りるとしていますが，間接的安楽死も死期を早めるものであるにもかかわらず，積極的安楽死と異なる要件が求められる点について疑問が提起されています。また，現実にはこれらの要件をすべて充たすことは難しく，安楽死が実際上認められないことを意味するなどの批判も向けられています。

第9章　責任論

I　責任とは

1　責任主義

　構成要件に該当し，違法性が認められると判断された行為については，さらに責任の有無が検討されます（犯罪成立の3段階目）。刑法では「**責任なければ刑罰なし**（nulla poena sine culpa）」という基本原則があり，これを**責任主義**といいます。

　「責任」という言葉は，日常生活のさまざまな場面で多義的に使用されていますが，「刑法上の責任がある（有責性）」とは，どういう意味なのでしょうか。その点を明らかにするためには，行動規範や制裁規範との関係で「責任」の意味を考えてみる必要があります。

2　責任の意義

　行動規範との関係で「責任」の意味を考えると，刑法は法益を保護する目的で定められていますので（詳細は第1章 II 1 を参照），行動規範は，行為者に法益を侵害したり危険にさらしたりする行為をしないよう義務づけるだけでなく，行動規範の意味を理解して適法な行為をするよう働きかけなければなりません。行為者が，そのように動機づけられる能力を有しているにもかかわらず，義務に違反する行為をした場合に初めて，その違法行為は非難される，すなわち行為者には「刑法上の責任がある」と評価されるのです。したがって，通説によれば，刑法上の「有責性」とは**非難可能性**を意味すると理解されています。この「非難」は法的なレベルでの非難ですが（その点を重視する考え方を**法的責任論**といいます），第6章 I 1(1)で説明したように二階の道徳（普遍道徳）という意味での道義的な非難も含まれていると思われます（その点を重視する考え方を

道義的責任論といいます）。

　いずれにせよ，こうした理解は，行為者が違法な行為を思いとどまることができたにもかかわらずあえて行為に出た，という行為の自由または意志形成の自由（**自由意志**）が存在することを前提としています。そのような自由意志肯定説は，必然的に惹き起こされる出来事以外に偶然の出来事も存在すると考える**非決定論**と結びつけられ，18世紀後半には非決定論に基づく刑法理論，すなわち**古典学派**（旧派）が形成されました。

　しかし，自由意志は存在しないとの考え方も主張されています。そのような自由意志否定説は，世界の出来事は因果的に決定されていると考える**決定論**と結びつけられ，19世紀末頃には決定論に基づく刑法理論，すなわち**近代学派**（新派）が形成されました。近代学派によれば，犯罪は遺伝や環境の産物であり，社会的にみて行為者の性格が危険であるため，行為者には刑罰を受ける「刑法上の責任がある」と考えられたのです（このような考え方を**社会的責任論**といいます）。近年では，決定論か非決定論かという観点ではなく，神経生理学者であるベンジャミン・リベット（Benjamin Libet）による実験（この実験の詳細については，規範論・448頁以下参照）を踏まえ，脳科学の観点から自由意志は幻想にすぎないとの考え方が主張されています。

3　認識論的自由意志論と批判的責任論

　自由意志をめぐるこれまでの議論は，自由意志が実在するかというレベルで検討されてきました。しかし，デモクリトスやエピクロスといった古代ギリシアの哲学者による議論以来，2500年にわたって争われてきたこの問題に，存在レベルでの立場を今すぐ明らかにすることは不可能です。そもそも私たちの認識能力には限界がある以上，将来の出来事を完全に予測することはできません。したがって，世界の出来事がすでに決定されているかどうかはひとまず棚に上げ，認識レベルでは完全に決定されているようにはみえないと考える**認識論的非決定論**に基づき，仮に存在レベルでは自由意志が実在しないとしても認識レベルでは自由意志が存在するようにみえると考える**認識論的自由意志論**を前提として，「責任」の意味を理解すべきでしょう（規範論・581頁以下）。

　制裁規範との関係で「責任」の意味をさらに考えると，刑法上の「責任」に

は，制裁規範に基づいて科される刑罰を根拠づける機能があります。つまり，違法とされる行為は責任が認められる場合にのみ処罰可能となり，責任の程度に応じた報い（これを**応報**といいます）として刑罰が科されるのです。もっとも，刑罰を根拠づける「責任」とは，認識レベルでの「一応の責任」にすぎず，無条件に自由意志が実在するとの考え方から主張される「究極の責任」ではありません。したがって，刑法上の「責任」は，「責任があれば必ず処罰せよ」という**積極的応報論**ではなく，「責任がなければ処罰しえない」という**消極的応報論**として機能していると考えられます（規範論・625頁以下）。

　また，責任は「大きい」，「小さい」といった量的な程度で表すことができるため，刑法上の「責任」には，裁判官が被告人に宣告する刑の程度（**量刑**）を決定する機能もあります。消極的応報論に基づく限り，量刑は，具体的な行為に対する責任の範囲内でなければならず，行為者の性格を処罰根拠とする社会的責任論は極力排除されるのが望ましいでしょう。

　行為者個人に究極の責任を問えないとすれば，いったい誰がさらに責任を引き受けるべきでしょうか。本書では，私たち一人ひとりが，行為者の責任を自己の責任として引き受けるべきであると考えています。それはもちろん，私たちが制裁を科されることを意味するものではありません。私たちには，そのような犯罪を防止できなかったことに対する責任があり，事件を平和的に解決するとともに，将来の犯罪を防止するための反省的・批判的な熟議が求められると思われます。このように，行為者個人の責任のみを問うこと自体に対して批判的な熟議が求められるとする考え方は，**批判的責任論**と呼ばれています（規範論・582頁）。

4　責任要素

　こうした「責任」の意味を踏まえると，責任の対象は，具体的な行為であることがわかるでしょう（これを**個別行為責任**といいます）。故意も過失もない無過失，つまり偶然に基づく結果責任による処罰は，許されていません。

　責任を成り立たせている内容（**責任要素**）について，かつては，具体的な行為に内在する故意や過失といった心理状態であると考えられていました（そのような考え方を**心理的責任論**といいます）。しかし，故意や過失が存在する場合でも，

行為の事情によって非難の程度は異なります。例えば，生まれつき脳に障害を負っている行為者が，脳の障害によって感情のコントロールを失い，被害者を殺害した場合，行為者は「人を殺してはならない」という義務に基づいて殺害行為を思いとどまることができません。そのため，殺害行為を認識していたとしても，そのような行為者を強く非難することはできないでしょう。そうだとすると，責任の本質は，心理状態それ自体ではなく，心理状態に対する刑法上の（規範的な）評価であるといえます。このような考え方は，**規範的責任論**と呼ばれており，現在の通説となっています（規範論・124頁）。

　第4章Ⅰで説明したとおり，本書では，故意や過失は構成要件要素であると考えています。その点も踏まえると，刑法上の責任があるといえるためには，責任要素として，**責任能力，不法の認識の可能性，適法行為の期待可能性**がすべて揃っていなければなりません。

Ⅱ　責任能力

1　責任能力に関する刑法上の規定

　責任能力については，39条1項に**心神喪失**，同2項に**心神耗弱**，41条に**刑事責任年齢**（刑事未成年者）が定められています。行為者が心神喪失もしくは刑事未成年者にあたる場合，責任能力が欠けている（**責任無能力**）として，行為者は処罰されません。また，行為者が心神耗弱にあたる場合，責任能力が著しく減退している（**限定責任能力**）として，その刑は減軽されます。

1）　刑事訴訟法314条では，被告人が心神喪失の状態にあるときは，公判手続を停止しなければならない旨，定められていますが，ここでの「心神喪失」とは，被告人としての重要な利害を弁別し，それに従って相当な防御をすることのできる能力（**訴訟能力**）を欠く状態であるとされています。また，同法479条・480条では，死刑または自由刑の言い渡しを受けた者が心神喪失の状態にあるときは刑の執行が停止される旨，定められていますが，ここでの「心神喪失」とは，刑罰の意味を理解して有効に刑の執行を受けることのできる能力（**受刑能力**）を欠く状態であるとされています。したがって，これらの規定では，刑法上の「心神喪失」と異なる意味で使用されている点に注意しましょう。

2 責任能力の判断方法

　責任能力の有無を判断する方法は，刑法で明確に定められているわけではありませんが，一般的には，生物学的要素と心理学的要素を併用する**混合的方法**がとられています。生物学的要素とは，生物学的に判断される精神の障害です。例えば，先天性や外傷による精神障害，情動による重篤な意識障害，知的障害，薬物による中毒症状などがあげられます。心理学的要素とは，物事の是非善悪を認識する能力（**弁識能力**）の欠如，あるいはその認識に従って行為する能力（**制御能力**）の欠如です。したがって，心神喪失とは，①生物学的に判断される精神の障害により，②弁識能力あるいは制御能力のいずれかが欠如している場合に認められ，心神耗弱とは，①生物学的に判断される精神の障害により，②弁識能力あるいは制御能力のいずれかが著しく減退している場合に認められます。

　こうした判断方法に対しては，生物学的要素のみ検討すればよいとの見解や心理学的要素のうち弁識能力のみ検討すればよいとの見解も主張されています。しかし，これらの見解は，責任能力が「規範の意味を理解して適法な行為をする応答能力である」という視点を軽視しているといわざるをえません。

　では，混合的方法に基づく責任能力の有無や程度は，医学的な見地から判断されるのでしょうか。この点，従来の判例によれば，裁判所の評価にゆだねられる問題であり，裁判所は，被告人の犯行当時の病状，犯行前の生活態度，犯行の動機や態様などを総合して判定できるとされています（最決昭和58・9・13判時1100号156頁）。もっとも，近時の判例では，「その診断が臨床精神医学の本分であることにかんがみれば，専門家たる精神医学者の意見が鑑定等として証拠となっている場合には，鑑定人の公正さや能力に疑いが生じたり，鑑定の前提条件に問題があったりするなど，これを採用し得ない合理的な事情が認められるのでない限り，その意見を十分に尊重して認定すべき」であるとされています（最決平成20・4・25刑集62巻5号1559頁）。その一方，「裁判所は，特定の精神鑑定の意見の一部を採用した場合においても，責任能力の有無・程度について，当該意見の他の部分に事実上拘束されることなく，上記事情等を総合して判定することができる」ともされています（最決平成21・12・8刑集63巻11号2829頁〈百選Ⅰ No.35〉）。これらの判例を踏まえると，責任能力の有無や程度は裁判官による法律判断であるものの，その際には鑑定意見を十分に尊重することが

望ましいといえるでしょう。

3　心神喪失者等医療観察法

　行為者が心神喪失や心神耗弱にあたる場合の処遇については，「心神喪失等の状態で重大な他害行為を行った者の医療及び観察等に関する法律（**心神喪失者等医療観察法**）」で定められています。同法では，心神喪失や心神耗弱の状態で，殺人・放火・強盗・不同意性交等・不同意わいせつ・傷害の対象行為を行った者について（同法2条1項・2項），対象行為を行った際の精神障害を改善し，同様の行為を行うことなく，社会に復帰することを促進するために医療を受けさせる必要が明らかにないと認める場合を除き，検察官が地方裁判所に対して，入院等の決定をすることを申し立てなければならないとされています（同法33条1項）。そのうえで，地裁が1名の裁判官と1名の精神保健審判員（精神科医）の合議で処遇を決定し（同法11条1項），強制的に入院や通院をさせることができます（同法43条1項・2項）。

　心神喪失者等医療観察法の目的は，「病状の改善及びこれに伴う行為の再発の防止を図り，もってその社会復帰を促進すること」にありますが（同法1条1項），その目的を果たすためには，司法に加え，医療や福祉といった関係機関との連携が重要となるでしょう。

4　刑事未成年者

　実行行為の時点で14歳未満の行為者は責任無能力者として扱われ，その行為は処罰されません（41条）。そのような行為者には規範の意味を理解して適法な行為をする応答能力が十分に備わっていない，との政策的な判断によるものです。これを法的に説明すると，14歳未満という年齢が，被告人に有利な「反駁しえない法律上の推定」をもたらすことになります。刑罰法規に触れる行為であるものの，行為者が刑事責任年齢に達しないため，刑法上の責任を問われない**触法行為**については，少年法でその特別な取り扱いが定められています。

　2）　その他，「精神保健及び精神障害者福祉に関する法律」では，行為者に精神障害が認められる場合，都道府県知事の権限により**措置入院**に回される旨が定められています。

少年法の目的は,「少年の健全な育成を期」すことにありますが（同法１条）,
その目的を果たすためには,やはり司法だけではなく,行政や教育機関,地域
や家庭との連携が必要不可欠です。

Ⅲ　原因において自由な行為

1　行為と責任の同時存在の原則

責任能力は責任要素の１つですから,責任が行為の時点で認められなければ,
およそ犯罪は成立せず,刑罰は科せられません。そのことを**行為と責任の同時
存在の原則**といいます。この原則に基づくと,例えば,行為者が被害者を殺害
する際,景気づけに飲酒して責任無能力に陥った状態で殺害した場合,殺害行
為の時点で行為者は責任無能力となっていますので,39条１項に基づき,犯罪
は成立しないと思われるかもしれません。しかし,そのような行為者は,思い
とどまることができたにもかかわらず,あえて飲酒して責任無能力状態に陥り,
被害者を殺害していますので,行為者を非難することができるでしょう。そこ
で,最終結果を直接発生させる行為（**結果行為**）の時点では責任能力が欠如し
ていたり著しく減退していたりする場合でも,そうした状態になった原因とさ
れる行為（**原因行為**）の時点では自由な意思決定が可能であったとして,行為
者への責任非難を認める理論があります。この理論を**原因において自由な行為**
（actio libera in causa）の法理といいます。

2　原因において自由な行為の類型

原因において自由な行為には２つの類型があり,故意によって行われるもの
と過失によって行われるものがあります。

故意による原因において自由な行為とは,行為者が,責任無能力もしくは限
定責任能力状態で特定の犯罪行為に及ぶことを認識しながら,そうした状態に
わざと陥り,犯罪を実現した場合です。具体的には,先程説明したように行為
者が被害者を殺害する際,景気づけに飲酒して責任無能力に陥った状態で殺害
した場合があげられます。

過失による原因において自由な行為とは,原因行為・結果行為とも過失に

よって行われる場合や，原因行為・結果行為のいずれかが過失によって行われる場合です。具体的には，行為者がうっかり酒を飲みすぎて完全な酩酊状態に陥り，うっかり他人を怪我させた場合や，わざと酒を飲みすぎて完全な酩酊状態に陥り，うっかり他人を怪我させた場合などがあげられます。

3　原因において自由な行為の法理の根拠づけ

　原因において自由な行為の法理は，どのような根拠から39条と整合するのでしょうか。その根拠をめぐって，2つのモデルが主張されています。

（1）例外モデル

　第1は，原因において自由な行為が，行為と責任の同時存在の原則の例外にあたると考えるモデルです。このようなモデルは，**例外モデル**と呼ばれています。例外モデルによれば，結果行為が実行行為であり，その責任を原因行為時までさかのぼります。それゆえ，例外モデルは**責任モデル**とも呼ばれ，実行行為に着目して**結果行為説**ともいわれています。

　なぜ例外が認められるのでしょうか。それは，原因行為の時点で行為者に意思決定の自由が存在し，その時点での意思決定が実現しているため，実行行為である結果行為の時点で心神喪失・心神耗弱状態であったとしても，結果行為と原因行為を一体としてとらえることができ，行為者への責任非難は可能だと考えられるからです。例外モデルに基づくと，主な構成要件要素は，実行行為＝結果行為，結果＝最終結果，因果関係＝結果行為と最終結果との間の事実的因果関係と法的因果関係，故意＝構成要件の客観的内容の認識，となります。

　しかし，39条に定められている「行為」は「実行行為」を意味し，「行為と責任の同時存在の原則」とは「実行行為と責任の同時存在の原則」を意味するならば，例外モデルは，まさにその原則の例外を認める点で責任主義に反します。ひいては，39条を被告人の不利益に解することにもなるため，罪刑法定主義の観点からも問題を抱えたモデルであるといえるでしょう。

（2）構成要件モデル

　第2は，原因行為が構成要件に該当する実行行為であり，その時点では完全な責任能力を有しているため，39条は適用されないと考えるモデルです。このようなモデルは**構成要件モデル**と呼ばれ，実行行為に着目して**原因行為説**とも

いわれています。実行行為である原因行為の時点では責任能力を有していますので，このモデルによれば，行為と責任の同時存在の原則は維持されます。

どうして原因行為を実行行為として評価することができるのかというと，犯罪行為の構造が間接正犯に似ているからです。間接正犯とは，他人の行為をあたかも道具のように利用して，間接的に結果を発生させる場合を指します。詳しくは第13章Ⅱで勉強しますが，例えば，患者を殺害しようとする医師がこっそり点滴のなかに毒薬を入れ，そのことを知らない看護師に毒薬入りの点滴を渡し，看護師が患者に点滴を投与したところ，患者が死亡したという場合，医師に殺人罪が成立するとされています。この事例をよくみると，点滴のなかに毒薬を入れる行為＝原因行為，看護師が患者に点滴を投与する行為＝結果行為ととらえることができるでしょう。この医師を間接正犯として処罰することができるならば，自ら責任無能力の状態に陥り（原因行為），そのような状態をあたかも道具のように利用して構成要件を実現した（結果行為）場合も，同様に犯罪が成立すると主張されているのです。このように考えることから，構成要件モデルは，**間接正犯類似説**とも呼ばれています。

構成要件モデルによれば，原因行為の時点で，構成要件に該当する事実の認識に加えて，自らが心神喪失または心神耗弱に陥るとの認識も必要となります。この要件を**二重の故意**といいます。構成要件モデルによれば，主な構成要件要素は，実行行為＝原因行為，結果＝最終結果，因果関係＝原因行為と最終結果との間の事実的因果関係と法的因果関係，故意＝構成要件の客観的内容かつ自らが心神喪失または心神耗弱に陥るとの認識，となります。

構成要件モデルに対しては，未遂犯の成立時期が早すぎるとの批判が向けられています。例えば，被害者を殺害するため，行為者が景気づけにビールを大量に飲んだところ熟睡してしまい，殺害することができなかった場合，構成要件モデルの主流によれば，原因行為であるビールを飲み始めた時点で，殺人罪の実行の着手が認められ，殺人未遂罪が成立すると主張されているからです。

確かに，ビールを飲み始めた時点では，被害者が死亡する危険は高まっていないにもかかわらず，その時点で殺人未遂罪を認める結論は適切ではないでしょう。そもそも，このような結論に至るのは，実行の着手時期と未遂犯の成立時期が常に一致するとの考え方に基づいているからです。しかし，実行の着

手時期と未遂犯の成立時期は，必ずしも一致するわけではありません。詳しくは第11章Ⅰ6で勉強しますが，未遂犯の成立時期は客観的にみて危険な事態（未遂結果）が生じた時点であると考えられます。そのように考えるならば，先の事例では，ビールを飲み始めた時点で殺人罪の実行の着手が認められるものの，その時点では客観的にみて被害者が死亡する危険な事態は生じていませんので，殺人未遂罪は成立しません。したがって，構成要件モデルに向けられる先の批判は解決されるでしょう。

（3）判　例

　判例は，原因において自由な行為の事例において，39条の適用を否定して行為者への責任非難を認めていますが，どちらのモデルを根拠としているか定かではありません。

　故意犯に関する判例では，例外モデルを示唆するものがみられます。最決昭和43・2・27刑集22巻2号67頁（百選ⅠNo.39）では，自己所有の自動車を運転してバーに行き，ビールを20本ほど飲んで心神耗弱状態になった後，他人所有の自動車を自車と取り違えて無断で運転を開始し，酒酔い運転を行った事案において，「酒酔い運転の行為当時に飲酒酩酊により心神耗弱の状態にあったとしても，飲酒の際酒酔い運転の意思が認められる場合には，刑法39条2項を適用して刑の減軽をすべきではない」としました。酒酔い運転罪（道交法65条1項，117条の2第1号）のように，単に実行行為をすれば直ちに犯罪が成立するものを**挙動犯**といいますが，挙動犯においては，構成要件に該当する行為が詳細に限定されています。そのため，構成要件モデルに対しては，ふらつき運転以外の行為，すなわち飲酒行為を酒酔い運転罪の実行行為ととらえることには無理があると解されています。また，心神耗弱者は，心神喪失者に比べて責任能力が限定的に存在しているため，そのような状態を道具のようにみることはできず，原因行為を実行行為ととらえることには無理があるのではないかと評されています。

　一方，過失犯に関する判例では，構成要件モデルを想起させるものがみられます。最大判昭和26・1・17刑集5巻1号20頁（百選ⅠNo.37）では，病的酩酊による心神喪失状態で他人を殺害した事案において，多量に飲酒するときは，病的酩酊に陥り，よって心神喪失状態で他人に犯罪の害悪を及ぼす危険のある

素質を有する者は，心神喪失の原因となる飲酒を抑止または制限する等危険の発生を未然に防止するよう注意する義務があるとして，そのような素質を自覚し，かつ注意義務を怠ったため他人を殺害したときは，過失致死罪の罪責を免れえないとしました。しかし近年では，本件のような過失事案で原因において自由な行為の法理を用いる必要はなく，過失犯の一般的な成立要件を検討すればよいとの考え方が有力に主張されています。

4　実行行為途中からの心神喪失・心神耗弱

　問題なく実行行為に該当する行為の途中から心神喪失または心神耗弱に陥った場合，行為者は完全な責任を負うでしょうか。それとも，責任能力が低下する前の実行行為についてのみ完全な責任を負い，責任能力低下後の実行行為や結果については39条が適用されるのでしょうか。

　長崎地判平成4・1・14判時1415号142頁（百選Ⅰ No.36）では，被告人が飲酒中，妻と口論になり，妻の態度に立腹して，焼酎を飲んで酩酊の度を強めながら，約9時間にわたり断続的に暴行を加えて死亡させたという事案において，「同一の機会に同一の意思の発動にでたもので，実行行為は継続的あるいは断続的に行われたものであるところ，被告人は，心神耗弱下において犯行を開始したのではなく，犯行開始時において責任能力に問題はなかったが，犯行を開始した後に更に自ら飲酒を継続したために，その実行行為の途中において複雑酩酊となり心神耗弱の状態に陥ったにすぎないものであるから，このような場合に，右事情を量刑上斟酌すべきことは格別，被告人に対し非難可能性の減弱を認め，その刑を必要的に減軽すべき実質的根拠があるとは言いがたい」として，39条2項の適用を否定し，被告人に傷害致死罪の成立を認めました。

　学説では，実行行為の開始時に責任能力が存在すれば足り，原因において自由な行為の法理を用いるまでもなく，39条は適用されないとの考え方が主張されています。この考え方によれば，実行行為の途中で心神喪失または心神耗弱に陥った点は，因果関係の錯誤（第10章Ⅲ3(3)を参照）によって解決されることになります。しかし，行為者が認識していた因果関係と実際の因果経過が異なる場合には，結果を行為者による故意行為のしわざとすることはできませんので，故意既遂犯が成立しないとの結論になります。そうした結論を支持でき

ないならば，やはり原因において自由な行為の法理に基づいて39条の適用を否定し，行為者に完全な責任を認めるべきでしょう。

Ⅳ　不法の認識の可能性

　責任があるといえるためには，責任能力に加えて，故意とは区別された**不法の認識の可能性**も存在していなければなりません。第４章Ⅱでも説明したように，故意とは構成要件に該当する事実の認識であり，構成要件要素である一方，不法の認識の可能性とは，不法を認識する可能性であり，責任要素の１つであると考えられます（このような考え方を**責任説**といいます）。

　一方，最高裁は，不法の認識もその可能性も不要とし，禁止の錯誤（法律の錯誤）がある場合（詳細は第10章Ⅱを参照）でも故意を阻却しないとしてきました（このような考え方を**不法の認識不要説**といいます）。しかし，**百円札模造事件**（最決昭和62・７・16刑集41巻５号237頁〈百選Ⅰ No.48〉）では，不要説について再検討の余地がありうることを示唆しています。被告人が自己の経営する飲食店の宣伝用として百円紙幣に紛らわしいサービス券を作成する際，事前に警察官に相談し，誰がみても紛らわしくないようにすればよいなどと助言されたものの，警察官らの態度が好意的であり，助言が断言的なものとは受け取れなかったことから，助言に従わずにサービス券を作成し，警察署に持参したところ，注意も警告も受けずほかの署員にサービス券を配付してくれたことから，ますます安心してほぼ同様のサービス券を作成したという事案において，被告人が「行為の……違法性の意識を欠いていたとしても，それにつき……相当の理由があ

3）　日本では一般的に，「違法性の意識の可能性」と呼ばれていますが，「違法性」という用語については，「不法」という用語と使い分けるのが適切であると考えています。「違法性」とは法秩序と行動の関係性，すなわち両者に不均衡がみられることを意味し，ある行動が違法であるかどうかが問題となる場面で使用されます。これに対して，「不法」とは違法な行動そのものを指し，その程度も問題となります。したがって，本書では「違法性の意識の可能性」という表現をせず，「不法の認識の可能性」と表現します。同様に，「非難可能性」と「責任」も区別して使用するのが適切でしょう。「非難可能性」（「有責性」）とは対象の性質を表し，その存否が問題となるのに対して，「責任」とは非難可能な行動そのものを指し，その程度も問題となります（規範論・６頁注10）。

る場合には当たらないとした原判決の判断は，これを是認することができるから，この際，行為の違法性の意識を欠くにつき相当の理由があれば犯罪は成立しないとの見解の採否についての立ち入った検討をまつまでもなく，本件……行為を有罪とした原判決の結論に誤りはない」としました。この判例に対しては，責任説もしくは故意が認められるためには構成要件に該当する事実に加えて不法の認識の可能性が必要であるとする制限故意説に一定の配慮がみられると評されています。

V　適法行為の期待可能性

　ここまでの内容をおさらいすると，刑法上の「責任」とは，心理状態それ自体ではなく，心理状態に対する刑法上の評価であり，行為者が違法な行為を思いとどまることができたにもかかわらずあえて行為に出た場合に認められます。したがって，行為者が責任能力を有しており，自らの行為が不法であると認識できたにもかかわらず，違法な行為を思いとどまることができなかった場合，行為者には「適法な行為を期待することができない」といえるため，規範的責任論に基づいて「責任がない」という規範的な評価が下されます。このような責任要素は，**適法行為の期待可能性**と呼ばれています。適法行為の期待可能性については，刑法の条文で定められていないため，超法規的責任阻却事由であると解されています。

　1897年にドイツで出された暴れ馬事件では，旅客用馬車の御者であった被告人が，自ら使用する馬のなかに暴れ馬がいることを知り，雇い主に暴れ馬の交換を依頼したものの，その馬を継続して使用するよう命じられ，命令に従わなければ解雇されて食べていくのに困る状況であったため，やむなく暴れ馬を使い続けていたところ，案の定ある日，馬が暴れて制御不能に陥り，通行人に負傷させたという事案において，適法行為の期待可能性が欠けることを理由に被告人を無罪としました。日本では，適法行為の期待可能性が欠けることを理由に責任を否定した最高裁判例はありませんが，下級審判例では，適法行為の期待可能性が欠けるとして無罪を言い渡した判例が多くあります。

　適法行為の期待可能性の有無を判断する基準については，行為当時の具体的

状況下で当該行為者の能力に照らして適法行為を期待しうるかを基準とする考え方（**行為者標準説**）や，行為当時の具体的状況下で一般人であれば適法行為を期待しうるかを基準とする考え方（**平均人標準説**）のほか，行為当時の具体的状況下で国家が何を期待しているかを基準とする考え方（**国家標準説**）が主張されています。冒頭で説明した責任の意義を踏まえれば，基本的には行為者標準説が適切であるといえるでしょう。

第10章 錯　誤

I　錯誤とは

　刑法上の犯罪は原則として故意犯であり，故意犯が成立するためには，当然のことながら，行為者に故意が認められなければなりません（故意については，第4章参照）。そして，最終的に行為者を故意既遂犯として処罰するためには，現実に発生した犯罪事実が，行為者によって「わざと」引き起こされたものであるといえなければなりません。つまり，現実に発生した結果を行為者の故意行為に帰属できることが必要となります（故意帰属論については，第3章Ⅲ3参照）。しかし，実際に故意犯としての処罰が問題となる事件においては，必ずしも行為者の故意の内容と現実に発生した結果が一致するわけではありません。行為者が思い描いた違法な犯罪事実と，現実に発生した事実ないしその法的評価との間にくい違いが生じることは多々あります。このように，行為者が主観的に認識したことと，現実に発生した客観的な事態との間の不一致のことを**錯誤**といいます。刑法上，行為者に錯誤が生じている場合には，行為者を故意犯として処罰できるのかが問題となります。もっとも，錯誤のなかには，故意犯としての処罰に何らの影響を及ぼさないものもあります。そのため，刑法上の錯誤論においては，どのような種類・内容の錯誤が生じていれば行為者が故意犯として不処罰となるのか，また，それはどのような理由からなのか，ということを理解しておくことが重要です。

Ⅱ　事実の錯誤と違法性の錯誤

　錯誤には，大きく分けて**事実の錯誤**と**違法性の錯誤**（**禁止の錯誤**あるいは**法律の錯誤**）があります。事実の錯誤とは，行為者の認識と現実の間における犯罪

の事実面にくい違いが生じている場合をいいます。行為者が暗がりでAを殺害しようと思い，ナイフで相手を刺し殺したところ，実際に死亡したのはAではなく，Aに風貌がよく似たBであった場合がその一例です。

　これに対して，違法性の錯誤とは，客観的には犯罪事実を実現したにもかかわらず，行為者自身は悪いことをしているとは思わなかったというように，実現した事実に対し，行為者の違法評価と客観的な違法評価との間にくい違いが生じている場合をいいます。もっとも，違法性の錯誤が故意の有無に影響を及ぼすものであるのかについては，争いがあります。この点，第4章でもみたように，故意が認められるためには不法の認識（の可能性）が必要であるとする故意説の考え方によれば，違法性の錯誤が存在する場合，原則として故意が否定されることになります（故意説のなかでも制限故意説に立った場合には，違法性の錯誤が回避不可能な場合に限って故意が否定されます）。反対に，今日の通説的な見解である責任説によれば，不法の認識（の可能性）は故意の要素ではなく，故意犯と過失犯に共通の責任要素であると理解されるため，たとえ違法性の錯誤があっても，故意そのものが否定されるわけではありません。その場合には，責任が阻却ないし減軽されることになる点に注意が必要です。

　また，客観的には正当防衛の要件を充足していないのに，行為者が正当防衛にあたる事実があると誤想して行為に出る場合（これを誤想防衛といいます）が，違法性の錯誤の一種であるとされることがあります。しかし，誤想防衛も含めたこのような正当化事由の錯誤については，それが違法性の錯誤であるのか，それとも事実の錯誤であるのかをめぐって見解の対立が存在します。この点も含め，違法性の錯誤については，後述Ⅳで説明することとし，以下ではまず，事実の錯誤の問題から取り扱います。

Ⅲ　事実の錯誤

1　事実の錯誤の種類

　事実の錯誤には，さまざまな種類のものが存在します。まず，①行為者の認識した事実と現実に発生した事実が同じ犯罪の構成要件に該当する事実なのか，それとも，②それぞれが異なる犯罪の構成要件に該当する事実であるのかに

よって，分類がなされます。①のような場合，例えば，行為者がＡを殺害しようとしてＢを殺害した場合など，行為者の認識（Ａの殺害）と現実（Ｂの殺害）にくい違いがあるものの，いずれにせよ同一の犯罪（殺人罪）の構成要件該当事実であることに変わりがない場合を**具体的事実の錯誤**といいます。これに対して，②のような場合，例えば，行為者がＡを殺害しようとしてＡの飼い犬を殺害した場合など，行為者の認識（Ａの殺害）と現実（Ａの飼い犬の殺害）がそれぞれ異なる犯罪（殺人罪と器物損壊罪）の構成要件該当事実となる場合を**抽象的事実の錯誤**といいます。

　さらに，くい違いの具体的な内容がどのようなものであったのかによって，区別がなされます。第１に，（ア）行為者が目の前にいた人をＡであると思って拳銃を発砲したが，目の前のその人はＡではなくＢであったというような「人違い」の場合を**客体の錯誤**といいます。第２に，（イ）行為者がＡを殺害しようとして拳銃を発砲したが，緊張から手もとが狂い弾丸が逸れた結果，Ａには命中せず，たまたまＡの背後を歩いていた予想外のＢに命中したというような「打撃のはずれ」の場合を**打撃の錯誤（方法の錯誤）**といいます。第３に，（ウ）行為者がＡを溺死させようと思いＡを高い橋の上から突き落としたところ，Ａが落下途中に橋脚に頭を打ちつけて即死したというような，結果発生への因果経過に関してくい違いが生じる場合を**因果関係の錯誤**といいます。

　このように，事実の錯誤の種類には，まず，①具体的事実の錯誤と②抽象的事実の錯誤があり，さらに，その内部においてそれぞれ（ア）客体の錯誤，（イ）打撃の錯誤，（ウ）因果関係の錯誤という計６つのものがあると整理することができます。

　それでは，このような事実の錯誤について，はたして行為者は故意犯として処罰されるのか，その解決はどのようになされるのでしょうか。

2　事実の錯誤をめぐる諸学説

　事実の錯誤の解決をめぐっては，従来，抽象的事実の錯誤の場合に関して**抽象的符合説**と**法定的符合説（構成要件的符合説）**，そして，法定的符合説の内部でも，とくに具体的事実の錯誤における打撃の錯誤の場合をめぐって**抽象的法定符合説**と**具体的法定符合説（具体的符合説）**とが対立してきました。

```
┌ 抽象的符合説
│
│                               ┌ 抽象的法定符合説
└ 法定的符合説（構成要件的符合説） │
                                └ 具体的法定符合説（具体的符合説）
```

（1）抽象的符合説と法定的符合説

　抽象的符合説とは，事実の錯誤がある場合，たとえ行為者の認識した事実と現実に発生した事実とが異なる犯罪の構成要件に該当する事実であっても，認識と現実が，およそ犯罪の実現という意味で一致（符合）していることを理由として，必ずしも故意犯の成立を否定しない考え方をいいます。これは，刑罰の目的は行為者の反社会的な性格の矯正であり，何らかの犯罪意思をもっていればその者に刑罰を与えてもよいという理解に基づくものです。

　なぜ抽象的符合説が主張されるようになったのかを理解するためには，例えば，行為者が隣家の飼い犬を殺害するつもりで拳銃を発砲したところ，弾丸が犬に当たらず，予想外にもそばにいた飼い主Aに当たり死亡したという抽象的事実の錯誤の事例を想定してみるとよいでしょう。この場合，単純に考えてみると，行為者には，認識した事実についての未遂犯と，発生した事実についての過失犯が成立します。すなわち，器物損壊罪（261条）の未遂犯と過失致死罪（210条）ですが，現行法上，器物損壊罪には未遂処罰規定がないので，過失致死罪のみが成立します。その場合，行為者には50万円以下の罰金が科されることになります。これに対し，行為者が本来の意図どおりに飼い犬を殺害し，器物損壊罪が成立した場合には，最大で3年以下の懲役になります。ここでは，行為者はAの生命というとても重大な法益を侵害しておきながら，実際には，本来の意図が実現した場合よりも，刑が軽くなりすぎてしまうのではないかという問題が生じます。そこで，このような不都合を回避するために，抽象的符合説という解決が登場します。

　抽象的符合説によれば，このような場合，行為者には，器物損壊罪の既遂犯が成立するか，あるいは，殺人罪（199条）の成立を認めつつ，38条2項が「重い罪に当たるべき行為をしたのに，行為の時にその重い罪に当たることとなる事実を知らなかった者は，その重い罪によって処断することはできない。」と

規定していることに応じて，科刑の段階で器物損壊罪の刑を科すことになります。しかし，現実には器物が損壊されていないにもかかわらず器物損壊罪の成立を認めることは，罪刑法定主義に反します。また，器物損壊の認識しかない行為者に殺人罪の成立を認めることは，責任主義に反することにもなります。さらには，刑法が，個別の法益を保護するために個々の犯罪規定を設けて行為者に具体的に訴えかけている点に鑑みても，およそ犯罪を実現しようという意思のみで故意を認めることに意味はないともいえるでしょう。かくして，事実の錯誤の解決方法として，抽象的符合説は妥当ではないという結論が導かれます。

そこで，故意犯の成立を認めるためには，最低限，認識事実と発生事実とが同一の犯罪の構成要件に該当する事実でなければならないとする法定的符合説の考え方が登場することになります。法定的符合説によれば，抽象的事実の錯誤がある場合には，原則として，認識事実については故意の未遂犯の成否を検討し，発生事実については過失犯の成否を検討するという解決がなされます。例えば，先の事例の場合には，認識事実については，器物損壊罪の未遂犯の成否を検討し，器物損壊罪に未遂処罰規定はないため不可罰となります。そして，発生事実について，やはり過失致死罪が成立しうるのみとなるでしょう（これによっては刑罰の不均衡の問題が残りますが，抽象的事実の錯誤に関するさらなる問題については，後述Ⅲ4参照）。

（2）抽象的法定符合説と具体的法定符合説

しかし，法定的符合説という考え方も一枚岩ではありません。法定的符合説の内部では，おもに具体的事実の錯誤をめぐって，抽象的法定符合説と具体的法定符合説とが対立しています。簡単にいうと，両説の対立は，故意の認識対象をどの程度抽象化するのかという点にあります。つまり，個々の犯罪の構成要件が，どの程度の故意の抽象化を許容しているものと理解するのかについての違いです。以下では，具体的事実の錯誤における客体の錯誤，打撃の錯誤，因果関係の錯誤のそれぞれを例に，両説の異同についてみていくことにしましょう。

3 具体的事実の錯誤

（1）客体の錯誤

まず，具体的事実の錯誤における客体の錯誤の例として，行為者がAを殺害

するつもりで拳銃を発砲したところ，Aだと思ったのはAに似ているBであったため，弾丸はBに命中し，Bが死亡したという事例を考えてみましょう。この場合，抽象的法定符合説からは，Aの死もBの死もどちらもともに殺人罪の構成要件に該当する事実であるため，当然Bに対する殺人罪が成立することになります。すなわち，抽象的法定符合説は，行為者に客体の取り違えがあっても，「およそ人」を殺害するつもりで「およそ人」を殺害したのであれば，同じく殺人罪の構成要件を完全に充足すると考えるわけです。

　これに対し，抽象的法定符合説は責任主義に反するとして，近時有力に主張されている見解が，具体的法定符合説です。この考え方は，行為者の認識と現実に発生した事実との間により具体的な符合が必要であるとします。すなわち，殺人罪を例にとれば，抽象的法定符合説のように，構成要件的事実を「およそ人」というように抽象化すべきではなく，行為者が特定した「その人」ごとに符合を論じるべきだとするわけです。この考え方によれば，行為者が「その人」を殺害しようとしていたのに，現実には「その人」ではない「あの人」が死亡してしまったのであれば，そこに具体的な符合は認められず，「あの人」に対する殺人罪の故意犯処罰は否定されます。さて，そうすると，ここで問題にしている事例においては，認識事実と発生事実とが具体的に符合していないため，殺人罪は成立しないという結論が導かれるようにも思われます。しかし，実は，具体的法定符合説からも，この事例において殺人罪の成立が否定されることはありません。というのも，この場合，行為者が認識した事実も現実に発生した事実も，同じく「目の前にいるその人」という客体が殺害されたという意味では具体的に一致しているからです。それゆえ，本事例では，具体的法定符合説からも，Bに対する殺人罪が成立することになります。

　つまり，客体の錯誤の場合には，抽象的法定符合説と具体的法定符合説とで結論に相違はないということです。両説が対立するのは，とくに打撃の錯誤の場合です。

（2）打撃の錯誤（方法の錯誤）

　具体的事実の錯誤における打撃の錯誤の例として，行為者がAを殺害しようとして拳銃を発砲したが，緊張から手もとが狂い弾丸が逸れた結果Aには命中せず，たまたまAの背後を歩いていた予想外のBに命中し，Bが死亡したとい

う単純な打撃はずれの場合を考えてみましょう。

　この場合，抽象的法定符合説によれば，Aという人の死もBという人の死も殺人罪という同一の構成要件的事実であるため，Bに対する殺人罪は問題なく成立することになるでしょう。もっとも，同説の内部でも，Aに対する殺人未遂罪としての処罰までを認めるかについては争いもあります。つまり，行為者はあくまで1人の人を殺害しようとして行為に出たにすぎないのに，結果的に2つの殺人罪を認めることは可能であるのか，という問題が生じるわけです。

（ⅰ）故意の個数　　このような故意の個数に関する問題は，打撃の錯誤のなかでも，とくに**併発事例**と呼ばれる事案でより悩ましい問題として浮上します。併発事例の典型例としては，過去に実際に起きた事件として，**びょう打ち銃事件**（最判昭和53・7・28刑集32巻5号1068頁〈百選Ⅰ No. 42〉）というものがあります。これは，行為者が，街頭をパトロール中の巡査Aから携帯の拳銃を奪おうという強盗目的のもと，殺意をもって建設工事用のびょう打ち銃を改造した銃でAを撃ったところ，びょうがAを貫通したうえで30m先の通行人Bにも当たって両者に重傷を負わせたという事件です。最高裁は，本事案に関して，「犯罪の故意があるとするには……犯人が認識した罪となるべき事実と現実に発生した事実とが……法定の範囲内において一致することをもって足りるものと解すべき」として抽象的法定符合説の見解に立ちつつ，「人を殺す意思のもとに殺害行為に出た以上，犯人の認識しなかった人に対してその結果が発生した場合にも，右の結果について殺人の故意があるものというべきである。……被告人が人を殺害する意思のもとに……殺害行為に出た結果，被告人の意図した巡査Aに右側胸部貫通銃創を負わせたが殺害するに至らなかったのであるから，同巡査に対する殺人未遂罪が成立し，同時に，被告人の予期しなかった通行人Bに対し腹部貫通銃創の結果が発生し，かつ，右殺害行為とBの障害の結果との間に因果関係が認められるから同人に対する殺人未遂罪もまた成立し……，しかも，被告人の右殺人未遂の所為は同巡査に対する強盗の手段として行われたものである」として，両者に対する強盗殺人未遂罪の成立を認めています。このように，抽象的法定符合説のなかでも，行為者が1人に対する故意しか有していない場合にも複数の故意犯の成立を認める見解を**数故意犯説**といいます。しかし，この数故意犯説に対しては，行為者に不当に重い責任を負わせることに

なってしまうという批判が向けられています。そこで，抽象的法定符合説のなかには，成立する故意犯の個数を行為者が認識した客体の個数に限定する**一故意犯説**という見解もありますが，一故意犯説に対しても，例えば，成立させる故意犯を特定する基準がない以上，不当な結論を導きうるものであるという批判があります。

　これに対し，具体的法定符合説によれば，あくまでAとBとは別個の法益主体であり，Aに対する殺人行為とBに対する殺人行為とは別の構成要件的評価を受けることになります。すなわち，同説からは，目の前にいるAに対する殺人の故意がたまたま付近を通りかかったBに対する故意と認められることはありません。したがって，とりわけ併発事例に関しても，行為者に故意犯が認められるのはAに対する殺人未遂罪のみで，Bに対しては，Bへの併発が予見可能であった限りで，せいぜいのところ過失致傷罪が成立するにすぎないことになります。先の単純な打撃はずれの事例についても，行為者が認識したAに対する殺人未遂は成立しますが，発生事実であるBの死に対しては過失致死罪の成立にとどまることになるでしょう。つまり，打撃の錯誤の場合において，具体的法定符合説によれば，抽象的法定符合説のような故意の個数の問題なども生じないと説明されるのです。

　しかし，故意の個数の問題が，本当に具体的法定符合説の立場においては生じないのかという点については，疑いがあります。例えば，ある行為者が，トイレの個室が「使用中」になっていたので個室に入っている1人を殺害するつもりで爆弾を投げ込んだところ，予想外にもその個室にはAとBの2人が入っていて両者が死亡したという場合には，具体的法定符合説からも同様の問題が生じるのではないでしょうか。

（ⅱ）**択一的故意か重畳的故意か**　　このように，打撃の錯誤の問題は一見すると一筋縄ではいかないようにも思われますが，このような場合には，行為者の認識の形式が**択一的故意**だったのか，それとも**重畳的故意**だったのかを明らかにすることが解決の鍵になるでしょう（故意の認識形式については，第4章Ⅱ2参照）。例えば，ある行為者が，街中でAを殺害しようと拳銃を発砲したところ，銃弾はAに命中した上，その身体を貫通し，さらにBにも当たり両者が死亡したという場合でも，行為者が絶対にAあるいはBのいずれか1人だけにしか銃弾が

当たらないと思っていたとすれば，行為者には択一的故意しか存在しないことになります。行為者がこのような択一的故意のみを有していた場合には，少なくとも２つの故意犯処罰を肯定する余地はありません。これに対し，行為者がＡだけでなく未必的なものであれＢにも重畳的に銃弾が当たると思っていたとすれば，行為者には重畳的故意が認められることになります。その場合には，故意は２つの客体に重畳的に及んでいるため，２つの故意犯処罰を肯定することができます（その場合，正確にいえば，刑法上問題となる錯誤は何ら生じていないということになります）。このように，打撃の錯誤の事例においては，行為者の故意の内容を具体的に問うことが何よりも重要であるように思われます（規範論・252頁以下，317頁以下も参照）。

（3）因果関係の錯誤（因果経過の齟齬）

　因果関係の錯誤とは，行為者が思い描いた結果は発生したが，この結果発生へと至る因果の経過が，行為者の認識と現実とでくい違っていることを意味します。例えば，行為者がかなづちのＡを溺死させようとして橋の上から川に投げ込んだが，Ａは行為者の意に反して橋脚に頭を強く打ち，その結果，頭蓋骨折，脳出血により死に至った場合などが因果関係の錯誤の典型事例です。

　このような場合，抽象的法定符合説によれば，行為者は人を死亡させようとして，結果的に人が死亡しているため，そこには符合が認められ，故意は問題なく肯定されることになるはずです。また，具体的法定符合説の立場に立ったとしても，結論は異なりません。つまり，行為者は目の前のＡを殺害しようとして，結果的に目の前のＡが死亡しているからです。

　このように，因果関係の錯誤の場合には，いずれにせよ法定的符合説に立つ以上は故意が阻却されることはないとされています。というのも，因果関係の錯誤が問題になっているときは，すでに現実の因果経過に相当因果関係が認められていることが前提となるからです。つまり，その相当性判断のなかで，因果経過が認識ないし予見可能であるかどうかはすでに評価し尽されてしまうわけです。そうした理由から，従来は，因果関係の錯誤という問題を設定することそれ自体が無用な議論ではないかとされてきました。

　しかし，仮に行為と結果との間に相当因果関係が認められ，あるいは，行為に結果を客観的に帰属できるとしても，それが行為者にとって意外なものであ

る場合には，その結果が行為者によって「わざと」引き起こされたものである
とすることに違和感は残ります。この点，第3章でもみたように，行為者を故
意既遂犯として処罰するためには，結果が行為者の単なる行為に帰属できるだ
けでなく，まさに行為者の「故意」行為に帰属できる必要があります。したがっ
て，因果関係の錯誤が問題となる場合，行為者が故意犯として処罰されるか否
かは，行為者の行為内在的意思としての故意が果たして何を表現し，いかなる
危険に及んでいるかに左右されることになるでしょう。これを吟味した結果，
行為者の故意の内容が本当に現実の因果経過とくい違っているのであれば，行
為者の故意行為に結果を帰属することはできません。反対に，行為者の故意の
内容と因果経過が合致していたのであれば，故意帰属は肯定されます。その意
味において，因果関係の錯誤は，確かに（故意はすでに存在しているために）故
意の有無それ自体に直接関わるものではありませんが，最終的に現実に発生し
た結果を行為者の故意行為に帰属できるか否かが決定的な争点となる問題であ
るといえるでしょう。

　このような理解のもとに先の典型事例を考えてみましょう。仮に，行為者が，
橋には橋脚があるという知識を有しており，かつAを投げ落とす際にその身体
が橋脚に衝突することを回避するような特別の仕方をとらない限り，通常，行
為者の故意はAの身体が橋脚へ衝突する可能性を包括していることになります。
すなわち，行為者の故意の内容は溺死の危険に加え，衝突死の危険にも包括的・
不確定的・未必的に及んでいます。この場合，そもそも行為者の故意と現実の
因果経過との間にくい違いは存在しておらず，故意帰属が肯定されるため，行
為者は故意犯として処罰されることになります。

　これに対し，行為者が溺死の危険以外の危険を回避するような仕方でAを投
げ落としていたという場合には，行為者の故意の内容が溺死の危険だけに択一
的に特定されていることになります。その場合には，まさに行為者の故意の内
容と現実の因果経過との間にはくい違いが生じており，故意帰属が否定される
ため，行為者は故意犯として処罰されないことになります。

　このように，因果関係の錯誤とされる事例においても，まずもって行為者の
故意の内容がいかなる危険に及んでいるのかを確定し，そして，それがまさに
現実の因果経過とくい違っていたのかどうかを改めて吟味することで，解決が

図られるべきであるといえるでしょう（規範論・239頁以下参照）。

　ところで，いわゆる因果関係の錯誤については，その特殊な事例として，**予定後の結果惹起（遅すぎた構成要件の実現）**や，**予定前の結果惹起（早すぎた構成要件の実現）**と呼ばれる事例も存在しますが，これらの事例においても，基本的には，上記の方法で解決が図られるべきであるように思われます。

（ⅰ）予定後の結果惹起　　まず，予定後の結果惹起の事例から考えてみましょう。例えば，行為者が，殺意をもってＡの首を締め上げたところ（第１行為），それによりＡが動かなくなったので，行為者はＡが死亡したものと誤信し，犯行の発覚を防ぐために海岸に運んで放置し（第２行為），Ａは結果的に第２行為によって窒息死した，という場合，果たして行為者は故意犯として処罰されるでしょうか。このような場合，かつては，第１行為と第２行為を含んだ全過程を１個の行為と理解し，その全過程を包括的に支配する故意概念を認めたうえで，殺人既遂罪の成立を肯定する考え方もありました。そのような見解をその主張者の名にちなんで**ヴェーバーの概括的故意**と呼びます。しかし，この見解は，事前の決心を重視して，実際には殺人の故意が認められない第２行為にも殺人の故意を認めてしまう点で妥当ではありません。結局，ここでも重要なのは，行為者の個々の行為内在的な故意の内容が何を表現しているのかということです。すなわち，ここでＡの殺人という危険を表現しているのは，第１行為に内在する意思としての故意のみです。この故意が表現しているＡの殺人という危険が，まさに実際のＡの死という結果のなかに実現しているものといえるのであれば，行為者には殺人罪が成立することになります。反対に，Ａの死亡結果の直接的な原因があくまで第２行為にあるという場合には，ここに行為者の故意と現実の因果経過との間にくい違いがあるということになります。したがって，その場合には，行為者が表現している危険が現実の結果に実現したとはいえず，故意犯の成立は否定されることになるでしょう（大阪高判令３・10・４判時2534号112頁も参照）。

（ⅱ）予定前の結果惹起　　それでは，予定前の結果惹起の場合はどうでしょうか。行為者が第２行為で結果を発生させるつもりだったところ，実際には第１行為から結果が発生した場合がこれにあたります。その典型例として，**クロロホルム事件**（最決平成16・３・22刑集58巻３号187頁〈百選Ⅰ No.64〉）では，被告人が被

害者を溺死させるため，クロロホルムを嗅がせて意識を失わせ（第1行為），約2時間後，2km離れた港で被害者を車ごと海中に落として殺害したが（第2行為），被害者は被告人の第1行為により死亡した可能性があり，そのことを被告人が認識していなかった，という事案において，最高裁は，第1行為と第2行為とを一連一体の殺人行為と評価し，殺人既遂罪が成立すると結論づけました。しかし，このような場合にも，行為者の個々の行為内在的な故意の内容が何を表現しているのか，ということを考えてみれば，殺人の危険を表現しているのは，第2行為に内在する意思のみであるといえます。そのため，第1行為の時点においては，行為者の故意の内容と現実の因果経過との間にくい違いがあるため，少なくとも，第1行為をも含めた一連一体の行為に死亡結果を帰属させることは不可能であるといわざるをえません。それゆえ，本事案のような場合に殺人既遂罪の成立を認めることには疑問があります。なお，この事件については，そもそも第1行為と第2行為を一連一体の行為と評価することがなぜ可能なのか，殺人の準備行為にすぎない第1行為に実行の着手を認めること自体に問題があるのではないかという疑問も向けられています。仮に第1行為の時点で殺人罪の実行の着手が認められなければ，第1行為については殺人予備罪と傷害致死罪が，第2行為についてはせいぜいのところ殺人未遂罪が成立しうるのみとなるでしょう（クロロホルム事件については，第11章Ⅰ5も参照）。

4　抽象的事実の錯誤

　抽象的事実の錯誤とは，行為者の認識と現実が，異なる犯罪の構成要件的事実にまたがりくい違っている場合をいいます。すでに述べたように，抽象的符合説は妥当ではないため，抽象的事実の錯誤がある場合には，原則として，認識事実については故意の未遂犯の成否を検討し，発生事実については過失犯の成否を検討するという解決がなされます。しかし，そうすると，そこには刑罰の不均衡という問題が依然としてありうることになります。この点，抽象的事実の錯誤に関する38条2項も，「重い罪に当たるべき行為をしたのに，行為の時にその重い罪に当たることとなる事実を知らなかった者は，その重い罪によって処断することはできない。」とするのみで，具体的にどのような犯罪が成立するのかについては規定していませんし，認識事実が実現事実よりも重い

犯罪にあたる場合や，両者が同じ重さの犯罪である場合などについても言及していません。このような点も踏まえて，抽象的事実の錯誤の問題はどのように解決されるべきなのでしょうか。

（1）構成要件的な重なり合い

　判例および通説的な見解は，法定的符合説の立場から，確かに原則としては現実に発生した事実に対する故意犯は成立しないものの，例外として，行為者の認識した犯罪の構成要件と現実に発生した犯罪の構成要件とが重なり合う場合には，その重なり合う限度での故意犯が成立するものと考えています。それでは，この**構成要件的な重なり合い**（構成要件的符合）が認められる場合とはどのような場合なのでしょうか。

（ⅰ）構成要件の形式的な重なり合い
　　　例えば，行為者が業務上横領罪（253条）にあたる事実を認識し，現実には単純横領罪（252条）にあたる事実が発生した場合には，両者が重なり合う限度で単純横領罪が成立します。確かに，単純横領罪と業務上横領罪とは別の犯罪ですが，両者には，主体が単なる占有者か，それとも業務上の占有者かという点に違いがあるだけで，**基本犯と加重・減軽類型としての関係**があるためです。そうすると，行為者が業務上横領罪にあたる事実を認識していれば，そのなかには単純横領罪にあたる事実が含まれていることになり，現実に発生した単純横領罪としての処罰が可能になります。このように，行為者が認識した事実と現実に発生した事実との間に構成要件の形式的な重なり合いが肯定できる場合には，両者が重なり合う限度で故意犯の成立が認められます。単純横領罪と業務上横領罪のほかにも，殺人罪と同意殺人罪（202条）の関係などがこれに該当します。さらに，**一方の犯罪事実が他方の犯罪事実を包含する関係**がある場合にも，この意味での重なり合いが認められます。例えば，殺人罪と傷害罪（204条），強盗罪（236条1項）と窃盗罪（235条）の関係などがこれに該当します。

（ⅱ）構成要件の実質的な重なり合い
　　　もっとも，このように構成要件の形式的な重なり合いがある場合にのみ故意犯の処罰を肯定するだけでは，例えば，行為者が占有離脱物横領罪（254条）にあたる事実を認識し，現実には窃盗罪にあたる事実が発生した場合に，行為者が不処罰となってしまいます。というのも，占有離脱物横領罪と窃盗罪の間に形式的な重なり合いは認められないばかりか，

現行法上は，占有離脱物横領罪の未遂犯処罰規定と過失窃盗罪の処罰規定は存在しないからです。しかし，他人の物を自分の物にしようという意思をもって他人の物を領得した行為者が不処罰となってしまうのは妥当な結論といいがたく，ここにも何かしらの重なり合いを肯定することが望ましいといえます。実際に，東京高判昭和35・7・15下刑集2巻7・8号989頁は，窃盗罪と占有離脱物横領罪につき，重なり合いを肯定しました。確かに，窃盗罪は他人の占有する他人の所有物を客体とし，占有離脱物横領罪は他人の占有を離れた他人の所有物を客体としている点で，両者には排他的な関係が存在します。しかし，占有離脱物横領罪は財物の所有権を保護法益とし，窃盗罪も財物の占有とその背後にある所有権を保護法益とするものであるため，所有権という限度で両者の保護法益は共通しています。また，どちらの犯罪も領得罪であり，他人の財物を不法に領得するという行為態様が共通しています。このように，単に形式的な重なり合いがある場合にとどまらず，犯罪間に**保護法益の共通性**および**行為態様の共通性**がある場合にも，**実質的な重なり合い**を認めることで，その限度で故意犯処罰を肯定する考え方が現在の判例および通説の立場であるとされています。このような考え方からは，窃盗罪と占有離脱物横領罪のほかにも，虚偽公文書作成罪（156条）と公文書偽造罪（155条），覚せい剤輸入罪（覚せい剤取締法41条）と麻薬輸入罪（麻向法64条・65条）などの間に実質的な重なり合いが認められています。

　このように，構成要件の実質的な重なり合いがある場合にも故意犯処罰を肯定することが可能であると思われますが，この実質的な重なり合いが認められるためには，保護法益の共通性と行為態様の共通性の両方の要素が必要であるという点が重要です。例えば，母親Xが，自身の子どもであるAをすでに死亡したものと思って山中に遺棄した場合，行為者は死体遺棄罪（190条）の認識で，現実には保護責任者遺棄罪（218条）の事実が発生しています。この場合，行為態様の共通性のみを重視して両罪における実質的な重なり合いを肯定する考え方も主張されています（そのような考え方は**罪質符合説**ないし**規範的符合説**と呼ばれています）。つまり，いずれにせよ人間を場所的に移転する行為であるという点で死体遺棄罪と（保護責任者）遺棄罪の行為態様が共通している点を重視し，（保護責任者）遺棄罪の成立を認めようとするわけです。しかし，死体遺棄罪の保

護法益はいわば死者を尊重する公衆の宗教感情という社会的法益であるのに対して，（保護責任者）遺棄罪の保護法益は人の生命・身体という個人的法益であるという点で，両罪の保護法益は全く異なるものです。このような場合にまで実質的な重なり合いを肯定してしまうことには，両罪に込められた決定的な立法趣旨の違いを度外視する点で妥当ではなく，故意犯の成立範囲を不当に拡大することにもつながってしまうとの批判が向けられています。抽象的事実の錯誤がある場合には，やはり行為態様の共通性だけでなく保護法益の共通性も必要だということになります。両者の共通性が認められるということは，多くの場合，立法者が個々の刑罰法規に込めた立法趣旨にも大きく反するところはなく，また，比較する両罪が不法の核心を同じくしているともいえるために，いわゆる**規範的な互換性**や**規範的な段階関係**が認められるということを意味しています。実質的な重なり合いというものは，原則として，このような互換性ないし段階関係を有する場合に限って認められるべきでしょう（このように両罪における立法趣旨や不法の核心を比較しつつ，規範的な互換性や規範的な段階関係，さらには**概念論理的な段階関係**といった概念を用いることで抽象的事実の錯誤の問題を解決することについては，法解釈・266頁以下も参照）。

　なお，このように理解すると，死体遺棄罪の認識で（保護責任者）遺棄罪を発生させた場合には実質的な重なり合いが認められないことから，認識事実については死体遺棄罪の未遂，発生事実については過失遺棄罪の成否が検討されることになりますが，現行法には死体遺棄罪の未遂処罰規定も過失遺棄罪の処罰規定も存在しないため，行為者は不可罰となってしまうという問題が残ります。そのため，この事例は抽象的事実の錯誤に関する限界事例とされることもあります。もっとも，この事例が本当に抽象的事実の錯誤の事例であるのかについては再考してみる余地があるでしょう。すなわち，実際には生きている人間を死体と誤信し遺棄するという場合，果たして生きている人間と死んでいる人間の識別がそれほど簡単にできるものなのか，考えてみてください。もちろんすでに相当の時間や日数が経過しており一定の死体現象がはっきりとわかる形で生じていれば話は別ですが，そうした外的特徴等の確認が取れない段階では，行為者にはこれが死体であるという強い確信と同時に，もしかすると生きているかもしれないという意識も共存していると考える方が自然ではないで

しょうか。仮にそうであるとすると，行為者の故意は，死体遺棄罪へと意図的に，そして（保護責任者）遺棄罪へと未必的に，つまりは両罪へ重畳的に及んでいることになります。両罪に重畳的な故意が及んでいるのだとすると，そこに錯誤の問題は生じず，それぞれの故意犯の成否が検討され，死体遺棄罪の未遂処罰規定が存在していないために，実際に発生した遺棄罪についてのみ故意犯が成立すると考えることもできるのではないでしょうか。このように，一見すると抽象的事実の錯誤と思われる事例のなかには，そもそも錯誤が生じていないと考えられるような事例も存在しうる点に注意が必要です。

（2）抽象的事実の錯誤の類型

　構成要件の重なり合いが認められる場合には，①行為者の認識した犯罪事実よりも現実に発生した犯罪事実の方が重い場合，②認識事実よりも発生事実の方が軽い場合，③認識事実と発生事実とが同じ重さである場合のそれぞれが考えられます。すでに述べたように，38条2項では，とくに①の場合の科刑について言及されているのみで，どのような犯罪が成立するのかについては規定されておらず，また，②，③の場合については一切言及されていません。

　①の場合，いずれにせよ行為者には軽い犯罪事実の認識は存在するため，その軽い犯罪の客観的な構成要件該当性が認められさえすれば，軽い犯罪が成立することになります。例えば，最決昭和61・6・9刑集40巻4号269頁〈百選Ⅰ No. 43〉は，行為者が麻薬であるコカインと誤信して覚せい剤を所持した事案において，行為者が認識していたジアセチルモルヒネ等以外の一般麻薬に関する麻薬所持罪（現在の麻向法66条1項）と現実に発生した覚せい剤所持罪（覚せい剤取締法41条の2第1項）との関係につき，「両罪の構成要件が実質的に重なり合う限度で軽い麻薬所持罪の故意が成立し同罪が成立する」とし，両罪が重なり合う軽い麻薬所持罪の客観的な構成要件該当性を肯定したうえで，麻薬所持罪の成立を認めています。

　②の場合には，現実に発生した犯罪事実に対応する故意が認められるのかが問題となります。例えば，窃盗罪の認識で客観的には占有離脱物横領罪を実現した場合，行為者には軽い占有離脱物横領の認識がありません。しかし，この場合にも，窃盗罪と占有離脱物横領罪との間に実質的な重なり合いが認められるのであれば，軽い占有離脱物横領罪の成立を認めるべきでしょう。行為者の

認識をあえて軽い犯罪事実の認識と同様に取り扱うことは，結果的に行為者の刑を減軽することにもつながります。つまり，ここでは行為者にとって有利な類推を行うことで，軽い犯罪事実についての故意を肯定することが妥当であるということになるわけです。

　上記２つの場合と比べると，③の場合は，どちらの犯罪を成立させるべきなのかを決することは悩ましい問題です。というのも，例えば，行為者が覚せい剤輸入罪（覚せい剤取締法41条１項）の認識でジアセチルモルヒネ（ヘロイン）等に関する麻薬輸入罪（麻向法64条１項）を実現したという場合，そこには実質的な重なり合いが認められます。しかしながら，両者の法定刑は同一であるため，重なり合う限度というのが覚せい剤輸入罪の限度なのか，それとも，麻薬輸入罪であるのかはどちらともいいがたいからです。それぞれの帰結に若干の問題は残るものの，この点は，一方で認識事実の方を重視して覚せい剤輸入罪が成立するものと解するか，他方で発生事実の方を重視して麻薬輸入罪が成立するものと解するか，どちらの事実を重視するかで決することが一般的であるように思われます。なお，この点について，判例は，発生事実に対応する故意を認め，麻薬輸入罪の成立を認めています（最決昭和54・3・27刑集33巻2号140頁）。

Ⅳ　違法性の錯誤

　違法性の錯誤とは，行為者が犯罪事実を正しく認識しているものの，誤って自身の行為が違法であると思わなかった場合をいいます。Ⅱの冒頭でも述べたように，責任説に立つ場合，違法性の錯誤は，故意の有無に直接関係せず，責任の段階で，不法の認識（の可能性）の有無に影響を及ぼすことになります。それゆえ，具体的にどのような錯誤が違法性の錯誤となり事実の錯誤と区別されることになるのかを理解することが重要です。

1　違法性の錯誤と事実の錯誤の区別

　ここでは，古典的な2つの判例を確認しておきましょう。たぬき・むじな事件（大判大正14・6・9刑集4巻378頁〈百選Ⅰ No. 45〉）では，狩猟法上の禁猟獣の「たぬき」を「むじな」であると思って捕獲した行為者が，「むじな」は「た

ぬき」とは別の動物であると信じていたものの，実際には「たぬき」と「むじ
な」は同じ動物であったという事案において，これは事実の錯誤であるとして
「たぬき」を捕獲する故意が否定されました。これに対して，類似の**むささび・
もま事件**（大判大正13・4・25刑集3巻364頁）では，禁猟獣である「むささび」
を「もま」であると思って捕獲した行為者が，両者は同じ動物ではあるものの，
行為者の住む地方では「むささび」は「もま」と呼ばれており，そのために「む
ささび」と呼ばれる動物の外観を知らなかったという事案において，これは違
法性の錯誤であるとして「むささび」捕獲の故意が肯定されました。この両者
の違いは，犯罪事実の認識の有無にあります。前者は，行為者が「むじな」の
ことを積極的に「たぬき」とは別の動物であると認識していたために，そもそ
も構成要件該当事実の認識が欠けています。これに対し，後者では，「もま」
を「もま」であると思って捕獲している以上は，犯罪事実の認識に欠けるとこ
ろはないという違いがあります（なお，法解釈・388頁は，この違いを**言語ゲーム**の
観点から説明しています）。

　違法性の錯誤と事実の錯誤の区別に関係する判例はほかにもありますが，要
するに，両者を区別する基準は，行為者が認識した事実が，第**4**章でも確認し
たように，故意にとって必要な程度の認識であるか否かという点に帰着するで
しょう。つまり，刑法上の故意が認められるためには，犯罪事実の認識として，
少なくとも**裸の事実の認識**以上の**社会的な意味の認識**ないし**素人仲間の並行的
評価の認識**まで必要です。とすれば，そもそもそのような認識を欠いている場
合には，事実の錯誤があったものとされ，反対に，正確なあてはめの認識など，
法的な評価に関わる認識を欠いていたとしても，これは事実の錯誤ではないた
めに故意の有無には影響せず，違法性の錯誤として扱われることになります。

2　正当化事由の錯誤

（1）誤想防衛

　客観的に正当防衛の要件を充たしていないのに，行為者が正当防衛にあたる
事実があると誤信して行為に出た場合を誤想防衛といいます。例えば，行為者
が，猟銃を自身の方に向けていたAを見て殺されると思い，Aに向けて発砲し
死亡させたが，実はAは野鳥を狙っていたにすぎなかったという場合などがこ

れにあたります。この場合，客観的には急迫不正の侵害が欠けているため，行為者の行為は正当防衛に該当しません。その際，行為者は自身の行為が許されるものと思っていますが，あくまでAを殺害するという犯罪事実は認識している以上，殺人の故意は存在していることになります。この点で，誤想防衛は違法性の錯誤の一種に位置づけられることがあります。誤想防衛を違法性の錯誤ととらえる見解を，端的に**厳格責任説**と呼ぶこともあります。同説は，構成要件該当事実のみを故意の対象であるとし，誤想防衛の場合には，その誤想がやむをえなかった場合に限り，不法の認識の可能性が欠けるとして，責任の阻却を認めます。

これに対して，正当化事由の不存在を消極的構成要件要素として構成要件の内部に取り込む，いわゆる**消極的構成要件要素の理論**からは，誤想防衛は事実の錯誤であると理解されます（なお，必ずしもそのすべてが消極的構成要件要素の理論の立場に立脚するわけではないものの，誤想防衛を事実の錯誤と理解する見解を端的に**制限責任説**と呼ぶこともあります）。消極的構成要件要素の理論によれば，ある犯罪の構成要件は「正当防衛等の正当化事由にあたることなくその犯罪を実現すること」となるため，行為者に構成要件該当事実に関する認識が欠けている誤想防衛は事実の錯誤となり，故意が否定されることになります。

このように，果たして誤想防衛が違法性の錯誤なのか，それとも事実の錯誤なのかということは，立場の違いにも関係することであるため，一概に画定できることではありません。ここでは，本書の立場からすると，誤想防衛はどのように解決されるべきかを示すにとどめることにします。

本書は，故意を構成要件要素であると理解します。したがって，誤想防衛の場合にも，故意が否定されることはありません。また，法益侵害を志向するそのような故意行為の遂行により，一定の行為無価値が認められます。もっとも，誤想防衛の場合には，行為者には同時に正当化事由の認識という一定の行為価値が存在するため，行為無価値とこの行為価値を衡量して不法の程度を考えます。その際，行為価値が対応する行為無価値を優越する限りにおいて故意不法は阻却されることになるでしょう。すなわち，その錯誤が回避不可能な誤想防衛は不法阻却事由となります。しかし，この錯誤が回避可能であった場合，行為無価値が完全に阻却されることはありません。その場合の行為価値は不完全

なものであり，不完全な行為価値によっては，せいぜい行為無価値を減少させるにすぎないことになります。それゆえ，錯誤が回避可能な場合には，故意犯の処罰の程度が減軽されるにとどまることも考えられるでしょう。このように，誤想防衛の問題を故意の有無それ自体の問題や責任阻却の問題と切り離して不法阻却に関わる問題ととらえ，あくまでその法律効果ないし処罰の点で制限責任説と同様の結論に至る考え方は，**法律効果指示説**あるいは**柔軟な責任説**とも称されるべきものかもしれません（規範論・80頁以下，法解釈・501頁も参照）。

（2）誤想過剰防衛

　行為者が急迫不正の侵害を誤想したうえ，さらに誤想した侵害に対して過剰な反撃に出た場合を**誤想過剰防衛**といいます。誤想過剰防衛においても，過剰性を基礎づける事実の認識を欠く場合（いわば，二重の誤想防衛）には，誤想防衛と同様の処理がなされます。もっとも，過剰性を基礎づける事実の認識を欠いたことにつき回避可能性が存在する場合には，誤想防衛の場合よりも，さらに行為価値は不完全なものとなります。

　これに対し，過剰性を基礎づける事実の認識があった場合（これは，狭義の誤想過剰防衛とも呼ばれています）には，そこに行為価値は認められないため，36条2項の準用の可否が問題となります。第7章でもみたように，過剰防衛の減免根拠に関する責任減少説や，違法・責任減少説でもそれを択一的に運用する考え方からは，誤想過剰防衛の場合には急迫不正の侵害を誤想している点で心理的切迫性が認められるために36条2項の準用が認められるでしょう。これに対して，違法減少説や，違法・責任減少説でもそれを重畳的に運用する考え方からは，誤想過剰防衛の場合には客観的に急迫不正の侵害が存在していない点で刑の減免は認められないとされています。

　誤想過剰防衛に関する**勘違い騎士道事件**（最決昭和62・3・26刑集41巻2号182頁〈百選ⅠNo.29〉）では，空手有段者の行為者が，酒に酔ったB女をA男が介抱しているのを目撃して，AがBを攻撃しているものと誤解し，Aの頭部に回し蹴りを加えて転倒させ死亡させた，という事案において，最高裁は，「本件

1）　誤想過剰防衛の場合には，もはや過剰防衛として36条2項を適用できる本来的な状況が欠けているため，あくまで準用の可否が検討されることになります。

回し蹴り行為は，行為者が誤信したＡによる急迫不正の侵害に対する防衛手段として相当性を逸脱していることが明らかであるとし，行為者の所為について傷害致死罪が成立し，いわゆる誤想過剰防衛に当たるとして刑法36条２項により刑を減軽した原判断は，正当である。」とし，誤想過剰防衛の場合に36条２項を準用する可能性を是認しています。

3　違法性の錯誤の類型

上記のように，争いはあるものの，正当化事由の錯誤が典型的な違法性の錯誤ではないとすると，果たして違法性の錯誤とは具体的にどのような場合のことをいうのでしょうか。この点，違法性の錯誤には，錯誤に陥る原因によって，法の不知とあてはめの錯誤の２種類があるとされています。

（1）法の不知

法の不知とは，刑罰法規の存在に関する錯誤のことで，刑罰法規の存在を知らなかったために，自己の行為は違法でないと誤信した場合を指します。もっとも，刑罰法規が合理的な方法で公布・施行され，国民のすべてがそれを知りうる状態になっているのであれば，通常，不法の認識の可能性すらないという状況は考えられません。その場合に，法の不知を理由として行為者の責任が阻却されるためには，行為者が違法性を意識しなかったことについて，通常であれば刑罰法規の存在を知りうるだろうというこの想定を覆すほどのよほど特殊な事情が必要となるでしょう。

（2）あてはめの錯誤

あてはめの錯誤とは，刑罰法規の存在は知っているが，その法規の解釈を誤ったことで自己の行為が適法であると信じた場合を指します。例えば，**羽田空港デモ事件**差戻審判決（東京高判昭和51・6・1高刑集29巻2号301頁）では，被告人が，羽田空港ビルの国際線出発ロビーで日中友好協会関係者らの無許可の集団示威運動を指導したという事案に関し，同種の無許可集団示威運動については当時多くの裁判で可罰的違法性がないとされており，被告人はそれを信頼していたという点も考慮し，東京都公安条例5条違反が否定されました。同様に，**石油カルテル事件**（東京高判昭和55・9・26高刑集33巻5号359頁）では，石油連盟の需給委員長であった被告人が独占禁止法に違反する石油の生産調整を通産省

の行政指導に基づいて実施し，しかも公正取引委員会委員長が国会答弁でこのような生産調整を容認したという事案に関し，被告人が自身の行為を違法でないと思ったことについては相当の理由があるとして，独占禁止法違反を認めませんでした。

このように，あてはめの錯誤がある場合には，同種事案に関する過去の判例や公的機関の見解を信頼したという事情があれば，例外はあるものの，錯誤に陥ったことにつき相当の理由があるとして不法の認識の可能性が否定されるのが一般的です。

これに対して，私人の意見を信用したというだけでは不法の認識の可能性は肯定されるものと理解されています。この点については，弁護士の意見に従って住居侵入を行った被告人を有罪とした判例もあります（大判昭和9・9・28刑集13巻1230頁）。もっとも，私人の意見を信用した場合にも不法の認識の可能性が常に肯定されるわけではありません。**黒い雪事件**（東京高判昭和44・9・17高刑集22巻4号595頁）では，民間の自主的規制機関である映倫の審査を通過した映画の上映がわいせつ図画公然陳列罪（175条）にあたるとして起訴されましたが，映倫制度発足の趣旨や，映倫に対する社会的評価などが考慮された結果，映倫の審査を信用したことには相当の理由があるとして，同罪の成立は否定されました。

第11章 未 遂

I 未遂犯

1 故意犯の時間的分類

多くの故意犯は，計画から終了に至るまで一定の時間を必要とするでしょう。終了に至るまでの時間については，いくつかの段階に分けることができます。

第1に，**計画**と呼ばれる段階では，行為者が構成要件をどのように実現するか，頭や心のなかでイメージします。そのような行為者の認識は**事前の故意**と呼ばれ，刑法で認められている故意ではありません（規範論・233頁）。この段階では，憲法19条で定められている思想・良心の自由に基づき，刑法上不可罰となります。

第2に，**陰謀**と呼ばれる段階では，2人以上の仲間が，犯罪の実行を計画して合意に達します。刑法では，内乱陰謀罪（78条），外患陰謀罪（88条），私戦陰謀罪（93条）のみ，この段階での処罰規定があります[1]。

第3に，**予備**と呼ばれる段階では，行為者は，犯罪を完成させるための準備を行います。例えば，殺害を計画した行為者であれば，殺害する際に使用する包丁などを準備するでしょう。刑法では，とくに重要な法益を保護するため，殺人罪（199条）や強盗罪（236条）などに予備罪の処罰規定が置かれています。

第4に，**未遂**と呼ばれる段階では，行為者は，犯罪の実行に取り掛かっているものの，まだ犯罪を完成させていません。例えば，行為者が被害者を射殺しようとしたところ，弾が外れて被害者が無傷で済んだ場合です。この場合，行為者は殺人罪の実行に取り掛かっていますが，被害者の死亡結果が発生していませんので，43条本文に定められている「犯罪の実行に着手してこれを遂げな

1） 第13章で説明する共謀共同正犯は，この段階のみ関与した者の責任が問題となります。

かった者」に該当し，行為者には殺人未遂罪（203条）が成立します。刑法では，結果を含む構成要件要素の一部が欠けている場合，**未遂犯**が成立することを示しています。既遂犯の構成要件を基本とするならば，未遂犯は，**修正された構成要件**に該当するものであるといえるでしょう。未遂の段階では，重要な法益を保護するため，各則に未遂犯の処罰規定がある限りで行為者は例外的に処罰され（44条），既遂犯に比べて刑が減軽される可能性があります（43条本文）。このような法律効果を**刑の任意的減軽**といいます。

　第5に，**既遂**と呼ばれる段階では，行為者は，すべての客観的構成要件要素を実現しています。刑法では，基本的に**既遂犯**が定められています。

　第6に，**終了**と呼ばれる段階では，既遂に達した後に犯罪が終了します。殺人罪のような即成犯（第1章Ⅶ2も参照）の場合には，既遂と同時に犯罪が終了しますが，監禁罪のような継続犯の場合には，法益を侵害した時点で既遂となるものの，法益侵害状態が終了しない限り犯罪は終了しません。とくに継続犯の場合は，既遂に達しても犯罪が終了するまで時効が進行しない点に注意が必要です。

2　未遂犯の種類

　未遂犯は，犯罪の未完成が行為者の意思によるものかどうかに応じて，障害未遂と中止未遂の2つに分けられます。**障害未遂**とは，行為者の意思と無関係に犯罪が完成しない場合です（43条本文）。**中止未遂**とは，行為者が「自己の意思により犯罪を中止した」（43条但書）場合であり，一般的に**中止犯**と呼ばれています。

　また，未完成となった行為態様に応じて，着手未遂と実行未遂に分けられます。**着手未遂**とは，実行行為に取り掛かり，それを終える前に犯罪の未完成が確定した場合です。例えば，通り魔が歩行者を殺害しようとして切りつけたところ，周りにいた人たちから取り押さえられ，誰1人殺害することができなかった場合があげられます。**実行未遂**とは，実行行為を終えた後に犯罪の未完成が確定した場合です。例えば，行為者が被害者を数発の弾丸で射殺しようとしたところ，すべて外れて殺害することができなかった場合があげられます。この区別は，後述する中止未遂の場合に問題となります（**着手中止**と**実行中止**）。

3　未遂犯の処罰根拠

　なぜ刑法は，既遂犯だけではなく未遂犯も処罰する旨が定められているのでしょうか。かつては，犯罪の完成を目指す行為者の意思や性格に危険性があるため未遂犯として処罰されるとの考え方（**主観的未遂論**）が主張されていました。しかし，客観的な危険がない場合でも意思や性格の危険性を根拠に処罰を認めるならば，未遂犯が過度に広く成立することになり，思想・良心の自由を定めた憲法19条に違反するおそれもあります。

　そもそも，刑法の目的が法益の保護にある以上（第1章Ⅱ1を参照），法益の侵害に対する危険性が未遂処罰の根拠として重要でしょう。そこで今日では，法益侵害の危険があるため未遂犯が処罰されるとの考え方（**客観的未遂論**）が一般的となっています。もっとも，「法益侵害の危険」をどのようにとらえるか，法益侵害に対する行為の危険性（行為無価値）と理解するか，あるいは法益侵害に対する危険な事態（結果無価値）と理解するかは，未遂犯の成立時期を検討する場合に問題となります。

4　実行の着手時期
（1）学説の展開とその論拠

　未遂犯が成立するためには，予備と未遂の区別からも明らかなように，行為者が犯罪の実行に着手しなければなりません。それでは，「実行に着手」したと認められるのは，どういう段階なのでしょうか。

　この点，実行の着手とは，構成要件に該当する行為の一部を始めた場合を意味するとの考え方（**形式的客観説**）があります。この考え方によれば，構成要件に該当する行為の一部を始めたかどうかは，皆さんが普段使っている言葉の意味によって判断されます。例えば，殺人罪では「殺す」行為の一部を始めた時点が実行の着手時期であり，具体的には，包丁を手にして被害者に向かって行く時点で殺人罪の実行の着手が認められます。確かに，構成要件に該当する

2）　行為無価値のみを違法性の本質ととらえるならば，行為を完遂していない着手未遂は，行為を完遂した実行未遂とは異なり，刑の必要的減軽が望ましいといえるでしょう（規範論・28頁注35）。

行為が刑罰法規に書かれていますので，この考え方には，実行の着手時期を明確に判断できるメリットがあるといえるでしょう。しかし，一部の犯罪では，実行の着手時期が遅くなりすぎるデメリットもあります。例えば，窃盗罪（235条）では，行為者が「窃取」の一部を始めた時点，すなわち財物に手が触れた時点で実行の着手が認められることになります。未遂犯の処罰根拠である法益侵害の危険が，まだ財物に手を触れていない物色行為の段階で高まっている場合でも，この考え方によれば，その段階ではいまだ窃盗未遂が成立しないことになってしまうのです。

そこで，こうした考え方を修正し，構成要件に該当する行為に「密接な行為」を始めた場合が実行の着手であるとの考え方（**修正された形式的客観説**）が有力に主張されています。このように修正すれば，窃盗罪の場合，財物に手を触れる前の物色行為の段階で，それが「窃取」に密接な行為であるとして実行の着手が認められるでしょう。しかし，どこまでが「密接な行為」といえるのか，今なお明らかにされていません。

現在では，実行の着手とは，実質的な判断のもと，法益侵害の現実的危険が生じたことを意味するとの考え方（**実質的客観説**）が多く主張されています。その実質的な判断基準を大まかにいえば，①行為者の犯行計画を考慮したうえで，②既遂までの障害が存在せず，③既遂となるまでの時間や場所に近接性があるか，といった基準を用いて，法益侵害の現実的危険が生じたかを検討しているものと思われます。

（2）判例の立場

実際の判例では，**煙草売場事件**（最決昭和40・3・9刑集19巻2号69頁〈百選ⅠNo.61〉）において，行為者が電気器具店に侵入し，なるべく金を盗りたいので煙草売場へ行きかけた，という時点に窃盗罪の実行の着手が認められました。この事件では，窃盗罪の実行の着手が認められれば（事後）強盗致死傷罪（240条）が成立する一方，認められなければ傷害罪（204条）と傷害致死罪（205条）の成立にとどまるため，窃盗罪の実行の着手時期が争われた，という背景があります。①行為者の「なるべく金を盗りたい」という犯行計画を考慮すると，②店に侵入して煙草売場の方に足を踏み出せば障害なく現金を窃取でき，③煙草売場までの時間的・場所的近接性もあるため，煙草売場に行きかけた時点で実行

の着手が認められた，と理解することができるでしょう（最決令4・2・14刑集76巻2号101頁も参照）。

　ところで，当初は強姦罪として定められていた強制性交等罪から2023年の刑法改正によって改められた不同意性交等罪（177条）は，性的な自己決定の自由（性的自由）を保護するため，暴行または脅迫等を用いて相手方の同意を得ずに性交等をする場合に成立します。性交の手段として暴行・脅迫を加えれば，性的自由が侵害される危険は高まりますので，この時点で不同意性交等罪の実行の着手が認められることに異論はありません。もっとも，別の場所に連行して性交すべく，無理やり自動車のなかに引きずり込むといった行為の時点に不同意性交等罪の実行の着手が認められるかは，検討を要します。判例は，同様の事案である**ダンプカー強姦事件**（最決昭和45・7・28刑集24巻7号585頁〈百選Ⅰ No.62〉）において，ダンプカーの運転席に引きずり込もうとした段階で強姦に至る客観的な危険性が認められるとして，その段階で強姦罪の実行の着手を認めました。①行為者の計画を考慮すると，②車内に引き入れれば障害なく姦淫でき，③車での移動により時間的・場所的近接性も認められるため，法益侵害の危険が高まるダンプカーへの引き入れ時点に実行の着手が認められたと解されます。もっとも，性交（姦淫）の直接的な手段である暴行・脅迫から着手時期を前倒しする場合，どれだけ隔たりがあってもよいのか，また，その場合の行為態様に限定はないのかといった点については，検討の余地があると思われます。

　なお，近時，詐欺未遂罪の成立が認められた最高裁判例（最判平成30・3・22刑集72巻1号82頁〈百選Ⅰ No.63〉）において，実行行為に「密接」で「客観的な危険性」が認められる行為に着手したかどうか，とりわけ密接性の判断が重要であるとした補足意見が付されており，注目されています。

5　早すぎた構成要件の実現

　早すぎた構成要件の実現とは，行為者が，複数の行為をすべて遂行し，最後の行為から既遂結果を発生させようとしたところ，途中の行為から既遂結果が生じた場合をいいます。この場合，実行の着手はどの時点に認められるでしょうか。

　クロロホルム事件（最決平成16・3・22刑集58巻3号187頁〈百選Ⅰ No.64〉）では，

被告人が被害者を溺死させるため，クロロホルムを嗅がせて意識を失わせ（第1行為），約2時間後，2km離れた港で被害者を車ごと海中に落として殺害したが（第2行為），被害者は被告人の第1行為により死亡した可能性があり，そのことを被告人が認識していなかった，という事案において，第1行為の時点で殺人罪の実行の着手が認められるか，問題となりました。第1行為の時点で殺人罪の実行の着手が認められなければ，第1行為について殺人予備罪と傷害致死罪が成立し，第2行為について（後述する不能犯が成立する余地があるものの）殺人未遂罪が成立する（これらの犯罪は包括一罪となります。包括一罪については第15章Ⅰ2(3)を参照）からです。

　最高裁は，①行為者の計画を考慮し，第1行為が第2行為に必要不可欠な行為であり，②第1行為に成功すればその後の計画を遂行するうえで障害が取り除かれ，③第1行為と第2行為の時間的・場所的近接性が認められる点を考慮して，第1行為の時点で殺人罪の実行の着手を認めました。また，第1行為・第2行為という一連の殺人行為に着手して目的を遂げたとして，殺人の故意に欠けるところはなく，殺人既遂罪が成立すると結論づけました。

　しかし，こうした最高裁の論拠に対しては，結果を発生させる第2行為との間に一定の時間的・場所的な隔たりがあるにもかかわらず，第1行為の時点で結果発生の切迫性を肯定することができるか，疑問が向けられています。また，最高裁の論拠に従うと，溺死させるべく，死の危険がない分量の睡眠薬を飲ませる行為でも，それが被害者の抵抗を不可能にするものである限り，殺人既遂罪の実行の着手が認められることになります。しかし，そのような分量の睡眠薬を飲ませる時点では，結果無価値としての客観的にみて危険な事態はいまだ発生していないばかりか，行為無価値としての（死亡結果を生じさせる）行為の危険性も認められないでしょう。さらに，第1行為によって被害者が死亡することを被告人が認識していなかったのであれば，その時点では，殺人罪の構成要件に該当する故意としての行為内在的意思は被告人に存在していません。最高裁の論拠は，殺害の準備段階の時点で殺人罪の実行の着手が認められることになるため，適切ではありません（規範論・288頁以下参照）。

　仮に，第1行為の時点で殺人既遂罪の実行の着手が認められるとしても，行為者の計画に反して第1行為から結果が生じているため，その場合には因果関

係の錯誤が問題となります（第10章Ⅲ3（3）を参照）。判例の立場でもある法定的符合説によれば，認識した事実と実現した事実が同じ殺人罪の構成要件に該当しますので，被告人に殺人罪の故意が認められ，殺人既遂罪が成立することになるでしょう。しかし，被告人が第1行為から結果が発生することを認識していない以上，故意に対応する条件としての既遂行為（実行行為の終了）は存在していません。したがって，死の結果を第1行為に帰属させることはできないと思われます（規範論・292頁以下参照）。

6　未遂犯の成立時期

　判例や通説は，実行の着手が認められれば，直ちに未遂犯が成立すると理解しています。しかし，実行の着手が認められたとしても，未遂犯の成立時期が異なる場合もあると考えられます。その理由は，行為の危険性が認められる時点が実行の着手時期である一方，客観的にみて危険な事態（未遂結果）が生じていなければ，未遂犯は成立しないからです。

　確かに，通常の犯罪であれば，行為の危険性とほぼ同じ時点で，客観的にみて危険な事態が発生します。しかし，一部の犯罪では，行為の危険性が認められる時点から一定の時間が経過した後に，客観的にみて危険な事態が生じます。そのような例として，原因において自由な行為（第9章Ⅲを参照）や離隔犯があります。以下では，離隔犯について説明しましょう。

7　離隔犯

　離隔犯とは，実行行為と結果発生との間に時間的・場所的な隔たりが存在する犯罪を指します。例えば，父親が小学生の息子に万引きをするよう命じて，息子が万引きをする場合（これを間接正犯といいます。詳細は第13章Ⅱを参照）や，行為者が被害者を毒殺するため，毒入り饅頭の入った小包を用意して発送し，それを受領して饅頭を食べた被害者が死亡したというような場合です。このような場合，どの時点に実行の着手が認められるでしょうか。

　毒入り砂糖事件（大判大正7・11・16刑録24輯1352頁〈百選ⅠNo.65〉）では，被告人が毒入りの砂糖を小包郵便で送り，これを受け取った被害者がその砂糖を調理に使用したものの，その際に毒の混入に気づいたため食べるに至らなかっ

た，という事案において，毒入りの砂糖を受け取った時点で被害者またはその家族が食べることのできる状態に置かれたとして，殺人罪の実行の着手が認められました。学説でも，到達時に実行の着手を認める考え方（**到達時説または被利用者標準説**）や，結果発生の危険性の程度に応じて到達時や被利用者の行為時に実行の着手を認める考え方（**個別化説**）が，有力に主張されています。

　しかし，そのような考え方は，毒物の到達時や被利用者の行為時に行為者（利用者）が熟睡していたとしても，その時点で実行の着手を認めることになり，「着手」（取り掛かる）という言葉の意味を踏まえると適切ではありません。未遂犯の処罰根拠を行為無価値，すなわち行為の危険性に求める本書の立場によれば，実行の着手は，行為者の行為時に認められるべきであると考えられます（**発送時説または利用者標準説**）。

　もっとも，離隔犯の場合には，毒入り砂糖事件をみても明らかなように，発送時や利用者の行為時には，まだ被害者に危険性が生じていないため，客観的にみて危険な事態（未遂結果）は発生していません。そうであるならば，その時点では処罰条件としての結果無価値が存在せず，未遂犯は成立しないと考えられます。未遂犯が成立する時期は，実行の着手時期とは異なり，客観的にみて危険な事態が生じた時点，つまり，到達時や被利用者の行為時であると考えられます（規範論・179頁注1）。

II　不能犯

1　不能犯とは

　行為者が既遂を目指す行為に出たものの，刑法で禁止される程度の許されない危険が存在しないため，実行行為として認められず，不可罰となるものを**不能犯（不能未遂）**といいます。例えば，呪いで人を殺せると信じて，不仲な友達の名前を言いながら藁人形に釘を刺した場合，確かに行為者は，友達の死を目指す行為に出ていますが，人形に釘を刺す行為には人が死ぬ危険は存在しません。そのため，実行行為として認められず，不可罰となります。

　不能犯になりうるケースには，主体の不能，客体の不能，方法の不能があります。**主体の不能**とは，犯罪の成立要件として行為の主体が限定されていると

ころ，その条件が欠ける者の行為によって結果が生じない場合です。例えば，収賄罪（197条）は，主体が公務員に限定されているところ，公務員でない者が（公務員としての身分があると勘違いしながら）賄賂を受け取った場合があげられます。**客体の不能**とは，行為の客体が存在しないため，結果が生じない場合です。例えば，行為者が，案山子を人であると思い込んで，その周辺には誰も人がいないことを認識しながら，殺害の意図で案山子に向けて銃を発砲した場合があげられます。**方法の不能**とは，当該行為の方法からは結果が生じない場合です。例えば，行為者が，相手を死なせても構わないと思いながら，木綿豆腐を相手の頭部を狙って投げつけた場合があげられます。

2　不能犯と未遂犯を区別する基準

先に説明したように，未遂犯の処罰根拠は，法益侵害の危険にあると解されています。検討される行為が不能犯として認められれば不可罰になりますので，不能犯と未遂犯をどのように区別すべきかが，大きな問題となります。

（1）具体的危険説

通説は，一般人が知りえた事実と行為者がとくに知っていた事実をもとに，一般人が法益侵害の危険を感じるか否かで判断しています（**具体的危険説**）。例えば，行為者が他人を殺害する意思で人型ロボットに拳銃を発射した場合，その人型ロボットを一般人がロボットだと認識しうる状況では，生命が侵害される危険を一般人は感じないため，不能犯となります。一方，そのロボットを本物の人だと一般人が認識するような状況では，一般人は生命が侵害される危険を感じますので，行為者に殺人未遂罪が成立します。

しかし，一般人の認識能力や行為者の認識能力を基準とすれば危険であると判断される場合であっても，客観的な危険性が存在しない限り，そのような行為を禁止する必要はありません。具体的危険説は，国民一般の安心感ばかりに目を向け，憲法で保障されている行動の自由を軽視しているといえるでしょう。

（2）客観的危険説

そこで，法益侵害の危険があるか否かを客観的に判断することで区別する考え方（**客観的危険説**）も有力に主張されています。とりわけ，かつての判例は，結果の発生が絶対に不可能な場合（絶対的不能）は不能犯，偶然発生しなかっ

たにすぎない場合（相対的不能）は未遂犯とする考え方（絶対的不能・相対的不能説）に基づいていました。例えば，被害者を殺害すべく，その静脈に空気を注射したものの，注入した空気の量が致死量に達していなかった**空気注射事件**（最判昭和37・3・23刑集16巻3号305頁〈百選Ⅰ No.66〉）では，注射された空気の量が致死量以下でも，被害者の身体的条件などによっては死の結果の危険が絶対にないとはいえないとして，殺人未遂罪の成立が認められました。

　しかし，絶対的不能と相対的不能の区別がつかないケースも考えられます。警察官から奪った拳銃でその警察官を射殺しようとしたところ，弾が入っておらず殺害できなかった**空ピストル事件**（福岡高判昭和28・11・10判特26号58頁）を例にすると，弾が入っていない拳銃で人を殺害することは絶対に不可能である一方，警察官が所持する拳銃には弾が通常入っており，結果が発生しなかったのは偶然であるともいえますので，絶対的不能か相対的不能かは判別しがたいでしょう。実際に福岡高裁は，「警察官が勤務中，右腰に着装している拳銃には，常時たまが装てんされているべきものであることは一般社会に認められている」から，「これを人に向けて発射するためその引鉄を引く行為は，その殺害の結果を発生する可能性を有する」として，具体的危険説を想起させる論拠によって，被告人に殺人未遂罪の成立を認めています。

　最近では，行為時に客観的に存在していた事実をもとに，科学的な知識をもつ一般人の視点から，仮にどういう事実だったら結果が発生しえたかを明らかにし，そうした仮の事実から結果が発生する危険が存在しえたかを判断する考え方（**修正された客観的危険説**）も主張されています。こうした考え方を空ピストル事件にあてはめると，行為時に使用されたのは空ピストルだったという事実をもとに，鑑定人のような知見を有する人の視点から，弾が入っていれば射殺しうることは科学的に明らかであり，そうした危険がありうることは想定できますので，行為者に殺人未遂罪が認められます。

　もっとも，その際に基準とされている視点については，なにも科学的・専門的な知識をもつ人に限定されるべきではありません。というのも，行為者だけが危険な事情を認識していた場合，そのような行為者の認識を基準として客観的危険性の有無を判断すべきだからです。したがって，行為時に最も適切に認識できる人を基準にして，客観的危険性の有無を判断すべきでしょう（規範論・

173頁以下）。

　こうした考え方に基づいて，**死体殺人事件**（広島高判昭和36・7・10高刑集14巻5号310頁〈百選Ⅰ No.67〉）を検討してみましょう。被告人の仲間が銃撃した被害者にとどめを刺すため，被告人が日本刀で腹部などを突き刺したが，その時点で被害者がすでに死亡していた可能性があった，という事案において，被害者の生死については専門家の間でも判断が分かれるほど微妙な案件であり，一般人もその死亡を知りえないのであるから，被告人の行為によって被害者が死亡する危険を感じることは当然であるとして，殺人未遂罪の成立が認められました。この場合，被告人の行為時に被害者がすでに死亡していたかどうかを最も適切に認識できるのは専門家です。その専門家の間でも判断が分かれている点を踏まえると，被告人が被害者に日本刀を突き刺した時点では，被害者が生存している可能性を否定することはできません。仮にその時点で被害者が生存していれば，被害者が日本刀で突き刺されることにより死亡しますし，そうした仮の事実から結果が発生する危険が存在します。したがって，被告人には殺人未遂罪が成立すると考えられます。

　また，**都市ガス事件**（岐阜地判昭和62・10・15判タ654号261頁〈百選Ⅰ No.68〉）では，ガスの元栓が開いているガスコンロのゴムホースを被告人が引き抜き，都市ガスを部屋に充満させて娘たちと無理心中を図ろうとしたが，被告人を訪ねてきた友達に発見されたため，その目的を遂げることができなかったという事案において，都市ガスに一酸化炭素が含まれていないことからガス中毒死のおそれはないものの，都市ガスが漏出すれば室内のガス濃度が上がってガス爆発事故が発生したり，酸素濃度が低下して酸素欠乏症となったりして，人の死の結果が発生する危険が十分に生じうるとして，殺人未遂罪の成立が認められました。この場合，行為時に人の死の結果が発生する危険の有無を最も適切に認識できるのは，都市ガスの性質を知り尽くした人ですが，そのような人を基準にすると，都市ガスを漏出させればガス爆発事故や酸素欠乏症などにより娘たちが死亡する可能性があり，ガス爆発事故や酸素欠乏症などといった仮の事実から娘たちが死亡する危険が存在します。したがって，被告人には殺人未遂罪が成立すると考えられます。

Ⅲ　中止犯

1　刑の必要的減免とその根拠

　実行に着手したものの，自己の意思により犯罪を中止し，犯罪が完成しなかった場合，**中止犯**（43条但書）が成立します。

　中止犯が成立すると，その刑は必ず減軽されるか，または免除されます。このような法律効果を，**刑の必要的減免**といいます。中止犯には，なぜ刑の必要的減免が与えられているのでしょうか。

（1）法律説

　この点，刑の必要的減免の根拠を法的に明らかにしようとする考え方（**法律説**）が主張されています。その内容には，犯罪行為を中止すると法益侵害の危険が消滅し，違法性が減少するため，刑の必要的減免になるとの考え方（**違法減少説**）や，自己の意思で中止したことにより，行為者への非難が減少し，刑が減免されうるとの考え方（**責任減少説**）がみられます。

　しかし，違法減少説に対しては，自己の意思に反して中止した場合でも危険が消滅するため，違法性が減少されて刑の減免が与えられるはずですが，なぜ自己の意思による中止が必要とされるのか，説明できていないとの批判が向けられています。また，責任減少説に対しては，自己の意思で中止すれば，たとえ既遂結果が生じても刑の減免が与えられるはずですが，なぜ結果の不発生が中止犯の成立に必要とされるのか，説明できていないとの批判が向けられています。

（2）政策説

　そこで，刑の必要的減免の根拠を法的に説明するのではなく，法益侵害の危険を自ら取り除くことを政策的に推奨し，中止行為をした者に特典を与えるため，必要的減免が定められているとの考え方（**政策説**または**奨励説**）が主張されています。要するに，刑の必要的減免を用意しているのは，犯罪の完成に向かう道から「後戻りするための黄金の橋」を渡ってもらうためであると解されています。

　行為者がたとえ中止行為をした場合でも，ひとたび犯罪の実現に向けて実行

に着手している以上，違法性の本質（処罰根拠）である行為無価値は存在します。中止行為それ自体は，処罰を根拠づける機能がなく，処罰を限界づける機能しか有していないと解するならば，刑の必要的減免は政策的に設定されたものであると理解すべきでしょう（規範論・28頁注35）。

（3）総合説

　もっとも，現在では以上の考え方を対立的にとらえず，総合する考え方（総合説）が支持を集めています。とりわけ，中止犯を犯罪の裏返しとみる考え方（裏返しの理論）が有力です。この考え方によれば，中止犯に対する効果は犯罪に対する効果の裏返しで，犯罪の中止を奨励するものであり，犯罪の構成要件と裏返しに中止犯の構成要件を想定しています。中止犯の成立要件としては，中止行為，中止結果，結果の不発生との因果関係，中止行為の任意性，中止の認識（故意）が必要であると主張されています。

2　中止犯の成立要件

　いずれにせよ，43条但書をみる限り，中止犯が成立するためには，自己の意思により（任意性），犯罪を中止し（中止行為），結果が発生しなかったこと（結果の不発生）が必要です。中止犯の成立要件を総合説と関連づけるならば，任意性には責任減少の側面がみられ，中止行為には違法減少の側面がみられるといえるでしょう。

（1）任意性

　任意性を判断する基準については議論がみられます。まず，行為者の主観を基準として，「たとえ目的に到達できるとしてもそれを望まない」という気持ちであった場合に任意性を認める考え方（主観説）が主張されています[3]。この考え方によれば，「たとえ望んだとしてもできない」と考えていた場合には任意性が認められず，障害未遂となります。

3）　このような考え方は，ラインハルト・フランク（Reinhard Frank）が示した基準であることから，**フランクの公式**とも呼ばれています。この公式の位置づけをめぐっては，「できる／できない」の判断を一般人の観点から行うならば客観説になりうるとの指摘もみられますが，フランクは，行為者が目的を達成できると思ったかどうかで判断すべきであると主張していたのですから，そのような指摘は適切ではありません。

　もっとも，行為者の主観を基準とする際，物理的な観点のみ考慮するのか，それとも心理的な観点も考慮するのかは，必ずしも明らかではありません。例えば，犯罪の発覚をおそれて中止した場合，物理的な観点のみ考慮すると，物理的にできないと思っていない限り任意性は認められますが，心理的な観点も考慮すると，物理的にはできるものの心理的にできないと思った以上，任意性は否定されることになります。

　これに対して，一般人を基準として，通常は犯行を中止する障害とならない状況で中止した場合に任意性を認める考え方（**客観説**）が主張されています。例えば，殺意をもって被害者を殴打したものの，被害者の流血姿を見て驚愕し，自己の犯行をおそれて中止した事案（最決昭和32・9・10刑集11巻9号2202頁）において，判例は客観説の立場から，犯罪の完成を妨害する性質の障害に基づいて中止したと判断して，任意性を否定しました。

　しかし，こうした考え方を貫くと，暗闇に極度の恐怖を抱く窃盗犯が，金品が置かれている暗闇に入りたくないとして犯行を中止した場合，通常は犯行を中止する障害とならない状況で中止したとして，任意性が認められることになってしまいます。こうした結論が妥当でないと考えるならば，行為者を基準に任意性を判断すべきことになるでしょう。

　行為者を基準とする考え方には，行為者の反省・悔悟・憐憫などの動機に基づいて中止した場合に任意性を認める考え方（**限定主観説**）も一部で主張されています。下級審判例をみると，中止犯を認める際，行為者の反省や悔悟を指摘するものが多くあります（福岡高判昭和61・3・6高刑集39巻1号1頁〈百選Ⅰ No.69〉を参照）。しかし，条文上は行為者の「反省」までは要求されていませんので，中止犯の成立範囲が狭くなりすぎるのではないか，との批判が向けられています。

（2）中止行為

　かつて，中止犯として認められるための中止行為は，着手中止と実行中止で異なると解されていました。すなわち，着手中止の場合は，以降の行為をやめれば（不作為で）足りるのに対して，実行中止の場合は，結果発生を阻止するための積極的な作為が必要であると解されていました。しかし，この考え方によれば，行為者が2発撃って被害者を殺害しようとして1発撃ち，被害者に瀕

死の重傷を負わせていても，２発目の発射をやめれば中止行為として認められてしまいますので，刑法の目的である法益の保護にそぐわないでしょう。

　現在では，行為者による（作為・不作為の）中止行為によって危険が消滅したこと，すなわち，中止行為と危険消滅による結果の不発生との間に因果関係が必要であるとの考え方（**危険消滅説**または**因果関係遮断説**）が有力です。この考え方に基づくと，１発撃って瀕死の重傷を負わせた場合，実行行為の途中でも，死の結果を回避するための作為が，中止行為として必要となります。

　判例は，中止行為の要件として，結果の防止に向けた「真摯な努力」を要求しています（大判昭和12・６・25刑集16巻998頁を参照）。もっとも，その内容に結果の防止とは無関係な犯行後の態度まで含めるとすれば，過剰な要求であると思われます。大阪高判昭和44・10・17判タ244号290頁も読んで，その当否を考えてみてください。

3　予備の中止

　予備の段階で中止した場合，43条但書による刑の減免が可能かをめぐっては，議論がみられます。43条本文に定められている「犯罪の実行」が「構成要件に該当する行為」という意味で使用されていると理解するならば，予備行為も予備罪の構成要件に該当する行為ですので，予備の段階で中止した場合にも43条但書を「適用」することができると考えられるかもしれません。

　しかし，43条本文に定められている「犯罪の実行」は，一般的に「未遂行為」という意味で使用されています。そうだとすると，予備の段階で中止した場合には，43条但書を「適用」することはできないと思われます。実際，判例では「予備罪には中止未遂の観念を容れる余地のないものである」と示されています（最大判昭和29・１・20刑集８巻１号41頁〈百選Ⅰ No.72〉）。

　もっとも，実行に着手した後に中止した場合には中止犯の規定が適用されて刑の免除まで認められる可能性があるのに対して，実行の着手前に中止した場合には中止犯の規定が適用されず刑の免除が認められないとすると，情状による刑の免除が定められていない強盗予備罪（237条）や通貨偽造等準備罪（153条）においては，実行に着手した後に中止した方が刑の免除を受けることができるという不均衡が生じてしまいます。こうした不均衡を解消するためには，強盗

罪や通貨偽造等罪の予備段階で中止した場合，本来43条但書を適用する事例ではありませんが，同条但書を「準用」すべきでしょう。

　なお，組織的な犯罪の処罰及び犯罪収益の規則等に関する法律（組織的犯罪処罰法）6条の2には，「テロリズム集団その他の組織的犯罪集団による実行準備行為を伴う重大犯罪遂行の計画」の罪（テロ等準備罪）が定められています。その規定によれば，未遂や予備の処罰規定がない傷害罪（204条）や横領罪（252条）も含めて，①テロ等の組織的な犯罪集団の活動として行われるものの遂行について，②2人以上で計画した場合は，③そのうちの誰かが実行に向けた準備行為をすれば，たとえ反省して犯罪の実行に着手することを中止したとしても処罰されます。このような規定に対しては，処罰の段階を大幅に前倒しするものであるとの批判が向けられています。

第12章　正犯と共犯の区別

I　共犯の意義

1　共犯の現象形態

　これまでの章では，主として1人の行為者が単独で犯罪を実現する場合を念頭に置いて，どんな場合に犯罪が成立するかについてみてきました。しかし実際には，1つの犯罪の実現に複数人が関与する場合も少なくありません。そこで，刑法は，60条以下（第11章「共犯」）において複数人の関与する犯罪実現形態として，**共同正犯**（60条），**教唆犯**（61条1項），**幇助犯**（62条1項，63条）という3つの共犯類型を定めています。

　共同正犯とは，2人以上の者が共同して犯罪を実行する場合を指します。これに対して，他人を唆してその人に犯罪を実行させる場合を教唆犯といい，他人の犯罪実現を手助けする場合を幇助犯といいます。

　刑法は，これらの関与類型を法律上区別して扱っており，このうち共同正犯は，教唆犯および幇助犯と異なり，関与者全員が正犯とされます。そのため，共同正犯，教唆犯，幇助犯を**広義の共犯**と呼び，正犯ではない教唆犯および幇助犯のみを指して**狭義の共犯**といいます。なお，他人を道具のように利用することによって犯罪を実現する間接正犯は，60条以下で定められている共犯類型ではありませんが，しばしば教唆犯や共同正犯との区別やその正犯性が問題となることから，わが国では，正犯と共犯の問題の一環として併せて検討されています。

2　任意的共犯と必要的共犯

　各則の構成要件のなかには，初めから複数人で実現することを予定している犯罪もあります。例えば，騒乱罪（106条）は「多衆で集合して暴行又は脅迫を

した」と定めているように，騒乱罪の構成要件を実現するためには大勢で集まって暴行や脅迫をすることが必要です。裏を返せば，騒乱罪の構成要件を1人の行為者が単独で実現することはできません。このように各則の構成要件それ自体があらかじめ複数人の関与を前提としている犯罪類型を一般に**必要的共犯**といい，共同正犯，教唆犯，幇助犯という総則の共犯規定（60条以下）が適用されることによって処罰される共犯類型である**任意的共犯**と区別して論じられます。任意的共犯の成否が問題となる各則の構成要件は単独でも複数人でも実現可能ですが，必要的共犯の場合には複数人での実現が前提となっているという点に注意が必要です。

　さらに，必要的共犯は，**集合犯**（集団犯）と**対向犯**に大別されます。集合犯とは，内乱罪（77条）や騒乱罪（106条）のように，多数の者が同一方向で共同して行為する場合をいい，対向犯とは，重婚罪（184条）や賄賂罪（197条以下，198条）のように，2人以上の者が向き合った方向で行為する場合を指します。対向犯について，対向関係にある2つの行為がそれぞれ処罰される場合もありますが，一方の行為しか処罰されていない場合もあり，これをとくに**片面的対向犯**といいます。例えば，わいせつ物頒布罪（175条）は，わいせつ物の売り手と買い手のうち，売り手のみを処罰しているので片面的対向犯の典型例です。

II　正犯と共犯

1　正犯概念

　諸外国には，犯罪への関与形式を問わず，正犯と共犯を区別しない統一的正犯体系と呼ばれる立法例もありますが，わが国の刑法は，すでに述べたように，総則に共犯規定を置くことで正犯と共犯を区別し，それぞれの関与形式に応じて法定刑を個別化する**共犯体系**を採用しています。

（1）拡張的正犯概念

　共犯体系においても，正犯と共犯の概念的な相互関係，つまり各則の構成要件と総則の共犯規定の関係をめぐって2つの考え方があります。まず，各則の構成要件の実現に対して因果的に関与した者はすべて本来的に正犯であるというように，正犯概念を広く理解する考え方を**拡張的正犯概念**といいます。これ

によると，総則の共犯規定は，概念上は正犯であるもののうち，一定の関与類型を共犯として軽く処罰するための特別規定であると解されます。その結果，共犯規定は，もっぱら共犯固有の制裁規範を創出する刑罰縮小事由として位置づけられます。一方，拡張的正犯概念によると，各則の構成要件は本来的に共犯行為を含んでいると解するので，正犯も共犯も行動規範としての内容には違いがないということになります。例えば，殺人罪の構成要件における「人を殺してはならない」という行動規範は，正犯行為にも共犯行為にもいずれにも等しくあてはまり，「人を殺すよう唆してはならない」という禁止も本質的には「人を殺してはならない」という行動規範の一部であるととらえられるのです。しかし，拡張的正犯概念に対しては，結果に対する条件はすべて等価であるという条件説から導き出される構成要件の理解に対して批判があります。構成要件は単なる結果の因果的惹起を広く対象とするものではありませんし，拡張的正犯概念では，正犯と共犯における不法の違いや処罰の程度の違いを十分に説明することもできなくなるでしょう。収賄罪（197条以下）のように，一定の特別な身分を有する者の行為だけを処罰する真正身分犯においては，身分のない者も本質的には正犯ととらえる点で，現行刑法の規定との関係で解消困難な矛盾を抱えることにもなるでしょう（共犯と身分については，第14章Iを参照）。

（2）制限的正犯概念

　これに対して，各則の構成要件は正犯行為のみを記述しており，教唆行為や幇助行為といった共犯行為は対象としていないというように，正犯概念を狭く理解する考え方を**制限的正犯概念**（限縮的正犯概念）といいます。これによると，総則の共犯規定は，各則で処罰対象とされていない共犯行為を新たに処罰するための特別規定と解され，共犯規定は刑罰拡張事由ととらえられます。例えば，殺人罪（199条）の実行行為は，正犯行為としての殺人行為と制限的に解釈され，殺人の教唆行為や殺人の幇助行為は含まれませんが，総則の教唆犯処罰規定（61条1項）や幇助犯処罰規定（62条1項，63条）が定められることでこれらの共犯行為の処罰が可能となると理解されるのです。今日では，わが国の多くの見解は，制限的正犯概念を支持しています。

　さて，すでに述べたように，構成要件は，行動規範に違反する行為の類型を意味するものでした（第1章Ⅷ1を参照）。制限的正犯概念に立つとするならば，

行為の態様に応じて，正犯と共犯の構成要件および行動規範は異なると理解されなければなりません。刑法は，「人を殺す」行為と，「『人を殺す』よう他人を唆す」行為や「『人を殺す』のを手助けする」行為をそれぞれ異なる行為類型として区別して処罰しようとしていると考えられるからです。各則の構成要件に含まれない共犯行為は，共犯規定が創出されることで初めて，刑法による禁止の対象となり，共犯としての不法と可罰性が認められるのですから，共犯規定は，厳密にいえば，制裁規範関係的な刑罰拡張事由である以前に，共犯固有の行動規範（教唆行動規範や幇助行動規範）を創出する**行動規範拡張事由**ないし**構成要件拡張事由**と理解されるべきでしょう。この意味で，正犯の構成要件（各則構成要件）と共犯規定により創出される共犯の構成要件をきちんと区別することが重要です。これを規範論的にみると，正犯行動規範（正犯構成要件）と共犯行動規範（共犯構成要件）は一次規範（基本規範）と二次規範（補充規範）の関係にあるため，正犯行動規範なくして共犯行動規範は存在しません。後述するように，このような正犯に対する共犯の概念的従属性の観点から，**正犯なき共犯**もまた否定されるべきでしょう。

2　正犯の種類

　刑法は，「正犯」とは何かについて積極的な定義規定を置いていませんが，60条は「2人以上共同して犯罪を実行した者」を共同正犯とし，61条1項も「人を教唆して犯罪を実行させた者」を共犯としての教唆犯としている点に鑑みれば，少なくとも犯罪を「実行」する者が正犯であり，共犯とは「実行」以外の行為態様で犯罪実現に関与した者と考えることができるでしょう。すでに確認したように，各則の構成要件は正犯の構成要件ですから，正犯とは各則の構成要件の実現形態と言い換えることができます。これに対して，共犯の構成要件は，各則の正犯構成要件を総則の共犯規定によって修正したものですので，共犯構成要件は，構成要件の修正形式の一種です。各則の構成要件の実現形態としての正犯概念は，いくつかの形態に区別されるのが通常です。

（1）直接正犯と間接正犯

　まず，直接正犯と間接正犯があります。**直接正犯**とは，自ら手を下して構成要件を直接に実現する形態の正犯です。例えば，医師Xが患者Aに毒薬を注射

して殺害した場合，Xは殺人の直接正犯です。これに対して，他人を道具のように利用して間接的に構成要件を実現する形態の正犯を**間接正犯**といいます。医師Xが看護師Yに毒薬であることを秘して患者Aに注射するよう指示して殺害した場合，XはYを介して殺人罪の構成要件を実現しており，Xは殺人の間接正犯となります。構成要件の実現に他者が介在するか否かの違いはあるものの，いずれも199条にいう「人を殺した」という殺人罪の構成要件を実現している点で違いはありません。

　直接正犯はともかく，間接正犯については，その正犯性は必ずしも自明のものではありません。そこで，間接正犯の成立範囲や正犯性の理論的根拠については依然として判例・学説において争いがあります（詳細は，第13章Ⅱを参照）。

（2）単独正犯と共同正犯

　次に，単独正犯と共同正犯があります。行為者が単独で，つまり1人で構成要件を実現する形態を**単独正犯**といい，「2人以上共同して」構成要件を実現する形態を**共同正犯**といいます。単独正犯は，自らの実行で直接に構成要件を実現するしかありませんので，単独正犯は直接正犯でもあります。また，刑法に定められた各犯罪の構成要件の多くは，基本的に単独で実現されることを予定しています。それに対して，共同正犯は，構成要件の実現に複数人が関与する正犯形態です。例えば，Xが抵抗する被害者Aを押さえつけたうえで暴行を加えてAに傷害を負わせた場合は，傷害結果を単独で引き起こしているので傷害罪の単独直接正犯（204条）ですが，抵抗する被害者AをYが羽交い絞めにしたうえでXが暴行を加えてAに傷害を負わせた場合，XとYは傷害罪の共同正犯（204条，60条）となります。

　共同正犯は，「2人以上共同して」各則の構成要件を実現する場合に成立する正犯形態として，間接正犯と異なり，60条の規定を待って初めて正犯性が与えられます。しかも，Aに対して直接暴行しているわけではなく単に羽交い絞めにしているだけのYの行為も「傷害行為」と評価されることに表れているように，共同正犯は，単独正犯のように自ら構成要件を実現する必要はなく，ほかの関与者が引き起こした結果についても正犯としての罪責が問われます。いかなる要件のもとで共同正犯が成立するのか，とくに共謀共同正犯の成否やいわゆる一部実行全部責任の原則と呼ばれる共同正犯の帰責原理について議論が

あります（詳細は，第**13**章Ⅰを参照）。

3　共犯の種類

（1）教唆犯

　教唆犯とは，他人を唆して犯罪を実行させることをいいます（61条1項）。教唆犯が成立するためには，背後者が他人を教唆し，その結果として他人が特定の犯罪を実行する決意を形成し，これに従って実際に犯罪行為を遂行することを要します。それゆえ，唆された者が犯行決意を抱いたとしても，その者が実行に着手しなければ（教唆未遂），教唆犯は成立しません。

　教唆とは，一般に他人に特定の犯罪を実行する決意を喚起することと解されています。犯罪実行の決意を生じさせるものであれば，その手段・方法に限定はありません。ただし，漠然と犯罪を唆すだけでは「教唆」とはいえず，教唆行為といえるためには，ある程度特定の犯罪行為を行うよう唆さなければなりません。

　具体的に特定の犯罪行為を教唆したものの，教唆犯の成立が否定されうる場合があります。とくに問題となるのは，**教唆の射程**と呼ばれる論点です。ゴットン師事件（最判昭和25・7・11刑集4巻7号1261頁〈百選ⅠNo.91〉）[1]では，被告人XがA宅への窃盗をYらに教唆し，Yらは強盗を決意したが，A宅に侵入できず断念して帰りかけたところ，仲間の者が「吾々はゴットン師であるからただでは帰れない」と言い出したので，隣家のB宅へ入って強盗を遂行したという事案で，最高裁は，原判決がXの教唆行為とYの強盗行為との間に因果関係があるとしたのか疑問であるとして原判決を破棄して原審に差戻しています。確かに本件では，XがYに対しA宅への窃盗を教唆しなければ，その後の計画変更やYらによるB宅への強盗は実行されなかったと考えられることから条件関係は否定されないとしても，教唆構成要件においては，教唆行為により喚起された犯行決意が実行行為へと実現することが因果経過として予定されており，そのような観点から教唆構成要件の予定する因果関係が否定されるとの理解も

1）　なお，ここでいう「ゴットン」とは，岡山県の方言で「泥棒」を指す言葉であるとされています。岡山方言事典刊行会『岡山方言事典』（日本文教出版，1981年）182頁。

示されています。もっとも，教唆の射程を教唆犯固有の因果関係の問題に解消し，その限りで制裁規範の問題として扱う前に，教唆行為の内容に関する教唆行動規範の問題としてとらえる余地も十分にあるでしょう。

　教唆犯が成立する場合，「正犯の刑」が科されます（61条1項）。「正犯の刑」が科されるとは，教唆犯の刑が正犯の法定刑となるという意味ですので，実際に教唆犯と正犯に同じ種類および程度の刑を科すわけではありません。教唆者をさらに教唆する**間接教唆**についても，通常の教唆犯と同様，正犯の刑を科すこととされています（61条2項）。

　拘留または科料のみで処罰される罪を教唆した場合には，それを処罰する特別の規定がない限り，原則として処罰されません（64条）。特別の規定としては，軽犯罪法違反の教唆犯を正犯に準じて処罰する軽犯罪法3条があります。

（2）幇助犯

　教唆犯と同様に，正犯を介して間接的に犯罪の実現に関与するのが，幇助犯（従犯）です（62条1項）。幇助とは，正犯を手助けしてその犯罪の実行を容易にすることをいいます。幇助しただけで正犯が犯罪の実行に着手しなかった場合（幇助未遂），幇助犯が成立しないのは，教唆犯と同じです。幇助の手段・方法にも制限はありませんので，犯行に使用する凶器や侵入のための開錠用具を提供するなどして正犯行為を物理的に容易にする行為（**物理的幇助**）でも，正犯に対して情報を提供したり助言や激励をしたりして正犯行為を心理的に容易にする行為（**心理的幇助**）でもよいとされています。

　教唆犯と正犯との間には互いに意思連絡がありますが，幇助犯の場合には，そうした意思連絡があるとは限りません。例えば，幇助者が正犯の知らない間にあらかじめ侵入先のドアの鍵を開けておき，正犯による侵入を容易にする場合，幇助者によっていわば一方的に正犯が犯罪を実行しやすくなっています。幇助犯と正犯との間に意思連絡がなくても正犯による犯罪の実行が容易になっていれば，幇助犯が成立します（これを**片面的幇助**といいます）。

　幇助犯の刑は，正犯の刑を減軽したものとなります（63条）。教唆犯は正犯と同等に処罰されうるのに対して，幇助犯の刑は必要的減軽がなされる点で同じ狭義の共犯でも幇助犯は教唆犯より当罰性が低い犯罪類型であるといえます。教唆者が幇助行為を教唆した場合，その者に対しては幇助犯の刑が科されます

（62条2項）。幇助者をさらに幇助する**間接幇助**については，間接教唆を定める61条2項に相当する規定はありませんが，間接幇助も処罰されるというのが判例・多数説です。拘留または科料のみで処罰される罪を幇助した場合の取扱いは教唆犯と同様です（64条）。

　もちろん，正犯による犯罪を実行しやすくするのが幇助犯ですから，正犯が犯罪を実行し終わった後にこれに関与しても，もはや犯罪の実行を容易にすることはできません。この意味で，幇助は，時間的に正犯行為に先立って行われるか，正犯行為と同時に行われるかのいずれかでなければなりません。そのため，窃盗犯人から盗品を買い受けたり，犯人を匿ったりして犯罪実現後に関与する行為について，総則の幇助犯は成立しません（これを**事後従犯**といいます）。これらの行為については，盗品等関与罪（256条）や犯人蔵匿罪（103条），証拠隠滅罪（104条）のような特別な犯罪類型が各則に設けられることで初めて処罰の対象となります。

　また，幇助犯の場合，すでに犯行を決意している正犯を手助けすれば足りますので，幇助行為があってもなくても，正犯はその犯行決意に基づいて実行行為を行ったであろうと考えられる場合があります。そうした場合，正犯の場合と同様に，幇助行為と発生結果との因果関係について，「あれなければこれなし」という条件関係を要求すると，幇助犯の成立が否定されかねません。そこで，多数説は，幇助犯の因果性の内容を正犯より緩和して，条件関係までは必要なく，正犯の実行行為を通じて結果発生を促進していること（**促進的因果関係**）で十分であると考えています。これに対して，むしろ正犯の場合と同じように，結果との間に条件関係を要求すべきだという考え方も根強く主張されています。[2]

---

2)　なお，このほか，**中立的行為**（日常的行為）による幇助という議論もあります。例えば，Xが，住居侵入に利用する目的でドライバーを買いに来たYにその目的を知りつつドライバーを販売した場合，XはYによる住居侵入の幇助犯となるのかが問題となります。この問題については，**Winny事件**（最決平成23・12・19刑集65巻9号1380頁〈百選ⅠNo.89〉）も参照してください。

Ⅲ　狭義の共犯の処罰根拠

　狭義の共犯（教唆犯と幇助犯）については，その処罰根拠が問題となります。共犯が処罰されるのは，共犯も正犯と並ぶ立派な犯罪形態の1つだからにほかなりませんが，なぜ共犯を犯罪として処罰すべきなのかという理論的根拠は必ずしも自明のものではありません。そもそも正犯を処罰する根拠と共犯を処罰する根拠は異なるのでしょうか。そこで，共犯はどんな根拠に基づいて違法と評価されるのかという問題が共犯の処罰根拠として議論されています。なお，ここにいう「共犯」とは，共同正犯を含まず，狭義の共犯のみを指すという点に注意してください。

　共犯の不法をいかなる根拠から基礎づけるかという共犯の処罰根拠の問題は，未遂の教唆の可罰性を認めるか，必要的共犯のうち片面的対向犯に対して共犯が成立するか，犯人蔵匿罪や証拠隠滅罪について自己の蔵匿や自己の刑事事件の証拠を隠滅するよう唆した者も共犯となりうるかといった共犯論上の諸問題の解決と分かちがたく結びついています。

1　堕落説

　まず，主として教唆犯を念頭に置きつつ，他者を誘惑して責任と刑罰に引きずり込んだ点に処罰根拠を求める考え方があります。要するに，他者を犯罪者へと堕落させ，それによって社会に犯罪者を作り出したことが処罰の理由だととらえるのです。これを，**堕落説**（責任共犯説）といいます。

　堕落説は，共犯の処罰根拠を正犯の処罰根拠とは異なる枠組みのもとで説明しようとするものにほかなりません。本説によれば，各則の構成要件を実現することで重要な法益を侵害・危殆化しようとするところに処罰根拠が求められる正犯とは違って，共犯は，他者（正犯）に違法かつ有責的な行為を行わせたことそれ自体に処罰根拠としての共犯の不法が求められます。言い換えれば，共犯行為は，正犯の実現する構成要件で保護されている法益に対する（間接的な）侵害としてではなく，むしろ正犯者そのものに対する侵害という側面に共犯処罰の契機が見出されているのです。

　しかし，堕落説に対しては，共犯も正犯と同じく法益の侵害を理由として処罰されるべきであり，各則の構成要件で保護されている法益とは直接関連のない事情を処罰根拠に取り込むべきではないという批判が提起されています。幇助犯はすでに犯行に出ている正犯に関与する場合でも成立するので，堕落説では幇助犯の処罰根拠を十分に説明できないという問題も残ります。加えて，片面的対向犯としてのわいせつ物頒布罪（175条）について，買い手が売り手に対してわいせつ物を自分に販売するよう働きかけた場合，売り手を責任と刑罰に引きずり込んでいるのですから，買い手に総則の共犯規定を適用して共犯として処罰すべきことになってしまうだけでなく，犯人自身が犯人蔵匿や証拠隠滅を唆した場合にも，同じ理由で共犯が成立しうることになってしまいます。

2　惹起説

　今日では，正犯の場合と同じように，構成要件で保護された法益侵害の惹起という要素に共犯の処罰根拠を説明する糸口を見出そうとする考え方が支配的です。これを一般に惹起説といいます。共犯も正犯行為を介して間接的に法益侵害を引き起こすものであって，正犯と共犯の処罰根拠はいずれも法益保護という見地から基礎づけられる点で本質的な差異はないと考えるのです。なお，わが国では，共犯も正犯と同じく結果を発生させたこと（＝結果に対する因果性）を根拠として処罰されるという因果的共犯論が惹起説と呼ばれることがありますが，共犯の因果性は共犯の可罰性（結果無価値）の問題であって処罰根拠（行為無価値）の問題ではありません。また，惹起説は必ずしも一枚岩の考え方ではなく，共犯が惹起する法益侵害をどのようにとらえるかについて，以下のような理論的な対立があります。

（1）純粋惹起説

　責任主義からすれば，共犯は，自己の行為について罪責を問われるのであって，他者である正犯が惹起した不法について罪責を負わされるのではありません。そこで，共犯者自身から保護された法益の侵害惹起を志向することが共犯固有の不法として共犯の処罰根拠となるという考え方があります。これを純粋惹起説といいます。本説によれば，共犯固有の不法を認めるためには，法益侵害が共犯者自身からみて構成要件該当的なものであることが必要とされます。

つまり，各則の構成要件で保護されている法益が共犯者との関係で保護されていない場合には，共犯者がその法益の侵害を志向していても構成要件に該当するものとは評価できず，共犯の成立が否定されるのです。

例えば，教唆者Xが正犯者Yに対して自己の財物を窃取するよう唆した場合で考えてみましょう。この場合，YからみるとXの財物は「他人の」財物ですが，Xからみると「自己の」財物です。窃盗罪は「他人の」財物の窃取を犯罪行為として処罰している以上，Xにとって自己の財物は235条にいう「他人の」財物にはあたりません。それゆえ，「自己の」財物の窃盗を教唆したとしても，Xにとって窃盗罪の構成要件的結果が志向されているとはいえない以上，自己の財物の窃盗を教唆しても窃盗罪の教唆犯は成立しないこととなります。

しかし，純粋惹起説に対しては，正犯なき共犯を肯定することに象徴されているように，従属性に共犯処罰を限定する意義を認めず，共犯固有の不法のみで共犯処罰を認め，実質的に拡張的正犯概念に依拠している点に大きな問題があります。例えば，教唆者Xが被教唆者Yに対してY自身の身体を傷害するよう唆した場合，Yが直接「自己の」身体を傷害する行為は「自傷行為」であって，傷害罪の構成要件的結果に含まれませんので，Yに傷害罪の正犯は成立しません。一方，Xにとっては，Yの身体の傷害は「他人の」身体の傷害ですから，Xとの関係では，Yに生じた傷害結果は，傷害罪の構成要件的結果となり，傷害罪の教唆犯が成立すると解されます。しかし，すでに述べたように，正犯（正犯行動規範違反）が存在せず，各則の構成要件該当性を欠く行為に対して共犯が成立すると解するのは，共犯処罰の肥大化を招くのみならず，現行刑法の規定や二次的な処罰対象としての共犯の性質に反します。刑法は，「人を教唆して犯罪を実行させた」（61条1項）や「正犯を幇助した」（62条1項）と規定しているように，教唆や幇助される行為が正犯構成要件に該当することを前提としていますし，総則の共犯規定による共犯行動規範の定立は，正犯行動規範の存在を前提にしていると考えられるからです。

（2）修正惹起説

共犯不法の固有性を強調する純粋惹起説に対して，共犯固有の不法の存在を否定して，共犯の不法を正犯の不法から導き出そうとする考え方を**修正惹起説**（従属性指向惹起説）といいます。この考え方によれば，共犯者が正犯を介して

各則の正犯構成要件に該当する違法な結果を惹起すれば，共犯の成立が認められることになります。正犯の構成要件該当性と違法性が共犯の構成要件該当性と違法性をも同時に根拠づけることから，正犯者からみて違法な法益侵害が認められれば十分であり，共犯者からみた違法な法益侵害まで要求されないという点が特徴です。

　これによれば，例えば，教唆者Ｘが被教唆者Ｙに対して自傷行為を唆した場合，刑法に自傷行為を処罰する構成要件は存在しませんから，Ｙにとって違法な法益侵害は存在しません。正犯者からみて違法な法益侵害がそもそも認められない以上，それに対する共犯もまた成立しないこととなります。こうして，修正惹起説では，正犯なき共犯は否定されますが，反面で正犯の不法への従属を認めると，共犯なき正犯も否定されかねません。例えば，正犯者ＸがＡの依頼に基づいてＡを殺害しようとしたものの，Ａが生き残った場合，Ｘに嘱託殺人罪の未遂犯（202条後段，203条）が成立しますので，正犯の不法が認められます。この場合，もし共犯の不法は正犯の不法から導き出されるという考え方を徹底すると，自己の殺害を依頼したＡも，正犯の不法に連帯して共犯の不法が認められて嘱託殺人罪の教唆犯（202条後段，61条）として処罰されるでしょう。しかし，Ａの生命に対する侵害を根拠としてＡ自身を処罰するのは，少なくとも自殺を処罰していない刑法の態度と両立しません。さらに修正惹起説の根本的な問題は，共犯の処罰につき責任主義を反故にし，正犯の不法への従属を認めて，他者である正犯が惹起した不法について共犯に罪責を負わせることになる点です。

（3）混合惹起説

　現在，わが国では，共犯の不法の「一部独立，一部従属」を説く惹起説の考え方が有力です。これを**混合惹起説**（従属的法益侵害説）といいます。本説によれば，共犯の不法は，一部で正犯行為から，一部で共犯者自身の共犯行為から根拠づけられると主張されています。共犯固有の不法の存在を認める点で純粋惹起説の主張を，共犯の不法を正犯の不法から導き出そうとする点で修正惹起説の主張をそれぞれ取り込んだ折衷的な考え方です。共犯が成立するためには，問題となる構成要件の法益が正犯者による侵害に対して保護されているだけでなく，共犯者による侵害に対しても保護されていることが必要であるとします。

例えば，教唆者Xが被教唆者Yに対して自傷行為を唆した場合，正犯の不法が認められないことから，それに対する教唆犯の成立は否定されます。反対に，教唆者Xが被教唆者Yに対してXの傷害を唆した場合では，共犯の不法が認められないことから，やはり教唆犯の成立は否定されます。

確かに，一見すると混合惹起説から導き出される結論は純粋惹起説と修正惹起説の問題点を回避しているように見えます。しかし，混合惹起説に対しては，共犯者は自己の不法に対してだけ責任を負うという命題と共犯不法は正犯不法から導き出されるという命題が両立しうるか疑問であるという批判が向けられています。一部であっても，共犯の不法が正犯の不法に連帯するという意味での従属性を認めることは，共犯者は自己の不法（行動規範違反）に対してだけ責任を負うという責任主義の例外を暗黙裡に認めることになるでしょう。

（4）惹起志向説

概念的に正犯の行動規範を前提とするという制限的正犯概念からは，共犯もまた正犯行為を通じて間接的に法益侵害の惹起を志向する行為として性格づけられます。そのうえで，共犯処罰の場面でも責任主義の要請を貫徹するならば，共犯者も自己の不法（共犯固有の不法），つまり共犯行動規範の（有責的な）違反についてのみ責任を問われるのであって，他者（正犯）の引き起こした不法について帰責されるべきではありません。それゆえ，共犯の処罰根拠（共犯の不法）の問題は，法益侵害の惹起を志向する行為を禁止する共犯構成要件に内在する共犯行動規範違反（**共犯の行為無価値**）のみに関わるものであり，正犯の実行行為（正犯の不法）や正犯結果（いずれも**共犯の結果無価値**）は共犯の不法の構成要素ではなく，むしろ共犯を処罰するかどうかに関わる共犯の「処罰条件」（共犯の可罰性），つまり制裁規範の問題としてとらえ直す必要があるでしょう。こうした考え方を**惹起志向説**といいます（規範論・354頁以下）。

3　未遂の教唆

共犯の処罰根拠の試金石とされるのが未遂の教唆の問題です。最初から未遂に終わらせる意思で犯罪を唆すことを**未遂の教唆**（アジャン・プロヴォカトゥール）といいます。例えば，教唆者が当初から未遂に終わらせる意思で被教唆者に被害者の殺害を教唆し，被教唆者が殺害のため拳銃の引き金を引こうとした

瞬間に犯行を妨害するなどして既遂結果の発生を阻止した場合がこれにあたります。ポイントは，教唆者は既遂の意思をもたず，未遂に終わらせる意思で教唆しており，それをもって教唆の故意を認めてもよいかという点にあります。

　この問題について，未遂を志向しているにすぎない教唆者の可罰性を認める考え方とこれを否定する考え方があります。まず，未遂の教唆を認める考え方としては，堕落説があげられます。未遂の限度であれ，被教唆者を犯罪に巻き込んでいることを理由として殺人未遂罪の教唆犯が肯定されるでしょう。また，惹起説に立ちつつ，結果発生の具体的危険を未遂結果ととらえつつ，かかる危険の認識をもって未遂の教唆が成立するという立場や，共犯構成要件は修正構成要件であるとの理解から共犯構成要件の客観的射程は実行行為の惹起に尽きるとし，それに対応して教唆の故意も実行行為の惹起で十分であるという立場も主張されています。

　しかし，未遂の教唆を認める考え方に対しては，正犯と共犯の処罰根拠を異質なものととらえてしまい，惹起説の根本的な考え方と相容れないという批判があります。そこで，現在では，正犯の故意と同様に，教唆の故意は正犯結果（既遂結果）にも及ばなければならず，未遂の教唆では，教唆の故意を欠くことを理由に教唆犯の成立を否定する考え方が有力化しています。

　そもそも殺人の単独正犯の場合に殺人未遂罪が成立するためには，行為者は自らの行為によって人の死という既遂結果を引き起こす意思が必要です。未遂に終わらせる意思しかない場合には，既遂犯における故意の内容を危険性の認識で足りるとする見解をとらない限り，仮に人が死亡して結果が発生したとしても，故意犯としての殺人既遂罪にも殺人未遂罪にも問えません。正犯の未遂犯が成立するために既遂結果を発生させる意思が故意の内容として必要であるとするならば，正犯を介して法益侵害結果の惹起を志向する点に処罰根拠が求められる共犯においても，正犯行為のみならず，正犯結果（既遂結果）の惹起にまで故意が及んでいなければなりません。

Ⅳ 共犯の従属性

1 実行従属性（量的従属性）

　狭義の共犯が成立するために，正犯が犯罪を実行することは必要でしょうか。共犯行為が行われれば，正犯行為の存否やその実行段階を問わず，共犯が成立して処罰されるのでしょうか。これを一般に**実行従属性（量的従属性）**の問題といいます。

　かつては，実行従属性を不要とする共犯独立性説と呼ばれる考え方も主張されていましたが，今日では，少なくとも正犯が実行に着手しなければ共犯は成立しないとして，実行従属性を要求する**共犯従属性説**が通説です。これによれば，例えば，教唆者が被教唆者に窃盗を唆したものの，被教唆者が窃盗行為に着手しなかった場合のように，共犯の未遂（教唆未遂や幇助未遂）は処罰されません。もちろん，刑法はあらゆる犯罪の未遂を処罰しているわけではありませんから（第11章を参照），共犯行為が終了した後，正犯が実行に着手して未遂段階に至ったとしても，未遂犯処罰規定がない犯罪については，正犯が既遂に達して初めて，共犯は可罰的となります。

　なお，正犯の実行行為がなければ共犯が処罰されないという実行従属性の要請は，必ずしも正犯の実行行為（正犯の不法）が共犯の処罰根拠（共犯の不法）となるということを意味するものではない点に注意が必要です。実行従属性の問題と処罰根拠の問題を混同してはいけません。共犯固有の不法は，正犯の実行の有無と関係なく，共犯者自身による共犯行動規範に対する違反に尽きる以上，正犯の実行行為は処罰根拠としての共犯の不法を構成するものではありません。共犯からみて，正犯が犯罪を実行したか否かは，共犯行為を処罰する必要があるかどうか（刑罰必要性）という共犯の制裁規範の発動に関わる処罰条件の問題（共犯の可罰性）であり，共犯固有の行動規範違反の有無の問題（共犯の不法）とは区別されなければなりません（規範論・361頁以下）。

2 要素従属性（質的従属性）

　実行従属性と並んで，さらに**要素従属性（質的従属性）**と呼ばれる問題があ

ります。これは，共犯を処罰するために実行従属性を要求することを前提として，正犯者の行為が犯罪成立要件をどこまで備えていなければならないのかという問題です。具体的には，教唆者が責任無能力者（例えば，精神障害者や刑事未成年者）を唆して窃盗を実行させた場合（正犯行為は構成要件に該当しかつ違法であるものの，責任がない）や教唆者によって唆された正犯者の傷害行為に正当防衛が成立する場合（正犯行為は構成要件に該当するが，違法でない），教唆者に窃盗や傷害の教唆犯が成立するかが争われています。

　これについては，共犯の成立には，①正犯の構成要件該当性のみで足りるという考え方（**最小従属性説**），②正犯の構成要件該当性・違法性を必要とするという考え方（**制限従属性説**），③正犯の構成要件該当性・違法性・有責性を必要とするという考え方（**極端従属性説**）が主張されています[3]。

　まず，正犯行為に正当防衛が成立するなど適法な行為であっても，それが構成要件に該当すればよいとする最小従属性説は，共犯成立のために違法な結果が要求されないことから，共犯の処罰条件として結果無価値を欠く場合についても共犯としての処罰を認めることになり問題があります。また，61条1項は「犯罪を実行させた」場合に教唆犯としての処罰を認めていることから，正犯は「犯罪」の要件をすべて備えていなければならないという極端従属性説もありますが，現在の通説は，違法評価はすべての関与者に連帯的に作用するが，非難可能性の問題である責任の有無は行為者の個人的事情を踏まえて関与者ごとに個別的に考えるべきであるという理由から，正犯者の行為が有責的な行為であることまでは必要なく，構成要件に該当する違法な行為であれば足りるという制限従属性説を採用しています。これによれば，唆された責任無能力者が窃盗を実行したものの，責任がなく犯罪が成立しない場合であっても，正犯の

---

3)　なお，共犯の処罰は正犯の一身的な身分にも依存し，その結果，正犯にある刑を加重および減軽する事情は，共犯にも加重的および減軽的に作用するという考え方を誇張従属性説といいます。これは，正犯に存する加重・減軽事由が共犯に連帯することを認めるもので，正犯行為がどこまでの要素を充たしていなければならないかという共犯処罰の必要条件に関する要素従属性の問題ではありません。そのため，誇張従属形式と制限従属形式は理論的に両立可能です。この点について，松宮孝明『先端刑法 総論』（日本評論社，2019年）203頁以下を参照。

行為は少なくとも違法性まで備えている以上，教唆犯（共犯）が成立します（もっとも，背後者の行為に正犯性が認められる場合には，間接正犯が成立する余地もあります）。また，正犯行為に正当防衛が成立する場合，違法性を欠くので教唆犯は成立しないとされています。一方，極端従属性説によれば，いずれの場合でも教唆犯の成立は否定されます。

　この点，**スナック強盗事件**（最決平成13・10・25刑集55巻6号519頁）では，12歳の長男Yに指示命令してスナックで金品を強取させた母親Xについて間接正犯が成立するかが問題となりました。最高裁は，「本件当時Yには是非弁別の能力があり，Xの指示命令はYの意思を抑圧するに足る程度のものではなく，Yは自らの意思により本件強盗の実行を決意した上，臨機応変に対処して本件強盗を完遂したこと」などを理由として，強盗罪の間接正犯の成立を否定しつつ，「Xは生活費欲しさから本件強盗を計画し，Yに対し犯行方法を教示するとともに犯行道具を与えるなどして本件強盗の実行を指示命令した上，Yが奪ってきた金品をすべて自ら領得したこと」などから，Xについて強盗の教唆犯ではなく共同正犯が成立するとしました。この事案において極端従属性説に従うならば，形式的に被利用者が刑事未成年者であるとの一事をもって利用者を間接正犯とすることができたはずですから，判例は少なくとも極端従属性説には立っていないと評価することができるでしょう。

　ところで，正犯の不法への共犯の不法の従属性や違法の連帯性を認めなければ，通説のように制限従属性説を採用できないのかという点については再考が必要です。共犯固有の「不法」（共犯行動規範違反）のみが処罰根拠になると考えるならば，正犯への従属の有無（実行従属性）と程度（要素従属性）の問題は，いずれも共犯の「可罰性」（共犯の制裁規範）の問題として，刑法の謙抑主義に照らして，少なくとも違法な正犯行為の存在を要求することも解釈論上は可能でしょう。

V　正犯と共犯の区別基準

　正犯行動規範と共犯行動規範を規範論に基づいて区別する制限的正犯概念によれば，単独正犯や間接正犯，共同正犯はいずれも正犯性（一次的な処罰対象）

が認められる点で，共犯性（二次的な処罰対象）しか認められない狭義の共犯（教唆犯と幇助犯）と厳格に区別されなければなりません。しかし，正犯と共犯をいかなる基準によって区別すべきかについて争いがあります。

　まず，行為者が正犯意思をもって自己のために犯罪を行ったのか，それとも共犯意思で他人のために犯罪を行ったのかという行為者の主観を基準として正犯と共犯を区別しようとする**主観説**があります。誰のための犯行かという利益の観点によって正犯と共犯を区別するならば，例えば，他人のためにしぶしぶ殺人の依頼を引き受け，これを実行した者は，利他的な動機から被害者を殺害したという理由で殺人の正犯でないということになりかねません。主観説は，その基準の不明確さに加えて，結果の条件はすべて等価であるという条件説を基礎とし，結果に条件を与えた点で客観的に正犯と共犯を区別することができない拡張的正犯概念からの理論的帰結である点にも疑問が残ります。

　このように主観面だけでは正犯と共犯を区別することができないことから，客観面も考慮して正犯と共犯を区別する**客観説**が主張されています。客観説は，形式的客観説と実質的客観説に大別されます。

　各則の構成要件に該当する行為（実行行為）を自ら行う者が正犯であり，自らは実行行為を行わず，共犯規定により修正された構成要件に該当する行為（教唆行為や幇助行為）を行う者が共犯であると考えるのが**形式的客観説**です。これによれば，自分の手で直接的に実行行為を行う直接正犯はもちろん，他人を道具として利用して犯罪を実現する間接正犯も，直接正犯と法的に同視しうる限りで，実行行為を行ったものとされます。しかし，例えば，父親Xが子どもYに命じて店の商品を万引きさせた場合，直接的に「窃盗」にあたる行為を行っているのはYですが，それにもかかわらず，Xが形式的に窃盗行為を行ったとして間接正犯の正犯性を説明することは難しいのではないかという批判があります。また，形式的客観説は，いかなる基準によって形式的に実行行為を認めるべきかについても明らかではありません。

　そこで，実質的な観点から正犯と共犯を区別しようとする見解があり，これを**実質的客観説**といいます。実質的客観説は，どのような実質的観点を正犯性の判断基準とするかに応じて，さらにいくつかの考え方に区別されます。現在のところ，構成要件該当事実の実現，すなわち犯罪の実現過程を支配した者が

正犯であり，そうでない者が共犯であるとする**行為支配説**，犯罪の実現に対して重要な役割を果たした者が正犯であり，そうでない者が共犯であるとする**重要な役割説**が有力に主張されています。これらの見解からは，手下を操って犯罪を実現する背後の黒幕的存在や他人を意のままに利用して犯罪を実現する者について，直接的には犯罪を実現する行為をしていないとしても，その者が手下や被利用者を介して犯罪実現過程を支配していたり，結果発生に対して重要な役割を果たしていたりした場合には，その具体的な関与実態に即して「共同正犯」や「間接正犯」としての正犯性が認められることになるでしょう（これについて詳しくは，第**13**章を参照）。

第13章　共同正犯と間接正犯

I　共同正犯

1　共同正犯の基本構造

（1）一部実行全部責任の原則

　共同正犯とは,「2人以上共同して犯罪を実行した」場合に成立し,各自が「すべて正犯」として処罰されます（60条）。例えば,XとYが共同してAを殺害するため発砲したところ,Xの弾丸は外れたが,Yの弾丸は命中してAを死亡させた場合,Xは殺人未遂罪,Yは殺人既遂罪となるのではなく,XとYそれぞれに殺人既遂罪の共同正犯が成立します。共同正犯は,「犯罪の実行」が要求されていることからも明らかなとおり,各則の構成要件を実現する正犯の一形態である点で,狭義の共犯（教唆犯および幇助犯）とは区別されます。そのため,共同正犯においては,基本的に共犯の従属性は問題となりません。

　また,共同正犯は,単独正犯と異なり,共犯的性格も兼ね備えている点に特徴があります（広義の共犯としての共同正犯）。つまり,各人が自ら直接に実行行為のすべてを行うことを要せず,それぞれ実行行為の一部を分担したにすぎない場合であっても,実現した犯罪全体に対して正犯としての罪責が問われるのです。これが,共同正犯規定（60条）の法律効果です（これは**一部実行全部責任の原則**とも呼ばれます）。例えば,XとYが意思を通じて強盗を行う計画を立て,Xが被害者Aに対して刃物を突きつけてその反抗を抑圧しているうちに,YがAの財布を奪ったという場合,Xに脅迫罪が,Yに窃盗罪がそれぞれ成立するのではなく,XもYも強盗罪の構成要件該当行為のうち一部分しか分担していないとしても,それぞれ強盗罪全体について共同正犯が成立するのです。

　共同正犯で一部実行全部責任の原則が認められる点について,現在の通説的な立場は,共犯者間における相互利用補充関係にその根拠を見出しています。

すなわち，直接に犯罪結果を実現していない共犯者についても，実現された犯罪全体について共同正犯としての罪責が問われるのは，2人以上の者が互いに利用補充し合って犯罪実現のために必要不可欠な行為を分担することにより，それぞれの行為が一体となって犯罪を実現する点にあるととらえられているのです。

（2）共同正犯と同時犯

ところで，共同正犯（60条）と区別すべきものに，同時犯があります。同時犯とは，例えば， XとYが互いに意思の連絡なくたまたま同時に殺意をもってAに向けて発砲したというように，2人以上の者が相互に意思連絡なく時を同じくして同一の客体に対して犯罪を実行した場合を指します。同時犯の場合にも複数の犯罪主体が問題とはなっていますが，同時犯は単独犯の一種ですので共犯ではないという点に注意してください。共同正犯か同時犯かは，上記の事例で，被害者Aに命中した弾丸がXによるものかYによるものか不明であったような場合に罪責上の違いをもたらします。つまり，もしXとYがAを共同して殺害する意思のもとに発砲した場合，いずれの弾丸が命中したのか不明であっても，少なくとも一方の弾丸が命中したという点が確認できるのであれば，XとYは殺人既遂罪の共同正犯となります。これに対して，XとYの間に意思の連絡がなく同時犯であると看做されれば，XとYはそれぞれ殺人未遂罪の罪責を問われるにとどまるのです（なお，傷害罪について同時犯の特例を定める規定として207条があります）。

2 「共同」の意義——犯罪共同説と行為共同説

わが国では，共同正犯は何を共同して実現するのかという「共同」の対象をめぐって争いがあります。すなわち，共同正犯の本質について，特定の犯罪を共同する点に見出す犯罪共同説と，一定の行為を共同する点に見出す行為共同説の対立がそれです。両説の違いは，異なる構成要件間の共同正犯を認めるかどうかという点にあります。

（1）犯罪共同説

犯罪共同説によれば，特定の犯罪を共同して実現することが必要なので，共同正犯は同一構成要件に関わる限度でしか成立しません。例えば，Xは殺人の

故意で，Ｙは傷害の故意で共同して被害者Ａを鉄パイプで殴打した結果，Ａが死亡したという場合，犯罪共同説によれば，ＸとＹの認識していた犯罪事実が異なる以上，共同正犯は成立せず，Ｘは殺人罪の単独正犯で，Ｙは傷害致死罪の単独正犯で処罰されるでしょう。

（2）行為共同説

これに対して，行為共同説によると，必ずしも共犯者間で特定の犯罪を共同して実行する意思は必要なく，「鉄パイプで殴る」や「刃物で刺す」という行為を共同した事実があれば，それぞれの関与者の認識に従って各人に異なる犯罪の共同正犯が成立します。先ほどの事例でいえば，Ｘに殺人罪の共同正犯が，Ｙに傷害致死罪の共同正犯が成立します。

（3）部分的犯罪共同説

もっとも，最近では，罪名が異なる共同正犯を一切否定する犯罪共同説（完全犯罪共同説と呼ばれます）や，反対に行為共同説を徹底し，全く異質な構成要件間の共同正犯を認める行為共同説（かたい行為共同説と呼ばれます）が主張されることはほとんどなく，両説から結論の歩み寄りがみられます。すなわち，共犯者がそれぞれ異なった構成要件に関わる行為を共同して実行した場合でも，構成要件が同質的で重なり合う範囲内で共同正犯の成立を認める（やわらかい）部分的犯罪共同説が多数説となっています。上述の事例では，殺人の故意のあるＸには殺人罪の単独正犯のほか，傷害の故意しかないＹとの間では，傷害致死罪の限度で共同正犯が成立することになります。もっとも，Ｘに成立する傷害致死罪は殺人罪に吸収されます（罪数については，第**15**章Ⅰを参照）。

（4）判例の立場

判例は，暴行ないし傷害を加える旨を共謀した者の１人が殺意をもって被害者を刺殺したという**暴力バー事件**（最決昭和54・4・13刑集33巻3号179頁〈百選Ⅰ No.92〉）で，殺意のなかった共犯者らについては，「殺人罪の共同正犯と傷害致死罪の共同正犯の構成要件が重なり合う限度で軽い傷害致死罪の共同正犯が成立する」と判示しました。その後，判例は，第**2**章でも触れた**シャクティ事件**（最決平成17・7・4刑集59巻6号403頁〈百選Ⅰ No.6〉）で，シャクティと称する治療行為を行っていた被告人には，不作為による殺人罪が成立し，殺意のない患者の親族との間では保護責任者遺棄致死罪の限度で共同正犯となるとしてい

ます。これらの判例により，暴力バー事件では，軽い罪の故意しかない者について構成要件の重なり合う範囲内で軽い罪の共同正犯が成立することが示され，シャクティ事件では，重い罪の故意を有する者について軽い罪の共同正犯が成立することが明らかにされたことから，判例は，部分的犯罪共同説に立つものと評価する考え方もみられます。

3　共謀共同正犯

（1）実行共同正犯と共謀共同正犯

　判例・通説によれば，実行行為を一部たりとも分担せず，共謀行為のみ関与した者に対しても共同正犯が成立するとされています。関与者が実行行為を分担する**実行共同正犯**に対置して，これを**共謀共同正犯**といいます。少なくとも実行共同正犯が共同正犯となる点に異論はありません。この点，共謀共同正犯という概念は，2人以上の者が犯罪の遂行を共謀し，そのうちの1人が共謀に基づいて実行行為に出た場合に，実行行為を分担しなかった共謀者に対しても60条を適用して共同正犯の成立を認めるものです。もっとも，現在でも主として形式的客観説の立場から共謀共同正犯を否定する見解も一部で根強く主張されています。

（2）共謀共同正犯の理論構成

　さて，問題は，60条の解釈論として実行行為を遂行しない共謀者を共同正犯とする理論的根拠です。学説では，いくつかの理論構成が示されています。

　まず，異心別体である2人以上の者が一定の犯罪を犯すという共同目的を実現するため同心一体の共同意思主体を形成し，そのなかの1人が犯罪を実行したとき，共同意思主体を構成する全員に共同正犯が成立するという見解（**共同意思主体説**）が提唱されています。本説に対しては，その団体責任的な構成が個人責任の原則に反するという批判が向けられています。

　また，共謀者間に犯罪遂行について確定的合意が成立した場合には，実行担当者はその合意に拘束され，実行の意思を放棄することが困難となることから，実行者はあたかも他の共謀者の道具のように振舞う点に着目する見解（**間接正犯類似説**）もあります。本説は，共謀共同正犯を間接正犯類似の構造をもつものとしてとらえ直そうとするものですが，他の共犯者を道具のように支配して

いるならば間接正犯が成立するのではないかという疑問のほか，犯罪組織のような上下主従・支配拘束型の共謀共同正犯を説明できても対等・相互依存型の共謀共同正犯を必ずしも上手く説明できないと指摘されています。

　そこで，最近では，犯罪の実現において実行の分担に匹敵し，またはこれに準ずるほどの重要な役割を果たした場合に共同正犯が成立するとして，共謀者と実行分担者の間の支配関係や役割分担関係から判断し，犯罪実現に対する事実的寄与の点で実行に準ずる重要な役割を果たしたかどうかを判断基準とする見解（**重要な役割説**）が有力に主張されています。もっとも，構成要件実現にとって重要な因果的寄与という観点だけでは，教唆犯と共謀共同正犯を区別できず，正犯性が十分に特徴づけられていないという疑問が残ります。

　このほか，行為支配説の見地から，共謀者が他の共犯者に対する心理的拘束とともに，犯罪の遂行にとって不可欠な寄与を通じて犯罪事実全体に対して機能的行為支配を及ぼしている場合に初めて共同正犯が成立するという見解（**機能的行為支配説**）も有力に主張されています。

　実務では，大審院以来，古くから共謀共同正犯が認められてきましたが，判例は，**練馬事件**（最大判昭和33・5・28刑集12巻8号1718頁〈百選Ⅰ No.75〉）で，従来とは異なる理論構成を示して共謀共同正犯を肯定しました。本件で最高裁は，「共謀共同正犯が成立するには，2人以上の者が，特定の犯罪を行うため，共同意思の下に一体となって互に他人の行為を利用し，各自の意思を実行に移すことを内容とする謀議をなし，よって犯罪を実行した事実が認められなければならない」としてその要件を示したうえで，「共謀に参加した事実が認められる以上，直接実行行為に関与しない者でも，他人の行為をいわば自己の手段として犯罪を行ったという意味において，その間刑責の成立に差異を生ずると解すべき理由はない。さればこの関係において実行行為に直接関与したかどうか，その分担または役割のいかんは右共犯の刑責じたいの成立を左右するものではない」と判示しています。本判決は，現在まで共謀共同正犯を認めたリーディングケースとして実務上重要な指針となっており，「他人の行為をいわば自己の手段として犯罪を行った」という言い回しを用いたことから，間接正犯類似説の構成で共謀共同正犯を認めたものという理解も示されています。

（3）「共謀」の意義

　共謀共同正犯の成立要件となる共謀とは，犯罪の共同遂行の合意であり，少なくとも相互的な意思連絡が必要不可欠です。ただし，それを超えて客観的な謀議行為という外部的行為の存在も要求すべきかどうかについては，共謀概念の果たすべき役割ないし位置づけについての見解の相違を反映して，主観的謀議説と客観的謀議説が対立しています。この点，共同遂行の合意があれば足りるとする主観的謀議説が実務の立場であるとされています。判例は，数台の自動車で移動していた暴力団組長（被告人）について，同行する別の自動車に乗っていた護衛役（スワット）のけん銃の所持に関する銃刀法違反の罪の共同正犯が成立するか争われた**スワット事件**（最決平成15・5・1刑集57巻5号507頁〈百選Ⅰ No.76〉）で，「スワットらに対してけん銃等を携行して警護するように直接指示を下さなくても，スワットらが自発的に被告人を警護するために本件けん銃等を所持していることを確定的に認識しながら，それを当然のこととして受け入れて認容していたものであり，そのことをスワットらも承知していた」と認定したうえで，合意形成へ向けられた外部的行為を示すことなく，「被告人とスワットらとの間にけん銃等の所持につき黙示的に意思の連絡があった」として共謀を肯定しています。

　なお，共謀には，犯行前に打ち合わせを行う場合（事前共謀）のほか，犯行現場で謀議がなされる場合（現場共謀）も含まれます。謀議といっても，必ずしも共謀者が一堂に会する必要はなく，XからY，YからZというように順次リレーのように謀議を行う場合（順次共謀）であってもよいとされています。また，共謀の内容をなす意思の連絡は，言語による明示的なものだけでなく，態度や挙動による黙示の共謀でもよいと理解されています。

（4）共謀共同正犯と実行行為

　第**12**章で述べたように，確かに刑法は，正犯についての定義規定を置いていませんが，60条が「2人以上共同して犯罪を実行した者」を共同正犯とする一方で，61条1項が「人を教唆して犯罪を実行させた者」を教唆犯としていることに照らせば，犯罪を「実行」する者が正犯であり，狭義の共犯とは，「実行」以外の態様で犯罪実現に関与した者と考えることができるでしょう。正犯の行動規範と共犯の行動規範は，一次規範と二次規範の関係にあって，その行動規

範が異なる以上，正犯と共犯は基本的に「行為類型」の問題としてとらえられなければなりません。規範論の見地からすると，正犯性を，正犯行動規範を構成する「実行行為」と切り離したところで考えようとすることはできないように思われます。

とはいえ，共同正犯で問題となっているような行為は，当然に各則構成要件に該当するものではありません。制限的正犯概念に依拠したとしても，もし60条の規定が存在しないならば，例えば，あらかじめ強盗行為を分業し，Xが脅迫を行い，Yが反抗抑圧状態にある被害者の財物を奪取した場合，Xは脅迫行為しか行っていないので脅迫罪が，Yは財物の窃取行為しか行っていないので窃盗罪が成立するだけにとどまることになります。しかし，これは，いずれの行為をも単独で実行した場合に問題なく強盗罪が成立することと比較して，刑法の保護機能の観点からみると，複数人が共同して実行行為を分担した場合に法益保護が弱まるという不均衡な結果を招くことになるでしょう。その反面，構成要件該当行為の一部すらも実行していない者を共同正犯ととらえることもまた，類推禁止の支配する刑法では許されず，刑法の保障機能と相容れないでしょう（刑法の保護機能と保障機能については，第1章Ⅱ3を参照）。そこで，60条は，刑法各則の定める行為に含まれるかどうか明らかでない「意味の周縁」に属するケースについて，いわば各則構成要件の「意味の核心」に属する単独正犯と異なる行為態様であっても，一部実行を共同正犯の条件として関与者全員に実現された犯罪全体について正犯としての罪責を認めることを明らかにすることによって，刑法の保護機能と保障機能を調整するための規定として位置づけることができるのではないでしょうか。したがって，60条は，決して本来的に正犯でないものを正犯と看做すための規定ではありません。

そのうえで，問題は，「一部実行」をどうとらえるかに収斂されるでしょう。判例・通説は，共謀共同正犯における共謀行為を実行行為とは切り離された別の行為と考えているようですが，これは，論点先取りの虚偽（petitio principii）に陥っているといえないでしょうか。実行行為は決して形式的客観説のいうようにとらえなければならないわけではありませんし，そうした理解は，後述するように，すでに自ら直接に法益侵害行為を行わない間接正犯において堅持されてもいません。いずれにしても，共謀行為のみに関与した者に対して共謀共

同正犯が成立するか否かは，当の共謀行為を「実行行為」と評価する余地が残されているかどうかを理論的に検討する必要があるでしょう。また，そう考えることによって，近時ますます曖昧となりつつある共謀共同正犯の処罰範囲を限界づけることも可能となるように思われます。

Ⅱ　間接正犯

1　間接正犯論の課題

　間接正犯とは，他人の行為を利用して犯罪を実現する場合を指します。

　かつての通説のように，要素従属性について極端従属性説の立場に立つと，責任無能力者を利用して他人を殺害した場合，被利用者については，責任が欠ける以上，正犯の成立も狭義の共犯の成立も排除される一方，背後者についても正犯としての有責性が認められないため狭義の共犯は成立せず，自ら直接には殺人の実行行為を遂行していないととらえる場合には，正犯としても処罰できないことになってしまいます。そこで，古くは，こうした処罰の間隙を埋めるための救済策として間接正犯概念の必要性が説かれていました。しかし，現在では，制限従属性説を採用する通説の立場から当然に処罰の間隙が生じるわけではなく，むしろ刑事政策的な処罰の必要性を超えて間接正犯の正犯性を積極的に論証する理論的試みが数多くなされています。

　間接正犯を処罰する旨の明文規定を有しているドイツ刑法典とは異なり，わが国の刑法典には，他人を利用して犯罪を実現する間接正犯の処罰を認める明文規定はありません。しかし，間接正犯も自ら直接に犯罪を実現する直接正犯と質的に異ならないとして，直接正犯と同様に正犯として処罰することが広く認められています。言い換えれば，間接正犯も直接正犯と同様，各則構成要件を実現した場合として，刑法典各本条の定める法律効果に従って等しく正犯として処罰されるのです。そこで，いかなる場合に背後者を共犯としてではなく正犯として処罰しうるのか，正犯性の判断基準と共犯（教唆犯）との限界づけを行うことが理論的課題となります。

　もっとも，あらゆる犯罪について間接正犯が問題となるわけではないという点には注意が必要です。行為者本人の手によって実行しないと正犯とならない

犯罪を自手犯と呼び，偽証罪（169条）や重婚罪（184条），免許証不携帯罪（道交法95条1項，121条1項12号）がそれにあたります。これらの犯罪については，間接正犯は問題とならず，直接正犯の形態でしか実現できないと考えられています。また，身分犯についても同様の問題があります（身分犯については，第14章Ⅰを参照）。

2　間接正犯の正犯性

(1) 制限的正犯概念と間接正犯

　各則構成要件の実現に対して因果的に関与した者は本来的にすべて正犯であると考える拡張的正犯概念からすると，背後者の利用行為は法益侵害へと至る因果経過の起点であり，共犯規定のような刑罰縮小事由もなければ，敢えて間接正犯という概念をもち出してその正犯性を論証する必要性も生じないでしょう。しかし，拡張的正犯概念の考え方それ自体に問題があるという点については，すでに第12章Ⅱ1 (1) で指摘したとおりです。

　これに対して，制限的正犯概念に立脚するならば，間接正犯も正犯性が認められる限り，一次的な処罰対象として直接正犯と同価値であり，行動規範論の観点から，その正犯行動規範は，共犯規定の媒介なく，各則構成要件から導き出されることになるでしょう。

　もっとも，直接正犯と間接正犯の行動規範が基本的に同一であるとはいっても，両者の外形的行為は必ずしも同一ではない点に気をつけなければなりません。例えば，直接正犯として医師Xが患者Aに毒薬を注射して殺害する場合，Xは日常言語的な意味における「殺す」という外部的行為を実行しているといえますが，間接正犯として医師Xが看護師Yに毒薬であることを秘して患者Aに注射するよう指示する場合には，Xは同じような外部的行為を遂行しているわけではないにもかかわらず，（間接）正犯の成立が認められるからです。そうだとすると，やはり間接正犯について，日常言語の意味で構成要件に記述されている行為を自ら遂行したものが正犯であるという形式的客観説の考え方を維持することはできません。間接正犯では，背後者の利用行為がどんな判断基準により殺人罪の実行行為（正犯行為）と規範的に評価できるかが問題となっており，そこではまさに「殺す」などの実行行為の法律学的意味が問われてい

るといえるでしょう。

（2）正犯性の判断基準

　それでは，間接正犯の正犯性は，いかなる理論的根拠によって基礎づけられるでしょうか。伝統的には，間接正犯は，動物をけしかけて人を死傷させる行為のように，利用者が不自由な状態にある被利用者をあたかも「道具」のように利用して犯罪を実現するものであると説明されてきました（**道具理論**）。しかし，後ほど確認するとおり，被利用者に故意が認められる場合であっても間接正犯が成立しうるとすると，そのような被利用者をも「道具」と呼べるかどうかは必ずしも明らかではありませんし，そもそも「道具」という比喩的概念だけで間接正犯の正犯性を説明しようとすること自体に疑問の余地があります。

　そこで，現在の学説は，より実質的な観点から間接正犯の正犯性を基礎づけようとしています。

　まず，背後者による構成要件実現の現実的危険性の観点から正犯性を基礎づけようとする考え方があります（**実行行為性説**）。これによれば，結果惹起の危険性や確率的可能性が高い場合に背後者に正犯性が認められることになります。しかし，責任無能力者を利用して被害者を殺害する場合とプロの殺し屋に被害者の殺害を依頼する場合を比べたとき，通説的な立場からは，責任無能力者を利用した場合は殺人罪の間接正犯となり，殺し屋を雇って暗殺した場合は殺人罪の教唆犯にとどまることになるが，殺人結果が発生する危険性という観点でみれば後者の方が大きいはずであり，結果発生の危険性が高い行為を遂行したとしても，それだけで正犯性は認められないという批判が向けられています。

　また，被利用者に規範的障害があるか否かによって正犯性を判断しようとする見解も主張されています（**規範的障害説**）。本説は，規範意識によって適法行為を思いとどまることが被利用者に期待できる場合，被利用者の存在が犯罪の実現にあたって障害となっているため，背後者の利用行為に正犯性を基礎づける法益侵害の危険が認められないのに対して，被利用者が責任無能力であるなど規範的障害とならない場合には，背後者の利用行為に正犯性を認めることができるとするものです。しかし，本説に対しては，故意行為に限定するか過失行為も含むかなど，規範的障害の内実をいかにとらえるべきかについて論者によって見解の対立があるほか，なぜ被利用者側の有責性が背後者の正犯性を肯

定する決定的理由となるのか明らかではないという批判を受けています。

　このほかに，現在有力に主張されている考え方としては，犯罪の実現過程を実質的に「支配」している場合が正犯であるという見解（**行為支配説**）や，媒介者に構成要件的結果について自律的決定が存在した場合には間接正犯は否定されるが，自律的に決定していない媒介者を介して結果を実現した場合には間接正犯が成立するという見解（**自律的決定説**）があります。行為支配説によれば，間接正犯についてとくに「意思支配」が問題となっており，具体的には，被利用者の錯誤を利用する場合（錯誤支配）や被利用者の意思を抑圧する場合（強制支配）に，背後者がそれらの事情を意のままに利用して構成要件の実現過程を支配しているという点から背後者の正犯性を基礎づけようと試みています。もっとも，本説内部で「支配」という概念を事実的にとらえるか規範的にとらえるか議論があることに加え，被利用者の錯誤のうち，いかなる錯誤が背後者の正犯性を基礎づけるかについて争いがあります。

（3）正犯と共犯の区別に関する自己答責性原理

　間接正犯も共犯と同様，自己の行動規範違反のみを根拠として処罰され，自己の行為についてのみ責任が問われます（責任主義について，第9章を参照）。他人に指示して殺人を実現する背後者が正犯（間接正犯）となるか共犯（教唆犯）となるかは，直接行為を行う被利用者がその行為を自己答責的に遂行したかどうかが目安となります。直接行為者が完全に自己答責的（故意的・有責的）に行為している場合には，実現された構成要件について少なくとも背後者に正犯としての帰責は問題とならず，せいぜい共犯としての責任が問われるにすぎません。これに対して，直接行為者が構成要件的錯誤に陥っていたり責任無能力者であったりして被利用者の行為に自己答責性が認められない場合に初めて，背後者に間接正犯としての正犯性が認められる余地が生じるのです。これを「正犯と共犯の区別に関する自己答責性原理」と呼ぶことができるでしょう（規範論・380頁以下参照。なお，行為能力が認められるという意味での「不法」レベルでの自己答責性・自律性や，規範適合的な動機づけ能力としての責任能力が認められるという意味での「責任」レベルにおける自己答責性・自律性をそれぞれ区別することができます）。

　これを踏まえて，以上のような自己答責性原理を「正犯性」を排除する目安

ととらえるならば，直接行為者に自己答責性が認められない場合には，背後者に間接正犯が成立しうるものの，その反面，直接行為者が自己答責的に行為している場合には，その行為についての背後者の正犯性は自己答責性により遮断されて，背後者に関して共犯の成否のみが問題となると考えることができるでしょう。

　間接正犯は，すでに説明したように，あくまで各則構成要件の正犯行動規範を自己の行為により侵害し，その正犯行動規範の有責的侵害を根拠として処罰されるものですから，他者が自律的に遂行した自己答責的行為について帰責されるものではありません。もっとも，背後者の正犯性が排除される場合には，間接正犯の成立は否定されるものの，それによって当然に共犯が成立するわけではなく，別途，各共犯形態の成立要件を充足しているかどうかを検討しなければならない点には注意が必要です。

3　間接正犯の類型

　それでは，実際，間接正犯はどんな場合に成立すると考えられているのでしょうか。以下では，間接正犯の成否が問題となりうる類型について参照しておくことにしましょう。

（1）被害者や第三者の強制

　まず，背後者が被利用者を強制して法益侵害を行わせる場合は，間接正犯が認められやすいとされています。例えば，背後者が被利用者に背後からピストルを突きつけるなどして犯罪を実行させる場合や，被害者を脅迫して自己加害行為を行わせるような場合が問題となります。これらの場合，一般に「意思の抑圧」が必要だと解されています。**偽装結婚事件**（最決平成16・1・20刑集58巻1号1頁〈百選Ⅰ No.73〉）では，Xが保険金を詐取する目的で，被害者Aに激しい暴行・脅迫を加え，事故に見せかけて車ごと海に飛び込み自殺するよう命じたところ，Aが指示されたとおり車ごと海に飛び込んだが，Aは車が水没する前に脱出して，死を免れたという事案で，「Xの命令に応じて車ごと海中に飛び込む以外の行為を選択することができない精神状態に陥らせていた」として，車ごと海に転落するよう命じた行為について，殺人未遂罪の間接正犯が認められています。また，これ以前にも，被害者を脅迫して追いつめ，自ら川に

転落させ，溺死させた行為について殺人罪の成立を認めた判例があります（最決昭和59・3・27刑集38巻5号2064頁）。これらは，「被害者を利用した間接正犯」の類型の1つです（近時の判例として，最決令2・8・24刑集74巻5号517頁も参照。ほかにも，情を知らない被害者を誘導して落とし穴に転落させて傷害を負わせるなど，被害者の錯誤を利用する場合も含まれます）。

（2）責任無能力者や刑事未成年の利用

　被利用者に責任能力が欠如するという事情はそれだけで当然に背後者の（間接）正犯性を基礎づけるものではありません。とはいえ，責任無能力者や刑事未成年者を利用する場合も間接正犯になりやすいとされています。

　背後者Xが12歳の養女Yを連れて四国巡礼中にYに命じて現金等を窃取させた**四国巡礼事件**（最決昭和58・9・21刑集37巻7号1070頁〈百選ⅠNo.74〉）では，自己の日頃の言動に畏怖し意思を抑圧されているYを利用して窃盗を行った場合には，被利用者が是非善悪の判断能力を有していてもXに窃盗罪の間接正犯が成立するとされました。

　これに対して，母親Xが12歳10か月の長男Yに指示命令してスナックで金品を強取させた**スナック強盗事件**（最決平成13・10・25刑集55巻6号519頁）では，当時，被利用者は是非弁別能力を有し，背後者の指示命令が被利用者の意思を抑圧するに足りる程度のものでないことなどを理由として，Xに対して強盗罪の間接正犯の成立を否定しつつも，強盗罪の共謀共同正犯を認めています。本件では，間接正犯と共同正犯の限界づけも問題となっています。ただ，四国巡礼事件のように，Yは強く説得されたとはいえ，逆らったらXから暴行や脅迫を受けるなどの事情もないことから間接正犯を否定すべき事情が見受けられる反面，強盗を実行する際に，被害者に対して「トイレに入れ。殺さないから入れ。」などと指示して臨機応変に行動していた点が共同正犯性を肯定する方向で考慮されたといえるでしょう。

　いずれにしても，被利用者が幼児や重度の精神病者である場合や刑事未成年者に是非弁別能力がない場合のほか，刑事未成年者に是非弁別能力があったとしても意思の抑圧が認められるような場合には，間接正犯が成立するでしょう。

（3）錯誤の利用

　被害者や第三者の錯誤を利用する場合も間接正犯の成否が問題となります。

被利用者の錯誤が問題となる事例としては，錯誤の性質に応じてさまざまな場合が考えられます。例えば，被利用者の事実の錯誤を利用する場合として，背後者Ｘが甘い物に目がない恋敵Ａを殺害するため，情を知らない友人Ｙに毒入りスイーツを運ばせ，そのスイーツを食べたＡが死亡したという場合，Ｙはそのスイーツが毒入りであることを知りませんから犯罪事実の認識がなく，Ｘに殺人罪の間接正犯が成立するでしょう。このほかにも，背後者Ｘが仇敵Ａを殺害する意思をもつＹに対してＢをＡだと偽って撃つよう指示した場合（客体の錯誤）や，案山子だと偽って被害者Ａを撃つよう指示した場合（抽象的事実の錯誤），ＡとＢが不倫関係にあると偽ってＹにＡを殺害させた場合（動機の錯誤），高価な美術品を安価な贋作（がんさく）だと偽って損壊させた場合（具体的行為の意味に関する錯誤），規制薬物を合法であると騙して輸入させた場合（違法性の錯誤）などについて，間接正犯の成否が問題となりうるでしょう。

　錯誤の利用が問題となった事案として，偽装心中事件（最判昭和33・11・21刑集12巻15号3519頁〈百選Ⅱ No.1〉）があげられます。本件では，被告人は追死する意思がないにもかかわらず，これを誤信させて被害者を自殺させたところ，最高裁は，「被害者は被告人の欺罔の結果被告人の追死を予期して死を決意したものであり，その決意は真意に添わない重大な瑕疵ある意思である」と述べて，被告人に殺人罪の成立を認めています。もっとも，本判決に対しては，被害者の錯誤はいわゆる動機の錯誤であって，自己の生命法益の処分に関する法益関係的錯誤がないとして殺人罪の間接正犯でなく自殺関与罪（202条）の成立にとどめるべきだという批判が有力です。

（4）故意ある道具の利用

　被利用者に故意が認められる場合でも，間接正犯が成立する場合があります。例えば，Ｘが，屏風の背後にＡがいることを知らないＹに対して屏風を拳銃で撃てと命じてＡを死亡させた場合，Ｙには，器物損壊罪や場合によっては過失致死罪や重過失致死罪が成立しますが，Ａを殺害する意思はないため殺人罪は成立しません（**軽い罪の故意しかない者の利用**）。この場合，通説は，背後者Ｘについて，器物損壊罪の教唆犯と殺人罪の間接正犯が成立するとします。というのも，背後者が意図した重い罪との関係では，被利用者は意のままに利用されていると考えられるからです。

　これ以外にも，被利用者に故意のある場合には，いくつかのヴァリエーションがあります。第1に，よくあげられるのは，背後者が行使の目的をもっているにもかかわらず，それを秘して被利用者に通貨を偽造させた場合です（**目的なき故意ある道具の利用**）。通貨偽造罪（148条）は，「行使の目的」をもって通貨を偽造した場合にのみ成立しますので，行使の目的を欠く被利用者について，通貨偽造罪は成立しません。しかし，通説によれば，この場合，背後者は，被利用者を意のままに操って構成要件を実現しているとして，通貨偽造罪の間接正犯が認められます。

　第2に，公務員が非公務員に事情を明かして賄賂を受け取らせる場合にも，背後者に間接正犯が成立するのではないかが争われています（**身分なき故意ある道具の利用**）。収賄罪（197条）は，「公務員」が公務の対価として賄賂を受け取った場合にしか成立しませんので，少なくとも公務員の身分のない者に収賄罪の「正犯」は成立しません。この点，賄賂の収受を指示した公務員を処罰するために，背後者を「共犯」（教唆犯）と解するのも「正犯なき共犯」を認める点で問題があります（これについて，第**12**章**Ⅲ**を参照）。そこで，通説は，この場合には，公務員としての身分を有する背後者を収賄罪の間接正犯，非公務員を収賄罪の幇助犯とすべきだと考えています。

　第3に，実務上しばしば問題とされているのが，被利用者が故意をもって自ら実行行為を行っていても，自分のためでなく他人の犯罪を助けるつもりで犯罪に関わっているような場合です（**故意ある幇助的道具の利用**）。例えば，組織のボスが部下に命じて覚醒剤を国内に輸入させた場合，部下は，主観的に禁制品輸入罪の構成要件を実現する意思で，かつ客観的に同罪の構成要件該当行為を実行しているものの，その行為を自分のためにしているのではなく，他人（ボス）のために行おうという意思（これを「共犯意思」と呼ぶことがあります）で行っています。そこで，この場合のように，被利用者が自ら実行行為を行っているようにみえても，実質的にみると利用者に一方的に利用されているような場合には，被利用者は幇助犯にすぎず，利用者こそが間接正犯であると考えるべきだという主張があります。

　かつて最高裁は，被告人が食糧管理法違反の米の輸送を使用人に行わせた事案について，被告人が使用人に命じて同人を自己の手足として米を自ら運輸輸

送したと認定したうえで，使用人が情を知ると否とにかかわらず，被告人の行為は食糧管理法違反の運輸輸送の「実行正犯」であると判示しました（最判昭和25・7・6刑集4巻7号1178頁）。また，下級審では，覚せい剤の売り手が取引相手の買い手と顔を合わせたくないので，被告人が売り手に代わって買い手に覚せい剤を譲り渡して代金を受け取ったという事案で，被告人は，覚せい剤譲渡の正犯意思を欠き，売り手の買い手に対する譲渡行為を幇助する意思のみを有したにすぎないので，いわゆる正犯の犯行を容易ならしめる故意のある幇助的道具であり，覚せい剤譲渡罪の幇助犯になるとしたものもあります（横浜地川崎支判昭和51・11・25判時842号127頁）。

（5）適法行為の利用

　最後に，背後者が被利用者の正当防衛行為や緊急避難行為を利用して構成要件を実現しようとする場合のように，被利用者の適法行為を利用する場合にも背後者に間接正犯が成立するのではないかが議論されています。例えば，妊婦からの依頼で堕胎手術を行ったが失敗して妊婦の生命に危険を生じさせた者が医師に胎児の排出を求め，医師が妊婦の生命を救うため堕胎を行ったという事案で，緊急避難行為を利用した堕胎の間接正犯の成立を認めた古い判例があります（大判大正10・5・7刑録27輯257頁）。最近でも，最高裁は，Ｘが大麻の輸入を企て，航空貨物として大麻を自宅へ送付したところ，税関検査で大麻が発見され，コントロールド・デリバリー[1]（麻薬特例法4条）が実施されたという事案で，情を知った通関業者や配送業者が捜査当局の依頼を受けていたとしても，「第三者の行為を自己の犯罪実現のための道具として利用した」として，Ｘに禁制品輸入罪（既遂）の間接正犯の成立を認めています（最決平成9・10・30刑集51巻9号816頁）。しかし，本決定に対しては，麻薬特例法により捜査機関の意向に従って大麻を適法に配送する配送業者らがＸの意のままに利用されていたといえるか疑問があると同時に，捜査機関の監視下でなされるコントロールド・デリバリーの事案では，禁制品輸入罪は未遂にとどまるのではないかとい

1）　コントロールド・デリバリーとは，禁制品（規制薬物や銃器など）を発見してもその場で直ちに摘発せず，捜査機関による十分な監視の下で禁制品を流通させ，不正取引の関与者を検挙するという捜査手法です。

う批判があります。

　いずれにしても，これらの事案で背後者に間接正犯が成立するかどうかは，被利用者の行為について違法性阻却事由が存在するかという一事のみによって決まるものではないという点に注意が必要でしょう。

4　間接正犯における実行の着手時期

　間接正犯についても，未遂犯処罰規定の有無をめぐって未遂と既遂の区別が重要となりますが，少なくとも未遂犯が成立するためには「実行の着手」が認められなければなりません。間接正犯は，通常，離隔犯の場合と同様に，背後者の利用行為と被利用者の行為との間に時間的・場所的隔たりが存在することが多く，どの時点をもって実行の着手が認められるかが問題となります。

　これについて，間接正犯とは利用者が実行行為者となる場合であるから，利用行為自体が実行行為を構成し，利用行為の開始が実行の着手であるという考え方（利用者標準説）と，既遂結果の危険性は被利用者が利用行為に出た時点で認められるから，被利用者による行為の開始が実行の着手であるとする考え方（被利用者標準説）が対立してきました。判例は，**毒入り砂糖事件**（大判大正7・11・16刑録24輯1352頁〈百選Ⅰ No.65〉）で，情を知らない郵便局員を利用する間接正犯について，背後者が毒入り砂糖を発送した行為の時点ではなく，郵便局員を通じて相手方に到達した時点で実行の着手を認めていますので，被利用者標準説に立つと理解されています。

　この点，間接正犯も離隔犯と同じように，実行の着手時期は，実行行為者としての背後者の利用行為に求めるべきでしょう（第11章Ⅰ7も参照）。ただし，被利用者が既遂結果に至る危険性を生じさせる行為を開始しない限り，法益侵害に至る客観的に危険な事態も発生しませんので，被利用者による行為の開始は，間接正犯において未遂の可罰性を制限する処罰条件ととらえることができるでしょう。

第 **14** 章　共犯の諸問題

I　共犯と身分

1　身分概念と身分犯

（1）身分犯とは

　通常，犯罪の主体に限定はありません。しかし，犯罪のなかには，行為者が一定の身分を有していることが構成要件要素となっている場合があります。このように一定の身分があることによって初めて成立する犯罪を**身分犯**といいます。例えば，単純収賄罪（197条1項前段）では，「公務員が，その職務に関し，賄賂を収受し，又はその要求若しくは約束をしたときは」と規定されているとおり，行為主体が「公務員」に限定されています。したがって，民間企業の社員がその職務に関して対価を受け取ったとしても単純収賄罪は成立しません。

　偽証罪（169条）では，「法律により宣誓した証人が」，特別公務員暴行陵虐罪（195条1項）では，「裁判，検察若しくは警察の職務を行う者又はこれらの職務を補助する者が」，背任罪（247条）では，「他人のためにその事務を処理する者が」と規定されているように，ある犯罪が身分犯であるかどうかが条文上明らかな場合もありますが，そうではない犯罪類型もあります。例えば，単純横領罪（252条）は，自己の占有する他人の物の横領が犯罪を構成することから，行為主体が「他人の物の占有者」に限定される身分犯であると解されています。

（2）身分の意義

　犯罪の行為主体を限定する「身分」の概念は，日常用語でいう「身分」とは必ずしも同じ意味ではありません。判例によれば，刑法上の身分とは，「男女の性別，内外国人の別，親族の関係，公務員たるの資格のような関係のみに限らず，総て一定の犯罪行為に関する犯人の人的関係である特殊の地位又は状態」と解されています（最判昭和27・9・19刑集6巻8号1083頁）。学説では，目的や動機などの一

時的な心理状態は身分に含まないという限定的な考え方も主張されていますが，判例によれば，通貨偽造罪（148条1項）にいう「行使の目的」のような特別な主観的要素を有していることも犯人の特殊の状態ととらえる余地があることから，主観的要素も「身分」と解されうるでしょう。実際，営利目的麻薬輸入罪（麻薬取締法〔現・麻向法〕64条2項）における「営利の目的」を「身分」とした最高裁判例（最判昭和42・3・7刑集21巻2号417頁〈百選Ⅰ No.93〉）もあります。

（3）真正身分犯と不真正身分犯

　身分犯は，一般に，2つのタイプに区別されます。まず，犯罪のなかには，一定の身分がなければ犯罪とならない場合があり，これを**真正身分犯**（構成的身分犯）といいます。公務員でない者（非身分者）が職務に関連して利益を受け取っても犯罪を構成しませんから，収賄罪は公務員のみを行為主体とする真正身分犯の典型例です。これに対して，身分がなくても犯罪が成立するものの，一定の身分があることにより刑が加重・減軽される場合があります。これを**不真正身分犯**（加減的身分犯）といいます。例えば，保護責任者遺棄罪（218条）は，行為主体が「保護責任者」である場合に限って成立し，身分がない者による遺棄行為を処罰する単純遺棄罪（217条）の刑が加重されますから，不真正身分犯にあたります。

2　身分犯の共犯

（1）問題の所在

　それでは，身分者の行為に非身分者が関与した場合や非身分者の行為に身分者が関与した場合，あるいは身分者と非身分者が共同して身分犯を実現した場合，両者の罪責についてどのように考えるべきでしょうか。

　この点について，65条1項は，「犯人の身分によって構成すべき犯罪行為に加功したときは，身分のない者であっても，共犯とする。」と定める一方，同条2項は「身分によって特に刑の軽重があるときは，身分のない者には通常の刑を科する。」と規定しています。ここで刑法は，少なくとも非身分者が身分犯に関与した場合を念頭に置いて異なる2通りの取扱いを認めています。すなわち，65条1項では，本来，非身分者が単独で実行した場合には身分犯は成立しないにもかかわらず，身分者と共同して犯罪を実現した場合には，身分が共

犯間で連帯的に作用することを認めるとともに（いわゆる**身分の連帯的作用**），同条2項では，非身分者には身分がないときに成立する犯罪の刑（「通常の刑」）で処断するとしており（いわゆる「**身分の個別的作用**」），65条は，一見すると矛盾するような2つのルールを定めていることから，1項と2項の関係をいかに整合的に解すべきかが理論的に問われることになります。

（2）65条の解釈

わが国の多数説や判例の基本的立場は，1項は真正身分犯の共犯に関する規定であり，2項は不真正身分犯の共犯に関する規定であると解するものです（**形式的区別説**）。これによると，1項の「犯人の身分によって構成すべき犯罪行為」は，身分があることによって初めて成立する犯罪である真正身分犯と解されるので，非身分者が真正身分犯に関与した場合には，非身分者にも身分犯の共犯が成立することとなります。例えば，非公務員が公務員に収賄を教唆した場合，収賄罪は真正身分犯であることから非公務員に1項が適用され，収賄罪の教唆犯が成立します。

一方，2項の「身分によって特に刑の軽重があるとき」は，身分があることによって刑が加重・減軽される犯罪である不真正身分犯と解しますので，非身分者が不真正身分犯に関与した場合には，身分犯の共犯は成立せず，身分のない者に成立する犯罪の共犯が成立し，その刑で処断されることになります。非常習者が賭博常習者の賭博を幇助した場合，常習賭博罪は常習者であることを理由として刑を加重する不真正身分犯だとすると，非身分者の常習者でない幇助者には1項は適用されず，2項のみが適用されることになるでしょう。そうすると，非身分者は，常習賭博罪の幇助犯ではなく，単純賭博罪の幇助犯が成立することになります。確かに，この考え方に従えば，真正身分犯と不真正身分犯とで非身分者の取扱いを明快に区別できますが，そのような形式的区別に十分な理論的根拠があるかについて根強い批判があります。

これに対して，1項は，真正身分犯か不真正身分犯かを問わず，非身分者について身分犯の共犯が成立することを明らかにしたものであり，2項は，とくに不真正身分犯について非身分者に対する科刑を定めるものと理解する考え方も主張されています（**形式的連帯説**）。本説は，不真正身分犯も「犯人の身分によって構成すべき犯罪行為」であるから，真正身分犯の共犯のみならず，不真正身

分犯の共犯の場合にも1項を適用することで，非身分者にも身分犯の共犯が成立するとしつつ，身分があることで刑の軽重が生じる不真正身分犯における非身分者の刑については，2項を適用して身分犯ではなく通常の犯罪の刑を適用しようとするものです。

　本説に従えば，非公務員が公務員に対して収賄を教唆した場合，非公務員は1項により収賄罪の教唆犯となる一方，常習者でない者が賭博常習者の賭博行為を幇助した場合には，1項により非常習者にも常習賭博罪の幇助犯が成立しますが，2項により単純賭博罪の法定刑の限度で処罰されることになります。ただ，本説に対しては，罪名と科刑とを切り離す点に批判があります。

　そこで，現在，有力なのは，真正身分犯か不真正身分犯かという形式的な区別によって非身分者を異なって取扱うべきではなく，むしろ違法身分か責任身分かという実質的観点によって区別すべきだという考え方です（**実質的区別説**）。この考え方は，犯罪論体系とのつながりを意識しながら，身分犯において問題となる身分の法的性格が「違法性」，つまり法益侵害に関係する身分か，それとも「責任」，つまり非難可能性に関わる身分かによって1項と2項の適用範囲の限界を画そうとするものです。これによれば，収賄罪における「公務員」という身分は，公務員という身分があることによって初めて職務の公正を侵害しうると解されることから法益侵害性に関わる違法身分であり，非公務員が公務員に収賄を教唆した場合には，非公務員には1項が適用されて，収賄罪の教唆犯が成立します。他方，常習者でなくても賭博罪の保護法益（その内容については争いがあります）は侵害されうる以上，常習者という身分は，非難可能性を高める責任身分であると解すれば，非常習者が常習者の賭博を幇助した場合には，非常習者には2項が適用され，単純賭博罪の幇助犯が成立することになるでしょう。しかし，この考え方に対しても，ある身分が違法身分か責任身分かを明確に区別するのは困難であるという異論があるほか，根本的には，特別公務員職権濫用罪（194条）のように不真正身分犯で違法身分の場合には，非身分者にも身分者の法定刑が適用されることによって本来の刑より加重して処罰されうることになりますが，この帰結については罪刑法定主義の観点から問題があるでしょう。

　なお，判例は，形式的に1項を真正身分犯に適用し，2項を不真正身分犯に

適用するという立場を基本としています。ただ、これとは異なり、業務として金銭を保管していたZと、かかる業務に従事していなかったX、Yとが共同して金銭を費消したという**学校建設資金横領事件**（最判昭和32・11・19刑集11巻12号3073頁〈百選Ⅰ No.94〉）において、最高裁は、XとYについて65条1項により業務上横領罪（253条）の共同正犯が成立するが、業務上物の占有者たる身分のないXとYに対して65条2項により通常の横領罪（252条1項）の刑を科すべきであると判示しています。業務上横領罪は、「占有者」と「業務者」という2つの行為者的要素から構成される「二重の身分犯」であることから、本判決は、業務上横領罪が非占有者との関係で真正身分犯ととらえて1項を適用しつつ、単なる占有者が関与した場合との刑の不均衡を避けるため、さらに2項を適用して刑のみ単純横領罪の限度で処断したものと理解できるでしょう（なお、特別背任罪〔会社法960条1項〕でも同様の問題が生じます）。しかし、罪名と科刑を分離して罪名のみ重い犯罪の成立を認める点については、批判が少なくありません。

（3）65条1項にいう「共犯」の意義

65条1項にいう「共犯」とは、いかなる共犯形式を指すのかという点をめぐっても争いがあります。真正身分犯では、非身分者が実行行為（正犯行為）を行うことはできない以上、共同正犯にもなりえないとして、65条1項の「共犯」を狭義の共犯のみを含むと解する見解も有力に主張されていますが、現在のところ、判例（大判昭和9・11・20刑集13巻1514頁）・多数説は、65条1項にいう「共犯」とは、広義の共犯（共同正犯と狭義の共犯）を指すと解しています。

しかしながら、本来、真正身分犯で身分者しか正犯として構成要件を実現できないということは、身分犯構成要件に内在する行動規範が当該身分を有している行為者のみに向けられる特別義務であるということを意味しているはずです。そうだとすると、そのような正犯行動規範が本来向けられていない非身分者が、身分者と共同しただけで直ちに正犯行動規範違反が認められるのかどうかについては、改めて規範論的な検討が必要不可欠でしょう。

（4）身分者が非身分者に関与した場合

公務員が事情を明かして非公務員に賄賂を受け取らせる場合のように、真正身分犯で身分者が非身分者に関与した場合、いわゆる**身分なき故意ある道具**の問題となります。通説は、すでに述べたように、身分者を収賄罪の間接正犯、

非公務員を収賄罪の幇助犯と解しています（第13章Ⅱ3（4）参照）。

　不真正身分犯で身分者が非身分者に関与する場合としては，賭博常習者が非常習者に賭博を教唆・幇助した場合が考えられます。この場合，65条2項を適用して常習者を常習賭博罪の教唆犯・幇助犯とする考え方（大判大正3・5・18刑録20輯932頁）と，共犯の従属性を強調して2項を適用せず，単純賭博罪の教唆犯・幇助犯とする考え方に分かれています。

Ⅱ　共犯と錯誤

　第10章では，単独犯の場合に錯誤が犯罪の成否にいかなる影響を及ぼすのかについて学びましたが，複数人で犯罪を実現する共犯の場合にも錯誤の問題が生じます。

1　具体的事実の錯誤（同一構成要件内の錯誤）

　典型事例としては，教唆者Xが被教唆者Yに対し被害者Aを殺害するよう指示したところ，Yが人違いでAだと思ってBを殺害した場合（正犯における客体の錯誤）や，Yは正しくAを殺害しようとしたものの，発射した弾丸が逸れてAではなくBに命中してBを殺害した場合（正犯における方法の錯誤）が考えられます。これらの場合，教唆者が実現しようとした事実（Aの殺害）と実際に被教唆者が実現した事実（Bの殺害）は，殺人罪という同一構成要件内でくい違っています。

　わが国では，共犯と錯誤の問題については，単独犯における錯誤理論をそのままあてはめて解決するのが一般的な立場です。

　法定的符合説によれば，共犯の認識した事実と正犯の実現した事実が同一構成要件の範囲内で重なり合う限り，正犯の錯誤が共犯にとって客体の錯誤であれ方法の錯誤であれ，発生結果が共犯者の故意へと帰属されます。したがって，いずれの場合にも，殺人既遂罪の教唆犯が成立します（ただし，正犯における方法の錯誤の場合には，数故意犯説から，弾丸が外れたAに対する殺人未遂罪の教唆犯も成立する余地があります）。

　これに対して，具体的符合説からは，正犯における方法の錯誤の場合につい

て，Bに対する殺人既遂罪の教唆犯を認めることはできず，せいぜい殺人未遂罪の教唆犯が成立するにすぎないという点でおおむね見解の一致がみられますが，正犯における客体の錯誤の場合の取扱いについては，議論が錯綜しています。まず，正犯における客体の錯誤を共犯にとって方法の錯誤ととらえる考え方があります。これは，教唆者はAを殺害するよう指示したところ，被教唆者が人違いで別人を殺害してしまったのは，弾丸が外れた場合と似ているという点を根拠としています。とはいえ，もしこの場合を共犯にとって方法の錯誤ととらえるならば，教唆者は人の殺害を命じたにもかかわらず，故意が阻却され，教唆犯が成立しないことになりますので（教唆未遂は不可罰です），その結論が妥当かという点に対して批判が向けられています。そこで，具体的符合説に立ちつつ，例えば，日時場所等で客体を特定した場合には，正犯における客体の錯誤は教唆者にとっても客体の錯誤であり，故意は阻却されず，殺人既遂罪の教唆犯が成立するという見解も有力に主張されています。

2　抽象的事実の錯誤（異なる構成要件にまたがる錯誤）

正犯と共犯との間に異なる構成要件にまたがる錯誤がある場合も考えられます。例えば，教唆者は詐欺（246条）を教唆したところ，正犯が恐喝（249条）を遂行した場合や，窃盗（235条）を教唆したところ，正犯は強盗（236条）を実行したような場合（後者の場合のように軽い罪を教唆したところ正犯が重い罪を実現した場合を共犯の過剰といいます）です。

抽象的事実の錯誤については，法定的符合説と具体的符合説のいずれの立場からも，構成要件が実質的に重なり合う範囲内で共犯にも故意が認められることになります（なお，38条2項参照）。窃盗を教唆したところ正犯が強盗を実行した場合には，窃盗の限度で重なり合いが認められ，教唆者に窃盗の教唆犯が成立します。もっとも，正犯が教唆行為による犯行決意を放棄して，新たに犯行を決意して犯罪を実行した場合には，そもそも教唆行為と正犯の実行行為との間に因果関係がなく，構成要件の重なり合いを問題とするまでもなく教唆は未遂にとどまると解すべきです。

同じことは，共同正犯においても問題となります。例えば，Xが傷害の故意で，Yが殺人の故意で被害者Aに対して暴行を加えて死亡させた場合，多数説

（やわらかい部分的犯罪共同説）からは，構成要件が実質的に重なり合う傷害致死罪の限度で共同正犯が成立するでしょう（判例について第13章 I 2 (4) 参照）。これに対して，窃盗を教唆したところ正犯が殺人を実行した場合のように，構成要件の重なり合いが認められない場合には，共犯は成立しません。

　なお，以上のような場合のほか，幇助の意思で関与したが教唆を実現した場合のような「異なる共犯形式にまたがる錯誤」や間接正犯の意思で教唆を実現した場合のような「共犯と正犯の錯誤」も，それぞれ正犯，教唆犯，幇助犯は構成要件や行動規範が異なりますから，異なる構成要件にまたがる錯誤の一種ととらえることができます。

3　客観的帰属と故意帰属

　共犯と錯誤をめぐる問題については，「客観的帰属」の問題（結果の行為への帰属）と「故意帰属」（結果の故意への帰属）を区別することが重要です。教唆行為としての危険創出が否定される場合であれ，結果の教唆行為への帰属が否定される場合であれ，故意の問題以前に，客観的帰属可能性が認められない場合があります。例えば，教唆者Xが被教唆者Yに対してAの殺害を指示したところ，YがXの指示を逸脱してBを殺害した場合，別人Bの殺害は，Yの自律的判断に基づく新たな危険創出の現実化ですから，Bの殺害をXの教唆行為へ客観的に帰属すべきではありません。とはいえ，第3章 III で学んだように，結果を当該行為に客観的に帰属できるかどうかは，故意犯であっても過失犯と共通の基準（予見可能性）で判断されますから，それだけでは十分ではありません。

　そこで，正犯の実現した結果が共犯行為へ客観的に帰属されうることを確認したうえで，さらに故意帰属の有無を論じる必要が生じます。共犯の故意が概括的であれ重畳的であれ，実現結果に対して未必的に及んでいれば，正犯により実現された結果を教唆者の故意へと帰属することができるでしょう。つまり，教唆者の故意が正犯による構成要件実現を「表現」している場合に，教唆者の意思内容として取り込まれた危険が結果へと「故意的」に実現されたと評価することができるのです（なお，共犯と錯誤の交錯領域でも，「行動規範」に関わり，故意それ自体を阻却する「錯誤」の問題と，「制裁規範」に関わり，故意犯処罰を阻却しうる「齟齬」の問題を区別して考える必要があるでしょう）。

Ⅲ 承継的共犯

1 承継的共犯とは

　先行行為者がすでに一定の犯罪の実行に着手し，まだ実行行為が終了していないうちに後行行為者がその事情を知りながら途中から実行行為に関与する場合を**承継的共犯**といい，これには，実行行為の一部を終了した正犯者のその後の実行を共同する**承継的共同正犯**と，その実行を容易にする**承継的幇助**があります。

　例えば，先行行為者Xが強盗目的で被害者Aに暴行を加えて反抗抑圧状態に陥れた後，後行行為者Yが事情を知ったうえでXと共同してAの財物を奪取した場合，途中から関与したYは，実現された強盗罪全体について共犯としての刑事責任を負うべきでしょうか。このように，承継的共犯においては，自己の関与行為以前にすでに先行行為者によって実現されていた部分を含めて，途中から実行行為の一部に関与した後行行為者がいかなる罪責を負うのかということが問題となります。

2 承継的共同正犯の成否

　承継的共同正犯を認めるかについては，理論的対立があります。

　第1に，強盗罪のように暴行・脅迫と財物奪取という複数行為が合わさって1つの犯罪を構成する結合犯の場合，その全体について一罪が成立するため，たとえ途中で関与したとしても，その成立する一罪全体について共同正犯の成立を認めるべきだという論拠から，後行行為者に対して先行行為者が行った行為を含めて実現された犯罪全体について共同正犯の成立を認める考え方があります（**全面承継説**）。これによれば，先ほどの強盗事例では，Yに強盗罪の共同正犯が成立します。このほか，Xが強盗殺人目的で被害者を殺害したところにYが現れ，共同して財物を奪取した場合や，Xが欺罔行為により被害者を錯誤に陥らせたところで，Yが途中から参加して財物の交付を受けた場合でも，それぞれ強盗殺人罪の共同正犯や詐欺罪の共同正犯が成立することになるでしょう。もっとも，この考え方に対しては，一罪性を基礎づける複数行為を個別に

評価することも可能であり，一罪性のみを根拠に犯罪全体について後行行為者の責任を認める理論的根拠が明らかでないという批判が向けられています。

　そこで，第2に，先行行為者の行為やその結果が後行行為者の関与後にもなお効果をもち続けている場合や，後行行為者がこれを自己の犯罪遂行の手段として積極的に利用した場合には，共同正犯の成立を認めるという考え方もあります（限定承継説）。これによれば，強盗事例では，後行行為者の関与時点で先行行為者が引き起こした被害者の反抗抑圧状態が継続しており，後行行為者がこの状態を利用して財物を奪取したと評価できる限り，強盗罪の共同正犯が成立するでしょう。また，詐欺事例でも後行行為者が被害者の錯誤に乗じて財物の交付を受けた以上は，詐欺罪の共同正犯が成立します。これに対して，強盗殺人事例では，後行行為者Yは，殺人結果ではなく被害者の反抗抑圧状態を利用したにすぎないことから，強盗殺人罪ではなく，せいぜい強盗罪の共同正犯が成立することになります。

　現在，有力なのは，共犯の処罰根拠に関する因果的共犯論の観点に基づいて，自己の関与行為以前に先行行為者によって引き起こされた結果については因果性が認められず，後行行為者に関して，あくまで自らが関与した後の事象について因果性が及ぶ範囲においてのみ共同正犯の成立を認めるべきであるという考え方です（承継否定説）。これによると，強盗事例や強盗殺人事例では，窃盗の共同正犯（または強盗の幇助犯）が認められるにとどまり，また詐欺事例では，詐欺行為に関与せず，相手方から財物の交付を受けただけですから，共同正犯としては不処罰（または詐欺罪の幇助犯）と解されることになるでしょう。

　確かに，共犯が成立するために構成要件該当事実全体について因果性が必要であると解するならば，正犯行為の途中から参加した後行者については，あくまでその一部についての因果性しか問題となりえないでしょう。もっとも，因果性の観点は制裁規範の発動に関するものであり，共同正犯性を否定する論拠として本質的なものとはいえません。むしろ，承継的共同正犯の成否は，根本的には，正犯性を基礎づける行動規範論の観点から検討しなければなりません。すでに述べたように，正犯性は，正犯行動規範を構成する「実行行為」や実行行為内在的な意思としての「故意」によって初めて基礎づけられるものです。仮に後行行為者が先行行為者により引き起こされた事態を利用するつもりで正

犯行為の一部を遂行したとしても，その一事をもって途中から関与した後行行為者に正犯行動規範違反を基礎づける犯罪事実全体に対する正犯としての故意を認めることは困難です。したがって，因果性が時間的に遡及しないという正犯性と必ずしも関連のない論拠ではなく，むしろ行動規範論の観点に基づいて承継的共同正犯を否定するという結論を導き出すべきでしょう。

　この点，判例によれば，被告人Ｘは，ＹらがＡらに暴行を加えて傷害を負わせたのち，Ｙらに共謀加担したうえ，Ｙらの暴行よりも激しい暴行を加え，共謀加担後に暴行を加えた部位について，Ａらの傷害を相当程度重篤化させたという事案において，「被告人は，共謀加担前にＹらが既に生じさせていた傷害結果については，被告人の共謀及びそれに基づく行為がこれと因果関係を有することはないから，傷害罪の共同正犯としての責任を負うことはなく，共謀加担後の傷害を引き起こすに足りる暴行によってＡらの傷害の発生に寄与したことについてのみ，傷害罪の共同正犯としての責任を負うと解するのが相当である」として，加担前の傷害結果について承継的共同正犯を否定しています（最決平成24・11・6刑集66巻11号1281頁〈百選Ⅰ No.81〉）。

　これに対して，最近では，被告人Ｘは，共犯者Ｙによる欺罔行為がなされた後，だまされたふり作戦が開始されていることを認識せず，Ｙと共謀のうえ，受領行為のみに関与したという事案において，詐欺未遂罪の共同正犯の成立を認めた最高裁決定（最決平成29・12・11刑集71巻10号535頁〈百選Ⅰ No.82〉）もあります。判例は，少なくとも承継的共同正犯を全面的に肯定してはいないものの，両判例をいかに整合的に理解すべきかが課題として残されています。

3　承継的幇助の成否

　先行行為者が実行行為の一部を終了した後に幇助行為を行い，正犯行為を容易にする場合には，承継的幇助の成否が問題となります。承継的共同正犯も承継的幇助もいずれも否定する立場もみられますが，そうすると，詐欺罪や恐喝罪で先行行為者の欺罔行為や暴行・脅迫行為後に財物取得のみに関与した後行行為者について共犯が成立しないことになってしまうでしょう。そこで，承継的共同正犯を否定する立場からも，狭義の共犯である幇助犯については，正犯の実行行為が継続している限り，これに関与して正犯による構成要件実現を促

進することが可能であることから，承継的幇助についてはこれを肯定する立場
が有力です。

　承継的幇助もやはり承継的共同正犯と同様に行動規範論を共通の理論的視座
としてその成否が検討されなければなりません。幇助犯は，62条に内在する幇
助行動規範に違反する共犯類型であり，制限的正犯概念を前提とする限り，幇
助行動規範は正犯行動規範とは内容的に異なりますが，そのことは，強盗罪の
ような複数行為が予定されている犯罪類型においては，正犯行為の「全体」で
はなく，「一部」を内容とする幇助行動規範を考えることを当然に排除するわ
けではありません。すでに被害者が先行行為者による暴行・脅迫行為により反
抗抑圧状態に置かれた状況で，後行行為者が先行行為者と共同して財物奪取を
行うような場合には，事象全体からみれば，後行行為者の財物奪取行為は，正
犯による「強取」，すなわち正犯を通じて法益侵害結果を志向する幇助行為と
とらえることができるでしょう。それゆえ，承継的幇助はこれを認めることが
可能です（ただし，「承継的」幇助という表現は，この場合の当罰性の根拠を適切に示
しているか疑問があります）。

Ⅳ　共犯関係の解消（共犯からの離脱）

1　離脱と中止

　ＸとＹがＡの殺害を共謀したところ，途中でＸがＹに対し「やっぱりやめる」
と告げて立ち去った後，それにもかかわらずＹがＡを殺害した場合，Ｘは殺人
既遂罪の共同正犯となるでしょうか[1]。つまり，承継的共犯とは逆に，一部の関
与者が途中で犯意を放棄して犯行を継続しなかった場合，その関与者は他の関
与者によって遂行されたその後の犯罪についていかなる範囲で責任を負うのかが

---

1)　以下では，実務上問題となることの多い共同正犯を中心としてとり上げていますが，
同じことは，狭義の共犯（教唆犯や幇助犯）でも問題となります。
2)　差し当たり，共犯者がその場から事実として離れることを「離脱」とし，そのうえで
共犯の成立が認められるかという共犯の成否に関する法的評価の問題を「解消」ととら
えることとします，なお，この点について，最決平成21・6・30刑集63巻5号475頁〈百
選Ⅰ No.97〉も参照してください。

問題となります。これが共犯関係の解消（共犯からの離脱）と呼ばれる問題です。[2]

　かつては，解消（離脱）の要件と効果をめぐって，実行の着手前の離脱と着手後の離脱が区別して論じられていました。着手前の離脱については，離脱意思の表明と他の関与者によるその了承により直ちに共犯関係の解消が認められるのに対し（ただし，共犯関係の解消前に成立した予備罪等については別途共犯が成立する余地は残ります），着手後の離脱の場合には，他の関与者による犯行継続を阻止した限度で中止犯が成立すると考えられていたのです。実際，かつて，共犯関係の解消を中止未遂の問題として扱った判例もあります（最判昭和24・12・17刑集3巻12号2028頁）。しかし，離脱した関与者に中止犯が成立しうるか否かは，共犯関係の解消とは別次元の問題であるという認識が一般化するに至り，現在では，共犯関係の解消の成否と中止犯（43条但書）の成否の問題はそれぞれ区別して論じられています。

2　共犯関係解消の判断基準

　現在，支配的な考え方によれば，共犯関係の解消が認められるかどうかは，実行の着手の前後を問わず，離脱者が他の関与者との共犯関係の成立により及ぼした結果に対する因果性を遮断したか否かという観点から判断されています（**因果性遮断説**）。本説によれば，離脱者が結果への因果的寄与を遮断したかどうかが共犯関係の解消を判断する統一的基準と理解され，離脱が問題となる時点が着手前か着手後かが重要となるわけではありません。これは，共犯の処罰根拠を結果に対する因果的惹起に求める因果的共犯論に基づき，共犯はあくまで結果に対する物理的・心理的因果性の及ぶ限度で成立する一方，途中で自らが及ぼした物理的・心理的因果性を断ち切ったのであれば，その関与者には共犯を成立させるべきではないという考え方がその理論的な土台となっています。

　なお，共犯の処罰根拠を共犯構成要件に内在する共犯行動規範違反に求める本書の基本的立場（惹起志向説）からは（**第12章Ⅲ2（4）**を参照），共犯関係の解消が因果性の問題であるとするならば，これは共犯の結果無価値に関わる共犯の「処罰条件」（共犯の可罰性）として制裁規範の問題であると規範論的に位置づけることができます。もっとも，最近では，共同正犯関係の解消を念頭に置いて，因果性の遮断と共同正犯性の解消を区別する見解も有力に主張されてい

ます。仮に因果性が遮断されていないとしても，他の共犯者により継続して遂行された犯罪について「共同して実行した」（60条）と評価できなければ，離脱者に共同正犯は成立しませんから，当初の共謀が解消され，共同正犯性が消失した場合には，当初の共謀に基づく共同正犯は否定されるべきでしょう。

　さて，共犯関係の解消がとくに問題となる典型例は，離脱者が首謀者など犯罪遂行について指導的な役割を果たしていた場合です。通常，実行の着手前にあっては，離脱者が他の関与者に離脱の意思を表明し，それを他の関与者が了承することにより心理的影響が解消される場合が多いですが（ただし，離脱の意思表示とその了承は，心理的因果性の遮断を徴憑する事情にすぎません），首謀者の場合には，当初の共謀の成立段階における心理的影響の大きさに鑑み，単なる離脱の意思表示だけでは因果性を除去したとは評価されない場合が少なくありません。例えば，Aの殺害を配下のYらと共謀した暴力団幹部のXが，殺人の実行前にYに対して現場にいる配下の者を連れて帰るよう指示したものの，Yらが殺人を実行したという事案では，「共謀関係がなかった状態に復元させなければ，共謀関係の解消がなされたとはいえない」として，Xに殺人罪の共謀共同正犯の成立が肯定されています（松江地判昭和51・11・2刑月8巻11・12号495頁）。

　また，首謀者ではなくても，犯行道具や情報の提供など犯行の準備行為に関与した場合にも，その因果性の除去が問題となる場合があります（福岡高判昭和28・1・12高刑集6巻1号1頁も検討してみてください）。

　重要な最高裁判例としては，まず，「おれ帰る」事件（最決平成元・6・26刑集43巻6号567頁〈百選Ⅰ No.96〉）があります。本件では，未遂を問題とする余地がない傷害致死罪（結果的加重犯）において死亡結果を離脱者に帰責できるかどうかが問題となりました。XとYがAに暴行を加えた後に「おれ帰る」と告げて現場を立ち去った後，YがAに暴行を加えて死亡させたところ，その死因がXの帰宅の前後いずれの暴行によるものか明らかでなかったという事案で，最高裁は，「Xが帰った時点では，Yにおいてなお制裁を加えるおそれが消滅していなかったのに，Xにおいて格別これを防止する措置を講ずることなく，成り行きに任せて現場を去ったに過ぎないのであるから，Yとの間の当初の共犯関係が右の時点で解消したということはできず，その後のYの暴行も右の共謀に基づくものと認めるのが相当である」として，Xに対して傷害致死罪の共

同正犯（205条，60条）の成立を肯定しています。本決定が，他の共犯者におい
てなお制裁を加えるおそれが消滅していなかったことを前提として犯行防止措
置を講じることを要求している点に着目すると，着手後の場合でも，他の共犯
者による犯行継続のおそれが消滅していれば，因果性がいったん切断されたと
評価する余地があり，積極的な犯行防止措置がなくても共犯関係の解消が認め
られる場合もありうるでしょう。

　最近でも，XがYら数名と強盗を共謀し，前日に犯行現場を下見するなどし
たうえで，当日は現場で待機していたが，見張り役Zが現場付近に人が集まっ
てきたのを見て犯行の発覚をおそれ，住居内に侵入したYらに電話をかけ，「早
くやめて出てきた方がいい」，「危ないから待てない。先に帰る」と一方的に告
げて電話を切り，XはZらとともに現場を離脱した後，残されたYらが強盗を
実行し，その際に加えた暴行によって被害者を負傷させたという着手前の離脱
の事案において，Xが犯行防止措置を講じることなく現場から離脱しただけで
は，共犯関係の解消は認められないとして，Xに対して住居侵入罪のみならず
強盗致傷罪の共同正犯の成立が認められています（最決平成21・6・30刑集63巻
5号475頁〈百選Ⅰ No.97〉）。

3　共犯関係の解消と共謀の射程

　共犯関係の解消との関係では，**共謀の射程**という問題も議論されています。
共謀共同正犯が成立するためには共謀の成立が必要ですが，もし他の関与者に
よって当初の共謀の内容と異なる犯罪が実行された場合に，これを当初の共謀
によるものと評価しうるかどうかが問題となります。この場合，「共謀」がい
かなる範囲で成立していたかが問題となるわけですから，これは理論的には，
共犯関係の解消以前の問題と考えるべきでしょう（教唆の射程については，**第12**
章Ⅱ3（1）を参照）。

　例えば，XとYがAに対する昏睡強盗を共謀した後，共謀に基づいてAに睡
眠薬を入れたビールを飲ませて実行に着手したものの，Aが眠り込まなかった
ので，YがAに暴行を加えて負傷させ，財物を強取したという事案では，Yに
よる（単純強盗の手段たる）暴行を当初の昏睡強盗の共謀の射程外と評価して，
Xに強盗致傷罪の共同正犯の成立が否定されています（東京地判平成7・10・9

判時1598号155頁）。

　また，X，YらがAによる急迫不正の侵害に対する防衛行為としてAに対して殴る蹴るなどの暴行を加え，Aによる侵害が終了した後，さらにYらがAに暴行を加えて傷害を負わせたが，XがYらの追撃を制止しなかったという事案で，最高裁は，「後の暴行を加えていない者について正当防衛の成否を検討するに当たっては，侵害現在時と侵害終了後とに分けて考察するのが相当であり，侵害現在時における暴行が正当防衛と認められる場合には，侵害終了後の暴行については，侵害現在時における防衛行為としての暴行の共同意思から離脱したかどうかではなく，新たに共謀が成立したかどうかを検討すべき」としたうえで，追撃行為について新たな共謀が成立していないことを理由に，Xについて傷害罪の共同正犯の成立を否定しています（最判平成6・12・6刑集48巻8号509頁〈百選I No.98〉）。「共謀の射程」という概念は，論者によって「因果性」,「故意」,「正犯性」など多義的な用いられ方をしており，その位置づけについて見解の対立がありますが，少なくとも本件では，もともとのX，Yらの共謀がAによる急迫不正の侵害に対する反撃行為のみを内容としているとすれば，追撃行為やそれに起因する傷害については，新たな共謀が成立していない限り,「共犯関係の解消」を問題とする理論的前提を欠くと考えることができるでしょう。そして当初の意思連絡と無関係である限り,「共犯関係の解消」が問題とならないとすれば,「共謀の射程」は，共同正犯の行動規範違反そのものに関する問題として整理することができるでしょう。

4　中止犯規定の適用

　実行の着手後に共犯関係の解消が認められる場合，離脱者は，未遂犯処罰規定がある限りで，未遂犯の共犯としての刑事責任を負うこととなりますが，この場合にも離脱者が「自己の意思により犯罪を中止した」（43条但書）といえる場合には，中止犯が成立して刑の必要的減免が認められます（第11章Ⅲを参照）。なお，他の共犯者により犯罪が既遂に達していても，共犯関係の解消が認められて離脱者へ既遂結果が帰責されない場合には，共犯としての可罰性はあくまで未遂の限度でしか生じないため，任意に中止したといえる限り，離脱者に中止犯が成立しうる点に注意してください。

第15章　罪数論，刑罰論

I　罪数論

1　罪数の意義

　これまでの章で犯罪の成立要件について一通り学びましたが，構成要件該当性，違法性，有責性の各検討段階を経て刑法上の犯罪に該当する行為が確認された後に控えているのが，いわゆる罪数論です。

　罪数論では，2つの異なる問題がクローズアップされます。まず，ある事実について犯罪がいくつ成立するかという犯罪の個数を問うのが（狭義の）罪数論です。通説によれば，犯罪の個数という意味での罪数決定の基準は「構成要件」（罰条）であると解されています（構成要件標準説）。1つの構成要件により1回評価される場合が一罪であり，1つまたは複数の構成要件により数回の評価を必要とする場合が数罪ととらえられることになります。これに対して，実体上数個の犯罪が成立することを前提に，いかなる刑を科すべきかが問われるのが犯罪競合論（広義の罪数論）です。ここでは，複数の犯罪を犯した行為者を科刑上いかに扱うべきかが問題となります。

　罪数は，種類として，本来的一罪，科刑上一罪，併合罪，単純数罪に区別されます。いずれと判断されるかによって実体上は罰条適用や処断刑に影響が生じますし，訴訟上も一事不再理効の範囲にとって重要となります。

2　本来的一罪

（1）単純一罪

　まず，犯罪の構成要件に該当する事実が1個しか認められない場合を**単純一罪**といいます。例えば，Xが1個の石を投げて窓ガラスを1枚割った場合や，XがAの首を絞めて殺害した場合，それぞれ器物損壊罪（261条）や殺人罪（199

条）に該当する事実は1個しか認識できませんから，器物損壊罪や殺人罪の一罪となります。

（2）法条競合

　これに対して，構成要件に該当する事実が複数認められるものの，構成要件間の相互関係から1個の構成要件によって評価され，最終的に一罪しか成立しない場合があります。これを**法条競合**といいます。法条競合には，実質的に1つの犯罪行為に対して複数の罰条を適用して二重評価となることを避けるという意義があります。

（ⅰ）特別関係　　例えば，銀行員Xが勤務先で預金を横領したとしましょう。この場合，Xの横領行為は，単純横領罪（252条）と業務上横領罪（253条）の2つの構成要件に同時に該当しているようにみえます。確かに，両罪の行為客体や実行行為は基本的に同じですが，業務上横領罪は，業務者の身分を有する者の横領行為をその身分がない者の場合より重く処罰する加重類型ですから，基本類型である単純横領罪に対して特別法の関係に立ちます。そのため，この場合には，特別類型にあたる業務上横領罪の構成要件該当評価が優先し，業務上横領罪の一罪のみが成立することになります。同様に，保護責任者が要扶助者を遺棄したときも，特別類型にあたる保護責任者遺棄罪（218条）が成立し，基本類型の単純遺棄罪（217条）は適用されません。

（ⅱ）補充関係　　また，XがAに対して暴行を加えて傷害を負わせた場合はどうでしょうか。Xの行為は，暴行罪（208条）と傷害罪（204条）の構成要件にそれぞれ該当しますが，暴行罪は傷害罪が成立しない場合の補充類型だとすると，傷害罪が成立する場合，傷害罪の構成要件該当評価が優先し，暴行罪は適用されません。同じことは，既遂犯の構成要件と未遂犯の構成要件の関係にもあてはまるといえるでしょう。

（ⅲ）択一関係　　解釈上，相互に両立しがたい関係に立つ犯罪について，いずれか一方の構成要件該当評価が優先する場合があります。例えば，未成年者拐取罪（224条）と営利目的拐取罪（225条），横領罪（252条）と背任罪（247条）の関係は，一方の構成要件が他方の構成要件を完全に包摂する関係にはないものの，部分的に交錯している関係にあることから，1個の行為について2つの犯罪の成立を認めると二重評価にあたってしまうので，いずれか一方の罰条しか

適用できないと考えられています。

（3）同種の罪の包括一罪

　複数の構成要件該当事実が認められるものの，それらを1個の構成要件によって包括的に一罪として評価することで法的評価として十分であるとされる場合を，**包括一罪**といいます。包括一罪は，以下で詳しくみるように，現在では，法益侵害の一体性や行為の一体性を根拠としてさまざまな類型が認められています。

（ⅰ）集合犯　　第1に，構成要件自体が同種行為の反復を予定している場合には，その構成要件に該当する事実が複数認められるとしても，まとめて一罪として評価されます。これを**集合犯**といい，常習犯や職業犯，営業犯などがこれにあたります。例えば，常習として複数回の賭博行為を繰り返したとしても，常習として行われた1回1回の賭博行為がその都度一罪を構成して常習賭博罪（186条1項）が数個成立するのではなく，1個の常習賭博罪が成立するにすぎません。また，わいせつ物を不特定または多数人に販売した場合では，複数回の販売行為を観念することはできたとしても，それらを全体として包括して1個のわいせつ物頒布罪（175条）のみが成立すると解されています。

（ⅱ）接続犯　　同一の犯意に基づく数個の同種行為が同一の法益侵害に対して時間的・場所的に近接して行われる場合，全体を包括して1つの構成要件で評価される場合があります。これを**接続犯**といいます。例えば，2時間の間に3回にわたって同じ倉庫から米3俵ずつ合計9俵を窃取したという事案で，最高裁は，「単一の犯意の発現たる一連の動作である」として3個の窃盗ではなく，包括して1個の窃盗罪が成立するとしています（最判昭和24・7・23刑集3巻8号1373頁〈百選Ⅰ No.100〉）。これに対して，相前後して異なる被害者に対して立て続けに窃盗を遂行した場合など，異なる被害者の法益を侵害したときは，接続犯とはなりません。また，接続する2つの行為のうち，一方が故意，他方が過失のように，犯意の継続性が認められない場合にも，別罪が成立します。例えば，人を熊と間違えて狙撃して重傷を負わせた後，故意でとどめを刺した事案で，判例は，業務上過失傷害罪（211条）と殺人罪（199条）の併合罪としています（最決昭和53・3・22刑集32巻2号381頁〈百選Ⅰ No.14〉）。

（ⅲ）連続的包括一罪　　接続犯ほど時間的接着性がないものの，同一の立場や状

況で同一の被害者の法益を侵害する行為を繰り返した場合にも，これらを包括して一罪と評価されます。これを**連続的包括一罪**といいます。その典型例は，被害者の不動産を占有している状況で同じ不動産について複数回の横領行為が行われた場合です（かつては，科刑上一罪として連続犯の規定（旧55条）がありましたが，その意義が不明確で既判力の及ぶ範囲が拡大しすぎるなどの問題が指摘され，昭和22年に削除されました）。

　最高裁は，街頭募金を装って，約2か月間にわたって多数の募金活動員を使って通行人から現金を騙し取った者について，不特定多数の通行人に対して同一内容の定型的な働き掛けを行うという本件街頭募金の特質等を理由として，一連の募金全体を詐欺罪の包括一罪としています（最決平成22・3・17刑集64巻2号111頁〈百選I No.102〉）。

（ⅳ）狭義の包括一罪　　犯罪のなかには，同一罰条内で複数の行為態様を規定している場合があります。例えば，収賄罪（197条1項前段）は，「公務員が，その職務に関し，賄賂を収受し，又はその要求若しくは約束をしたときは」と定めているので，公務員がいずれかの行為を行えば収賄罪が成立しますが，公務員が賄賂を要求してそれを収受した場合でも，要求罪と収受罪が別々に成立するのではなく，収賄罪一罪のみが成立します。あるいは，被害者を逮捕してその後監禁した場合にも逮捕罪と監禁罪が別個成立するのではなく，包括して1個の逮捕監禁罪（220条）が成立するにすぎません。盗品等の運搬，保管，有償譲受，あっせん等が同一人によって行われた場合にも，同じ理由からこれらを包括して1個の盗品等関与罪（256条2項）しか成立しません。財産犯（詐欺罪や恐喝罪，強盗罪など）において，同一の被害者に対して1項犯罪と2項犯罪が連続して行われた場合にも包括一罪とされます。

（4）異種の罪の包括一罪

（ⅰ）随伴行為　　通説によれば，Xが1発の弾丸でAを射殺したところ，弾丸によってAの衣服に損傷が生じたとしても，殺人罪一罪のみが成立し，別途，器物損壊罪は成立しないと考えられています。立法者は，殺人罪の法定刑を定立するに際して，殺人の際に当然衣服の損壊が通常随伴することを予定していたはずであり（このような行為を**随伴行為**といいます），器物損壊の事実は，殺人罪の罰条に織り込み済みであると考えられるためです。この場合，1個の行為

によって複数の異なる構成要件に該当する事実が発生しているものの，そのうちの重い罪の成立を認めることによって，重い罪のなかで軽い罪が併せて評価されているので，軽い罪が重い罪に吸収されると言い換えることもできるでしょう。こうして殺人行為に通常随伴する器物損壊の事実は，殺人罪の法定刑の枠内で包括的に評価されるのです。

　これに関連して，被害者の顔面を殴って加療2週間の傷害を負わせるとともに，被害者の眼鏡のレンズを損壊したという事案で，（観念的競合を主張した検察官の主張を斥けて）傷害罪のみを適用するとした裁判例があります（東京地判平成7・1・31判時1559号152頁）。また，現住建造物等への放火により生じた死傷結果について，重過失致死傷は，現住建造物等放火罪（108条）で予想されている危険の範囲内の結果であるとして，現住建造物等放火罪に吸収されるとする裁判例（熊本地判昭和44・10・28刑月1巻10号1031頁）もあります（なお，最決平成29・12・19刑集71巻10号606頁）。

　殺人に伴う器物損壊結果が殺人罪の罰条で包括評価されうるのはともかく，器物損壊結果や過失致死傷結果がそれぞれ傷害罪や放火罪で包括されうるか否かについては，依然として見解の対立があります。

（ⅱ）共罰的事前行為・共罰的事後行為　　例えば，殺人を犯した者がそれに先立って殺人予備を行っていたり，強盗を犯した者が事前に強盗予備を行っていたりしていても，殺人罪や強盗罪が成立する限り，殺人予備罪（201条）や強盗予備罪（237条）はそれぞれ殺人罪（199条）や強盗罪（236条）に吸収され，独立して処罰されません。かつては，この場合には，そもそも予備罪が成立しないとされ，これを不可罰的事前行為と呼んでいましたが，現在では，予備罪が成立しないのではなく，未遂罪や既遂罪に吸収されてその罰条のなかで包括的に評価されているから独立して処罰されないだけであるとして，このような場合を**共罰的事前行為**と呼んでいます。

　これに対して，XがAの財物を窃取した後，これを損壊したり費消したりした場合，窃盗罪（235条）に加えて器物損壊罪（261条）や占有離脱物横領罪（254条）が成立するのではなく，窃盗罪一罪のみが成立します。従来，これを不可罰的事後行為と呼ぶこともありましたが，窃盗後の損壊行為や横領行為についてそれぞれ犯罪それ自体が成立していないわけではありません。さもないと，

損壊行為や横領行為のみに関与した者について共犯が成立しないという不合理な帰結がもたらされてしまいます。むしろ，これは，事後行為にあたる軽い罪が，先行する重い罪で包括評価される場合であり，現在では，**共罰的事後行為**と呼ばれています。

　窃盗罪は，窃取された財物がその後損壊されたり費消されたりすることが少なくないことから，そのような事態をあらかじめ想定して法定刑が形成されていると考えられますし，また財物の損壊や費消は窃盗罪と同一の法益に対して向けられていることから，事後行為にあたる器物損壊罪や占有離脱物横領罪については，窃盗罪と別個の罰条評価を必要としないというのが実質的な理由です。ですから反対に，もし事後行為が新たな法益侵害を含むような場合には，先行する重い罪で包括評価する根拠を失うので，この場合には，事後行為につき別罪が成立すると解すべきでしょう。例えば，窃盗犯人が被害者から窃取したキャッシュカードを用いてATMから不正に現金を引き出した場合，窃盗罪とは別に銀行を被害者とする窃盗罪が成立し，両者は併合罪となります。

　なお，これに関連して，**横領後の横領**と呼ばれる論点があります。例えば，Xが自己の占有する他人の不動産に無断で抵当権を設定・登記した（第1行為）後，当該不動産を第三者に売却してその所有権を無断で移転・登記した（第2行為）場合，第1行為に横領罪が成立するのはもちろんとして，第2行為について別罪として横領罪が成立するかが問題となります。かつて，判例は，抵当権設定後の売却等の処分は先行する横領罪の不可罰的事後行為であって犯罪を構成しないとしていましたが（最判昭和31・6・26刑集10巻6号874頁），その後，最高裁は，抵当権設定行為が起訴されていない事案で，かつての判例を変更して「先行の抵当権設定行為が存在することは，後行の所有権移転行為について犯罪の成立自体を妨げる事情にはならない」として，売却行為のみを横領罪で処罰することができると解しています（最大判平成15・4・23刑集57巻4号467頁〈百選II No.69〉）。本件では，売却行為のみが起訴されたことから抵当権設定行為と売却行為の双方が起訴された場合の罪数評価について最高裁は踏み込んで判断をしていませんが，学説では，抵当権設定行為と売却行為は，結局のところ1個の物（不動産）の横領であることから双方が起訴された場合には，併合罪ではなく，相互に共罰的事前行為ないし事後行為にあたるものとして包括一

罪と解する立場が有力です。

（ⅲ）混合的包括一罪　　　罪名の異なる数個の構成要件に該当する行為が遂行された場合に，異なる罪名の犯罪を包括して一罪とすることを**混合的包括一罪**といいます。例えば，窃盗犯人が犯行現場で家人に発見され，暴行・脅迫を用いて財物を強取した場合（いわゆる居直り強盗），重い強盗罪（236条）一罪の成立が認められます。また，当初，ほかの目的で暴行・脅迫を行ったが，被害者が反抗抑圧状態にある点を利用して，強盗の犯意を生じて，財物を強取したという場合にも，暴行罪と強盗罪にあたる行為が行われているものの，重い強盗罪一罪だけが成立し，暴行罪の評価はそこに包括されます。これらは，強盗罪によって処罰すれば，窃盗による財産侵害も実質的に評価されていると考えられるためです。

　また，暴行の途中で強盗の犯意を生じて強盗行為を行い，被害者に傷害の結果が発生したところ，傷害の原因となった暴行が強盗の犯意を生じる前後いずれの暴行から生じたか不明であるときは，傷害罪（204条）と強盗罪（236条）の包括一罪になると考えられます。

　判例では，ＸとＹがＡを殺害して覚せい剤を奪うことを共謀し，Ｙが覚せい剤の取引を装いＡをホテルの一室に呼びつけ，Ｙが覚せい剤をＡから受け取って代金を支払わないままホテルから逃走する一方，ＸがＡのいる部屋に行きＡを殺害しようとしたが未遂に終わったという事案で，Ｘの殺人行為は覚せい剤の返還または代金の支払いを免れるという財産上の利益を得るための２項強盗殺人未遂罪にあたるとしたうえで，先行する覚せい剤取得行為に関する窃盗罪または詐欺罪と２項強盗殺人未遂罪との包括一罪として重い強盗殺人未遂罪の共同正犯のみが成立すると述べています（最決昭和61・11・18刑集40巻７号523頁〈百選Ⅱ No.40〉）。

3　科刑上一罪

（1）法律上の取扱い

　実体上数個の犯罪の成立が認められる点で本来的一罪と異なるものの，成立した数罪を１回の処罰で済ませるのが科刑上一罪です。科刑上一罪としては，「１個の行為が２個以上の罪名に触れ」る場合（54条１項前段）と，「犯罪の手

段若しくは結果である行為が他の罪名に触れる」場合（54条１項後段）の２種類が区別されます。前者を**観念的競合**，後者を**牽連犯**といいます。いずれの場合にも，成立する数個の犯罪のうち最も重い罪の刑によって処断されます（吸収主義）。科刑上一罪は，併合罪と同様，犯罪自体は数個成立するものの，犯罪間の密接関連性を根拠として科刑上は一罪として処断するもので，科刑上も数罪として刑の加重が認められる併合罪と比べて被告人に有利な取扱いを認める制度にほかなりません。なお，科刑上一罪は，数罪の１回的処罰を考慮したものであることから，科刑上一罪となる数罪には，一事不再理効が及び（憲39条），同じ犯罪について改めて起訴したとしても免訴判決により形式裁判で手続を打ち切らなければなりません（刑訴337条１号）。

（2）観念的競合

「１個の行為」が「２個以上の罪名に触れ」る場合が観念的競合です（54条１項前段）。例えば，１個の爆弾で数人を一度に殺害した場合には，異なる被害者に対する数個の殺人罪（199条）の観念的競合となります。また，１個の投石行為により窓ガラスを破壊すると同時に，住居内の人を負傷させた場合，器物損壊罪（261条）と傷害罪（204条）の観念的競合となり，科刑上は重い方の傷害罪の法定刑によって処断されます。ここでいう「２個以上の罪名」は，異なる罪名でも同一罪名でも構いません。

観念的競合となるか併合罪となるかは「行為の１個性」が認められるか否かにかかっています。そこで，いかなる基準で「１個の行為」と評価すべきかが問題となってきます。

判例によれば，１個の行為とは，「法的評価をはなれ構成要件的観点を捨象した自然的観察のもとで，行為者の動態が社会的見解上１個のものとの評価をうける場合」を指します（最大判昭和49・5・29刑集28巻４号114頁〈百選Ⅰ No.104〉＝最高裁昭和49年大法廷判決①）。

最高裁は，この基準に基づいて，例えば，社会見解上１個の車両運転行為からなる無免許運転罪と酒酔い運転罪は観念的競合であると判断する一方（最大判昭和49・5・29刑集28巻４号151頁＝最高裁昭和49年大法廷判決②），時間的継続と場所的移動を伴う運転行為と運転継続中の一時点一場所において人身事故を発生させる行為は社会見解上別個の行為であるから，酒酔い運転罪と業務上過失

致死罪（現在では，自動車運転死傷行為処罰法5条の過失運転致死罪）は併合罪となると判示しています（前掲最高裁昭和49年大法廷判決①）。

判例によれば，法的に把握される実行行為の重なり合いがほとんどみられない場合でも，法的評価を離れた自然的観察の観点から行為の1個性が判断されています。実際，外国から航空機で覚せい剤を日本にもち込み，これを携帯して通関線を突破しようとした事案では，覚せい剤輸入罪と無許可輸入罪は，それぞれ既遂時期の異なる犯罪であるものの，社会的見解上1個の覚せい剤輸入行為と評価すべきとの理由から両罪は観念的競合とされ（最判昭和58・9・29刑集37巻7号1110頁），また自動車運転者が事故で人を負傷させながら負傷者の救護も警察への報告もせずに走り去った事案で，それぞれ異なる作為義務違反を内容とする救護義務違反と報告義務違反につき，「ひき逃げ」という1個の社会的出来事と認められるとして，観念的競合としています（最大判昭和51・9・22刑集30巻8号1640頁〈百選Ⅰ No.105〉）。

（3）牽連犯

これに対して，牽連犯とは，「犯罪の手段若しくは結果である行為が他の罪名に触れる」場合（54条1項後段）を指します。例えば，被害者の住居に侵入して窃盗を犯した場合，手段が住居侵入（130条），目的が窃盗（235条）なので，両罪が共に成立して，両罪は牽連犯の関係になります。

数罪の間に手段・目的または原因・結果の関係が認められる場合，複数の犯罪が同一機会に密接に関連する一連の行為として犯されるのが通常であり，犯罪実行の意思決定は実質的には1個であることから，まとめて科刑上一罪として扱われます。

牽連犯と認められるためには，判例によれば，数罪間に罪質上類型的に手段・目的の関係が存在していなければなりません。

これにより，判例が牽連犯とするものは，事実上一定の犯罪に限定されています。例えば，住居侵入罪（130条）と侵入先で犯される犯罪（殺人，傷害，強制性交，強盗，窃盗，放火），公文書偽造罪（155条）と偽造公文書行使罪（158条），偽造公文書行使罪と詐欺罪（246条），身代金目的拐取罪（225条の2第1項）と身代金要求罪（225条の2第2項）（最決昭和58・9・27刑集37巻7号1078頁）などで牽連関係を肯定しつつ，保険金目的の放火罪（108条）と詐欺罪（246条），殺人罪

と死体遺棄罪（190条），監禁罪と監禁中の各種犯罪（恐喝，強制性交，傷害など）については牽連関係を否定し，併合罪とするのが判例の立場です。

（4）かすがい現象

Xが住居に侵入して，まずAを殺害し，次いでBを殺害した場合，判例によれば，住居侵入罪（130条）とAに対する殺人罪が牽連犯，住居侵入罪とBに対する殺人罪も牽連犯となって，全体が科刑上一罪となります（最決昭和29・5・27刑集8巻5号741頁〈百選ⅠNo.106〉）。この場合，住居侵入罪がいわば「かすがい」（木材と木材をつなぎとめる金具）の働きをして，本来であれば併合罪の関係にある2つの殺人罪をつなぎとめるので，一般にこれを**かすがい現象**と呼びます。

しかし，かすがい現象を認める立場に対しては，屋外で順次A，Bの2名を殺害した場合，Aに対する殺人とBに対する殺人は1個の行為でないから観念的競合ではなく，また罪質上類型的に手段・目的の関係にもないので牽連犯でもない以上，それぞれが併合罪となって刑が加重され，処断刑の上限が「懲役30年」となるにもかかわらず（47条参照），住居侵入が「かすがい」として介在すると科刑上殺人罪一罪となる結果，処断刑の上限が「懲役20年」となり，不均衡ではないかという批判があります。

そこで，学説では，住居侵入とAに対する殺人のみを牽連犯とし，これとBに対する殺人が併合罪になると解するなど，かすがい外しが提案されています。しかし，この見解に対しては，住居侵入とBに対する殺人の間にも類型的に牽連関係がありながらなぜその事実を無視しうるのかという疑問が残ります。

4　併合罪

（1）併合罪とは

犯罪が数罪成立し，複数の構成要件に該当する行為が，これまでにみた法条競合や包括一罪，科刑上一罪のいずれにも該当しない場合，「確定裁判を経ていない2個以上の罪」（45条前段）として同時審判の可能性がある限りで，**併合罪**として科刑上特別に処断されます（同時的併合罪）。もっとも，「ある罪について禁錮以上の刑に処する確定裁判があったときは，その罪とその裁判が確定する前に犯した罪」だけが併合罪となります（事後的併合罪）。

他方，犯罪が数罪成立し，併合罪にもあたらないような場合は，**単純数罪**と

され，独立して処断されます。単純数罪の場合には，各罪ごとに刑を定めて数個の刑を言い渡すことになります。

（2）併合罪の処断

　併合罪の処断については3つの方法があります。第1に，併合罪にあたる数罪のうち最も重い罪の法定刑で処断する**吸収主義**，第2に，併合罪にあたる数罪のうち最も重い罪の法定刑に一定の加重を行って処断する**加重主義**，第3に，併合罪にあたる数罪についてそれぞれの刑を併科する**併科主義**がそれです。わが国では，加重主義（47条）を原則とし，刑種に応じて吸収主義（46条），併科主義（48条，53条）を補充的に採用しています。

（ⅰ）死刑・無期懲役・禁錮の場合　　まず，死刑に処すべき場合には，没収を除き，原則として他の刑は科されません（46条1項）。懲役や罰金は死刑に吸収されます（吸収主義）。無期の懲役・禁錮に処すべき場合も，罰金，科料，没収を除き，原則として他の刑は科されません（46条2項）。有期の懲役・禁錮は無期の懲役・禁錮に吸収されます（吸収主義）。ただし，死刑の場合も没収は併科され（併科主義），無期懲役・禁錮の場合は罰金，科料，没収が併科されます（併科主義）。

（ⅱ）有期懲役・禁錮の場合　　有期の懲役・禁錮に処すべき場合は，最も重い罪について定めた刑の長期にその2分の1を加えたものを長期とします（47条本文）。要するに，最も重い罪の法定刑の上限を1.5倍に加重したものを処断刑の長期とします（加重主義）。もっとも，それぞれの罪の刑の長期を合算したものを超えてはいけませんし（47条但書），加重の上限は30年を超えることはできません（14条2項）。

（ⅲ）罰金刑の場合　　罰金刑を選択する場合には，懲役，禁錮，拘留，科料，没収と併科されますが（48条1項本文），死刑を科す場合には併科されません（48条1項但書）。例えば，併合罪となるA罪について罰金50万円，B罪について懲役10年を科すべき場合には，いずれの刑も言い渡されることになります。また，併合罪で罰金刑を科すべき2個以上の犯罪がある場合には，加重主義によります。それぞれの犯罪の多額の合計が処断刑の上限となります（48条2項）。A罪の法定刑が10万円以下の罰金で，B罪の法定刑が50万円以下の罰金であれば，60万円以下の範囲内で罰金刑を言い渡すことになります。

（ⅳ）拘留・科料・没収の場合　　拘留や科料は原則としてその他の刑と併科され

ます（53条１項）。拘留は，死刑や無期懲役・禁錮を除き，有期懲役・禁錮，罰金，科料と併科されます。科料は，死刑を除き，無期懲役・禁錮，有期懲役・禁錮，罰金，拘留，没収と併科されます。また，拘留，科料を科す場合も複数の拘留，科料が併科されます（53条２項）。

（3）併合罪の量刑

　併合罪の量刑をめぐって，併合罪となる個々の罪について量刑したうえで，それらを合算して刑を言い渡すべきか(個別量刑説)，それとも併合罪加重によって形成された処断刑の範囲内で各罪全体に対して総合的に刑量すべきか（総合量刑説）という問題があります。この問題は，当時９歳の被害者を略取し，９年２か月にわたって監禁し傷害を負わせ，また監禁中の被害者に着用させる下着を窃取した**新潟女性監禁事件**（最判平成15・7・10刑集57巻7号903頁）で顕在化したものです。本件では，未成年者略取罪（224条）と監禁致傷罪（221条。当時の法定刑の上限は懲役10年）が観念的競合（54条１項前段）となり，重い監禁致傷罪と窃盗罪（235条）が併合罪（45条）となるところ，併合罪加重により処断刑の上限は15年となります。第１審は，上限に近い懲役14年を言い渡しましたが，控訴審は，下着４枚（2500円相当）の窃盗それ自体はせいぜい懲役１年程度の行為であり，また監禁致傷は法定刑の上限で懲役10年までしか評価できないことから，両者を合算して懲役11年を言い渡しました。ところが，最高裁は，「処断刑の範囲内で具体的な刑を決するに当たり，併合罪の構成単位である各罪についてあらかじめ個別的な量刑判断を行った上これを合算するようなことは，法律上予定されていない」として第１審を支持しました。この最高裁の立場に対しては，加重主義（47条）は，併科主義の過酷さを緩和するためのものであるから，各罪について言い渡されるべき刑を単純に合算した刑よりも重い刑を科することは立法趣旨に反するのではないかという批判が有力に主張されています。

Ⅱ 刑罰論

1 刑罰の種類・内容

（1）主刑と付加刑

　現行刑法上，犯罪が成立する場合に科される刑罰は，9条の定める7種類に限られます。死刑，懲役，禁錮，罰金，拘留および科料が**主刑**であり，没収が**付加刑**です。主刑とは，それ自体単独で科すことのできる刑であり，付加刑とは，単独で科すことができず，必ず主刑とセットで科さなければならない刑を指します。剥奪される法益からみると，死刑は**生命刑**に，懲役・禁錮・拘留は**自由刑**に，罰金・科料・没収は**財産刑**に分類されますが，わが国では，身体刑（鞭打ちや入れ墨）は採用されていません。

　また，主刑の軽重は，原則として「前条〔9条〕に規定する順序」によって判断されますので（10条1項本文），死刑は懲役より重く，禁錮は懲役より軽い刑罰となりますが，例外的に，無期禁錮と有期懲役とでは禁錮が重い刑とされ，有期禁錮の長期が有期懲役の長期の2倍を超えるときも禁錮が重い刑とされます（10条1項但書）。

　なぜ重い刑を決めなければならないのでしょうか。実際，刑法の条文をみると，罪数論で扱ったように，総則では，「最も重い罪」（47条，51条2項），「最も重い刑」（54条1項）という用語が，各則でも「重い刑により処断する」（124条2項など）と定める規定が数多く存在します。例えば，往来妨害致死傷罪（124条2項）では，「前項の罪を犯し，よって人を死傷させた者は，傷害の罪と比較して，重い刑により処断する。」と規定していますが，同罪の法定刑を明らかにするには，やはり「重い刑」が何かを判断できなければなりません。この点，一般に往来妨害致傷罪の場合は往来妨害罪と傷害罪の法定刑を比較し，往来妨害致死罪の場合は，往来妨害罪と傷害致死罪の法定刑を比較し，いずれも上限・下限ともに重い方が法定刑となると解されています（前者は「15年以下の懲役又は50万円以下の罰金」，後者は「3年以上の有期懲役」となります）。

（2）死 刑

　生命の剥奪を内容とする刑罰が死刑です。いうまでもなく，死刑は最も重い

刑罰です（9条，10条1項）。

　死刑は，刑事施設内で絞首して執行されます（11条1項）。また，死刑の言渡しを受けた者は，執行まで拘置され（11条2項），執行は法務大臣の命令によります（刑訴475条1項）。規定上，判決確定日から6か月以内に法務大臣が命令することになっていますが（刑訴475条2項），実際には6か月以内に執行されることはありません。実際の執行は法務大臣による執行命令から5日以内に行われます（刑訴476条）。

　死刑制度については，周知のように存廃論をめぐって議論がありますが（死刑制度について，規範論・635頁以下を参照），憲法との関係では，憲法は「何人も，法律の定める手続によらなければ，その生命…（中略）…を奪はれ…（中略）…ない」（憲31条）と定めて，生命を奪う刑罰を予定しているようにみえる一方，「残虐な刑罰」を禁止している（憲36条）ことから，絞首という方法による死刑が「残虐な刑罰」にあたらないかが問題となります。この点，最高裁は，「刑罰としての死刑そのものが，一般に直ちに同条にいわゆる残虐な刑罰に該当するとは考えられない」として死刑制度は合憲であると判示しています（最大判昭和23・3・12刑集2巻3号191頁）。

（3）懲役・禁錮・拘留

　懲役，禁錮，拘留はいずれも自由の剥奪を内容とする刑罰です。懲役と禁錮には，それぞれ無期と有期の区別があります。受刑者に「改悛の状」があるとき，有期懲役・禁錮については3分の1，無期懲役・禁錮については10年を経過した後，地方更生保護委員会の処分によって仮釈放が認められますが（28条），無期の場合は，仮釈放が認められない限り，終身にわたって刑事施設内に拘禁されます。有期の場合，刑の下限は1月，上限は20年です（12条1項，13条1項）。ある罪の法定刑について「5年以上の懲役」と定められているとき，総則の規定を併せて読むことで，下限は5年，上限は（12条1項により）20年以下であるということが明らかになります。ただし，有期刑を加重する場合には，30年まで引き上げ，減軽する場合は1月未満に引き下げることができます（14条2項）。これに対して，拘留は，1日以上30日未満の短期の自由刑です（16条）。拘留は，公然わいせつ罪（174条）や暴行罪（208条），侮辱罪（231条），軽犯罪法違反など，軽微な犯罪にしか定められていません。なお，刑罰としての「拘留」は，罪証

隠滅や逃走を防止するため一時的な身体拘束処分として有罪が確定していない被疑者・被告人の段階にある者に対して行われる「勾留」（刑訴60条，207条）と混同しないよう注意してください。

懲役と禁錮・拘留の相違は，懲役には「所定の作業」（刑務作業）を行うことが義務づけられるという点です（12条2項）。禁錮受刑者も「請願作業」が可能であり（刑事収容93条），実際，禁錮受刑者の多くが刑務作業に従事しています。そこで，立法論として懲役刑と禁錮刑を区別せず，自由刑を単一化すべきという主張（自由刑単一化論）も従来から根強く主張されています。こうした状況を踏まえて，懲役刑と禁錮刑を一本化した**拘禁刑**という新たな刑罰の種類が新設されることになりました。拘禁刑の導入により，2025年6月1日から，受刑者の特性や刑期に応じて刑務作業を完全になくすことが可能になります。

（4）罰金・科料

罰金も科料も一定額の金銭を剥奪する刑罰ですが，金額が異なります。罰金は1万円以上（15条本文），科料は1000円以上1万円未満（17条）です。罰金の場合，法律上，上限は定められていません（法人に対するものですが，独占禁止法95条1項1号で「5億円以下の罰金」，金融商品取引法207条1項1号で「7億円以下の罰金」，不正競争防止法22条1項1号で「10億円以下の罰金」など高額な罰金を定めている例もあります）。なお，罰金を減軽する場合には，1万円未満に引き下げることができます（15条但書）。

それでは，言い渡された罰金や科料を完納することができない場合はどうなるのでしょうか。その場合，換刑処分として，罰金については1日以上2年以下の期間（18条1項），科料については，1日以上30日以下の期間（18条2項），労役場に留置されることになります。

（5）没　収

犯罪関連物の所有権剥奪を内容とする刑罰が没収です（19条）。没収した対象物は国庫に帰属します。ただし，付加刑なので単独で言い渡すことはできません。

総則上の没収規定は，「没収することができる」と規定されているとおり，没収の可否を裁判官の裁量に委ねる**任意的没収**ですが，197条の5や特別刑法（覚醒剤取締法41条の8第1項本文や麻薬特例法11条1項本文）では，必ず対象物を

没収する**必要的没収**が規定されている例もあります。

没収の対象となる物は，①賄賂罪で供与した賄賂，わいせつ物頒布罪のわいせつ物など，犯罪行為を組成した物（**組成物件**），②殺人に用いられた凶器，放火に用いたライターのように，犯罪行為のために利用した物，または利用しようとした物（**共用物件**），③文書偽造罪における偽造文書のように犯罪行為によって作り出された物（**生成物件**），④窃盗罪の盗品，賭博によって得た金銭など，犯罪行為によって取得した物（**取得物件**），⑤殺人の報酬として支払われた金銭のように犯罪行為の報酬として得た物（**報酬物件**），⑥盗品を売却して得た代金のように生成・取得・報酬物件の対価として得た物（**対価物件**）です（19条1項1号〜4号）。

犯人以外の第三者に属する物に対する没収（第三者没収）については，この第三者が犯罪後に事情を知りつつ取得した物を除き，原則として認められません（19条2項）。組成物件の没収を除き，拘留や科料のみにあたる軽微犯罪については，特別な規定がない限り，没収を科すことはできません（20条）。

没収についても，費消や混同などにより没収不能となる場合が考えられますが，そのような場合には，その価額を**追徴**することになります（19条の2）。

2　刑罰の適用

被告人に言い渡される刑はどのようにして確定されるのでしょうか。裁判所は具体的に被告人に言い渡す刑の種類と量を決めなければなりません。そこで，次にその確定プロセスについてみておきましょう。

（1）法定刑・処断刑・宣告刑

まず，出発点となるのは，刑罰法規で各犯罪について定められている**法定刑**です。法定刑は，外患誘致罪（81条）を除き，選択的に規定されているのが通常です。

次いで，科刑上一罪の処理，刑種の選択，法律上および裁判上の加重・減軽の必要がある場合には，法定刑に加重・減軽を加えて**処断刑**を形成します（68条〜72条）。刑の加重減軽は，再犯（累犯）加重，法律上の減軽，併合罪加重，酌量減軽の順で行います（72条）。

このようにして形成された処断刑の段階でも，いまだ刑には幅が残るところ，

245

裁判所はこの処断刑の枠内で被告人に対して実際に言い渡す**宣告刑**を決定します。いわゆる量刑判断は，処断刑から宣告刑を導き出すプロセスにおいて裁判所が個々の事情を考慮して行われます。なお，未決勾留日数が本刑に算入される場合（21条）には，実際に執行される刑の期間は宣告刑の期間より事実上短くなります。

（2）刑の執行猶予

また，被告人に対して言い渡される刑が必ず執行されるわけではありません。裁判所は，一定の要件のもとで，3年以下の懲役・禁錮，または50万円以下の罰金を言い渡す際，その全部の執行を一定期間（裁判確定日から1年以上5年以下），猶予することができます（25条）。これが**刑の全部執行猶予**です。執行猶予の言渡しが取り消されることなく無事に執行猶予期間を経過したときは，刑の言渡しは効力を失い（26条以下），刑は科されません。刑の全部執行猶予には，初度の執行猶予（25条1項）と再度の執行猶予（25条2項）の区別があります。前者は，前に禁錮以上の刑に処せられたことがない者，あるいは前に禁錮以上の刑に処せられたことがあってもその執行を終えた日またはその執行の免除を得た日から5年以内に禁錮以上の刑に処せられていない者であり，それらの者が3年以下の懲役・禁錮または50万円以下の罰金の言渡しを受けたとき，情状により認められるものです。後者は，前に禁錮以上の刑に処せられてその執行を猶予されている者が1年以下の懲役・禁錮の言渡しを受けたときで，情状にとくに酌量すべきものがある場合に認められるものですが，必要的に保護観察に付することになっています（25条の2第1項）。

また，最近では，施設内処遇と社会内処遇を組み合わせることで効果的に再犯防止を図るため，刑の一部の執行を受けた後，残りの刑の執行を一定期間（1年以上5年以下）猶予する**刑の一部執行猶予**（27条の2）の制度も導入されています。これは，前に禁錮以上の刑に処せられたことがない者，前に禁錮以上の刑に処せられたことがあってもその執行終了などの日から5年以内に禁錮以上の刑に処せられたことがない者が3年以下の懲役・禁錮の言渡しを受けたときで，「犯情の軽重及び犯人の境遇その他の情状を考慮して，再び犯罪をすることを防ぐために必要であり，かつ相当であると認められる」場合にその刑の一部の執行を猶予することができるとするものです。

3　刑罰の正統化根拠──刑罰目的論

　人の生命や自由を侵害したり，財産を剥奪したりすることは，本来，「犯罪」（殺人罪や逮捕監禁罪，窃盗罪など）を構成して法的に許容されない行為のはずです。しかし，これを，犯罪行為の遂行（行動規範違反）を条件として国家が制裁として適法に科すことを認めているのが，ほかならぬ刑罰制度です。それでは，本来的に害悪や苦痛である刑罰を国家が犯罪者に対して科すことは，どのようにして正統化されうるのでしょうか。これが刑罰の正統化根拠をめぐる問題であり，刑罰目的論の中心的課題となります。

　なぜ刑罰を科すのかという問いをめぐっては，これまでもさまざまな考え方が提案されてきました。かつては，刑罰は犯罪に対する当然の報いとして科せられるものであって，それ自体自己目的であることから，刑罰目的を考慮しない絶対的刑罰論も主張されていましたが，現在では，刑罰を正統化するにあたり一定の刑罰目的を考慮する相対的刑罰論が支配的です。

（1）応報と予防

　刑罰の正統化については，大別して2つの観点が区別されます。

　第1に，同害報復，つまり「目には目を，歯には歯を」というタリオの法理に象徴される（回顧的な）応報という観点があります。いわば犯罪という害悪には，刑罰という害悪をもって報いるべきだということになるでしょう。刑罰が，行為者の犯罪行為に対する応報として正統化されると考える場合，応報は，行為者に責任（自由）があることを前提とし，かつ応報の限度は，行為者の責任を上限としますので，原理的に無制約でいわゆる倍返しもありうる復讐とは必ずしも同義ではありません。つまり，「応報」という観点には，行為者の「責任」の重さに見合った刑罰を科すことこそが正義の要請であり，罪刑均衡原則（責任主義）から国家刑罰権の発動を限界づける機能が内在しているのです。だとすると，行為者の責任の重さに見合わない刑罰を科すことは，応報の観点からは正統化されないでしょう。なお，最近では，「応報」という観点に「目的」という余地を見出す見解も主張されています。

　第2に，（展望的な）予防という観点があります。これは，刑罰は，犯罪予防という社会的に有益な「目的」を実現する手段として正統化されるという考え方にほかなりません。言い換えれば，刑罰は，犯罪予防という正統な目的を達

成するための合理的手段であるからこそ正統化されるということになります。以下でみるように，予防という観点には，いくつかの側面があります。

　まず，行為者の将来の犯罪を予防するという再犯予防の観点から，教育を通じて行為者を改善更生させ，社会復帰させることで再び犯罪を犯さないようにするために刑罰を科すと考えるのが**特別予防論**（教育刑論）と呼ばれる考え方です（なお，刑事収容施設法30条も参照）。次に，社会一般における市民の将来の犯罪予防との関係で刑罰の正統化を構想するのが**一般予防論**です。これには消極的一般予防論と積極的一般予防論があります。**消極的一般予防論**は，主に刑罰の威嚇としての予告を通じた犯罪抑止に刑罰の目的を見出します。その代表例は，「犯罪を犯すことによって得られる快楽よりも大きい不快が科されることが予め明示されていれば犯罪を予防し得る」というフォイエルバッハの心理強制説です。これに対して，法規範の妥当性を確証したり法秩序に対する信頼を維持・強化したりすることを刑罰の目的ととらえるのが**積極的一般予防論**です。犯罪を適正に処罰することを通じて規範の確証や維持・強化を図り，一般人が犯罪を犯さないようにするための手段として刑罰を正統化しようとする点に特徴があります。もっとも，どちらの考え方にせよ，刑罰が予防の必要性のみによって基礎づけられるとすると，行為者の責任を超える刑罰を招くおそれがある点には注意が必要です。

　そこで，現在の通説的見解は，刑罰に「応報」としての意義を認めつつ，「犯罪予防」を刑罰の目的ととらえる折衷的な考え方を採用しています。これが，**相対的応報刑論**と呼ばれる考え方です。これによれば，刑罰は，「応報」の観点のもとで罪刑均衡原則（責任主義）に基づいて行為者の「責任」を上限とするということが導き出されるとともに，「予防」の必要性や効果は，応報の枠内で謙抑主義的に考慮され，犯罪予防のために不必要な刑罰を科すことが回避されるという帰結が導き出されることとなります。

（2）具体的な処罰行為と制度としての刑罰

　本書では，刑罰の正統化について，次のように考えます。刑罰の正統化は，大きく分けて「**具体的な処罰行為**」（行為者に対する刑罰適用）の正統化根拠と「**制度としての刑罰**」の正統化根拠という2つの文脈にそれぞれ区別されるべきでしょう（規範論・622頁以下）。まず，処罰される具体的な行為者との関係で当該

行為者に処罰（刑罰受忍義務）を根拠づけるのは，行為者の「責任」（自由）に基づく「応報」の観点を措いてほかにないというべきでしょう。応報の考え方は，法治国家原理としての責任主義にとって必要不可欠なものです。「責任がなければ刑罰を科し得ず，量刑は責任の程度を超えてはならない」という責任主義からすると，行為者が自由になしえたことの範囲内でのみ刑事責任が根拠づけられるのですから，責任主義は，「応報」を前提としており，責任ないし応報を上限とするという意味において国家刑罰権の発動を根拠づけるとともに，その限界を制約する機能をも有しています。この関係で，**積極的応報論**と**消極的応報論**を区別しておくことが有益でしょう。行動規範関係的な不法に対する責任（広義の責任）こそが処罰根拠であり，その責任が量刑の上限となるというのは，「責任があれば必ず処罰せよ」という意味での積極的応報論ではなく，「責任がなければ処罰し得ない」という意味での消極的応報論と分かちがたく結びついているのです。一方，予防の観点は，具体的行為者の処罰との関係で，責任が認められても予防の必要性が存在せず，あるいはその必要性が低い場合において，行為者に有利な方向で国家刑罰権を限界づけるという意味をもつことになるでしょう。

これに対して，「制度としての刑罰」の正統化は，「具体的な処罰行為」の正統化の論理的前提となる問題です。そもそも「制度としての刑罰」が正統化されないのに，具体的な処罰行為の正統化が問題となることはありえないからです。「制度としての刑罰」は，「積極的一般予防論」の観点を中心として基礎づけることができるでしょう。すなわち，国家刑罰制度は，有責的な行動規範違反に対して刑罰を発動することによって，行動規範の名宛人たる市民一般に対して，当該行動規範の妥当（承認）が確認され，それを通じて将来の行動規範違反（犯罪行為）が予防されるという点に，「制度としての刑罰」の正統化根拠が求められるべきだと考えられます。いわばその意味において，積極的一般予防論は，**コミュニケーション的一般予防論**と言い換えることができるでしょう。刑罰制度は，そのようにして行動規範の信頼や承認を維持・強化し，刑法の目的である法益保護を間接的に実現することに奉仕しようとするものなのです。

事項索引

判例索引

高等裁判所

著者紹介（執筆順，＊は編者。①所属，②主要業績）

＊小島秀夫（こじま・ひでお）　　　　第1章・第2章・第3章・第9章・第11章

① 明治学院大学法学部教授

② 『幇助犯の規範構造と処罰根拠』（成文堂，2015年）

　「共謀概念の比較法的考察─包括的共謀を顧慮して─」明治学院大学法学研究
　114号（2023年）23-54頁

　『一歩先への刑法入門』（共著，有斐閣，2023年）

田村　翔（たむら・しょう）　　　　　第4章・第5章・第10章

① 明治大学法学部兼任講師

② 「過失犯における責任要素について」法学研究論集48号（2018年）63-81頁

　「過失犯の規範構造の解明に向けた一考察─とくに予見可能性と事実上の因果経
　過との関係について─」『市民的自由のための市民的熟議と刑事法：増田豊先
　生古稀祝賀論文集』（勁草書房，2018年）169-184頁

　「自動走行車の刑事政策：とくにその運転者における刑法上の過失犯処罰の限界
　をめぐって」NCCD - in JAPAN56号（2018年）19-37頁

柏﨑早陽子（かしわざき・さよこ）　　第6章・第7章・第8章

① 三重短期大学法経科専任講師

② 「罪刑法定主義と法定された正当化事由」『市民的自由のための市民的熟議と刑
　事法：増田豊先生古稀祝賀論文集』（勁草書房，2018年）13-28頁

　「『権利』としての正当防衛：正当防衛権の基礎づけと制限」（明治大学大学院法
　学研究科博士学位論文，2021年）

　「同意傷害における良俗概念と罪刑法定主義」犯罪と刑罰32号（2023年）93-118
　頁

竹内健互（たけうち・けんご）　　　　第12章・第13章・第14章・第15章

① 甲南大学法学部教授

② 「教唆概念の構造と位相」駿河台法学31巻1号（2017年）113-158頁

　「共犯関係の解消」『続・刑法の判例〔総論〕』（成文堂，2022年）190-204頁

　「表出的刑罰論における応報的契機と功績概念」甲南法学63巻3＝4号（2023年）
　59-98頁

Horitsu Bunka Sha

刑法総論──理論と実践

2022年5月20日　初版第1刷発行
2024年4月10日　初版第2刷発行

編　者　　小島秀夫

発行者　　畑　　光

発行所　　株式会社 法律文化社

〒603-8053
京都市北区上賀茂岩ヶ垣内町71
電話 075(791)7131　FAX 075(721)8400
https://www.hou-bun.com/

印刷：亜細亜印刷㈱／製本：㈱吉田三誠堂製本所
装幀：仁井谷伴子

ISBN 978-4-589-04219-4

ⓒ 2022　Hideo Kojima Printed in Japan

アレクサンダー・アイヒェレほか著／小島秀夫訳

法学における論理学の使用法

A 5 判・132頁・3960円

「三段論法を用いた論証による証明」を行うという，法律学と伝統的論理学の結びつきを踏まえて，法律学の視点から，「論理学とは」「妥当な論証を導く形式とは」をよみとく。一般的な論理学テキストとは異なり，記号や式を極力用いることなく解説。

葛原力三・佐川友佳子・中空壽雅・平山幹子
松原久利・山下裕樹著

ステップアップ刑法総論

A 5 判・234頁・2750円

刑法総論の項目を重要性・難易度に応じて段階的に配置。犯罪の基本型（単独既遂犯）→変化型（不作為，未遂，共犯）→理論へとステップアップしながら学ぶ。具体的事例に対し，どのような犯罪が成立する／しないのか判断できるようになることを目指す。

松宮孝明編

ハイブリッド刑法 総論〔第3版〕
各論〔第3版〕

総論：A 5 判・338頁・3630円
各論：A 5 判・400頁・3960円

豊富な事例を素材に，条文解釈，判例の位置づけ，通説など，基礎知識を丁寧に解説。刑法と関連する重要知識をとり上げる Topic コーナー，重要論点を深掘りする Further Lesson コーナーを設け，講義から司法試験対策まで幅広く活用できる。

飯島暢・葛原力三・佐伯和也著

定 義 刑 法 各 論
―財産犯ルールブック―

A 5 判・184頁・2640円

財産犯について，犯罪類型ごとの体系配列にそって，定義・解釈，判例，学説の要約を盛り込み，財産犯に関する必要最小限の知識の修得をめざす。条文・要件を一目で確認できる概要コーナーを各章冒頭に設置。

前田忠弘・松原英世・平山真理・前野育三著

刑事政策がわかる〔改訂版〕

A 5 判・222頁・2530円

科学と人権に依拠し，刑事政策学の基本問題，思想的・政策的・実務的課題に関する論点をわかりやすく解説。統計上の数値を更新し，2014年の初版以降に生じた重要な課題―刑事制度の離脱と社会的包摂，高齢受刑者の養護的処遇，性犯罪に関する刑法改正など―に言及。

中川孝博著

刑事訴訟法の基本〔第2版〕

A 5 判・322頁・3520円

アクティブラーニング型の新しい教科書。コンパクトかつ司法試験の準備にも使える情報量を収載。講義動画を YouTube にアップ，ウェブサイトにて基本的知識の理解・定着を助ける資料を公開。反転授業，独習にも最適。21年少年法改正，22年刑法改正に対応。

——法律文化社——

表示価格は消費税10%を含んだ価格です